梦 山 书 系

"梦山"位于福州城西,与西湖书院、林则徐读书处"桂斋"连襟相依,梦山沉稳、西湖灵动、桂斋儒雅。梦山集山水之气韵,得人文之雅操。福建教育出版社正坐落于西湖之畔、梦山之下,集五十余年梓行之内蕴,以"立足教育、服务社会、开智启蒙、惠泽生命"为宗旨,将教育类读物出版作为肩上重任之一,教育类读物自具一格,理论读物品韵秀出,教师专业成长读物春风化雨。

"梦"是理想、是希望,所谓"梦想成真";"山"是丰碑,是名山事业。"积土成山,风雨兴焉",我们希望通过点点滴滴的辛勤积累,能矗起教育的高山;希望有志于教育的专家、学者能鼓荡起教育改革的风雨。

"梦山书系"力图集教育研究之菁华,成就教育的名山事业之梦。

梦山书系

课堂教学管理策略研究

基于案例的分析

李 森 杜尚荣 主编

海峡出版发行集团 | 福建教育出版社

图书在版编目（CIP）数据

课堂教学管理策略研究：基于案例的分析/李森，杜尚荣主编．—福州：福建教育出版社，2013.10
ISBN 978-7-5334-6173-7

Ⅰ.①课… Ⅱ.①李… ②杜… Ⅲ.①课堂教学－教学管理 Ⅳ.①G424.21

中国版本图书馆 CIP 数据核字（2013）第 144629 号

课堂教学管理策略研究——基于案例的分析
李　森　杜尚荣　主编

出版发行	海峡出版发行集团
	福建教育出版社
	（福州梦山路 27 号　邮编：350001　电话：0591－83706771
	83733693　传真：83726980　网址：www.fep.com.cn）
出 版 人	黄　旭
发行热线	0591－87115073　83752790
印　　刷	福州泰岳印刷广告有限公司
	（福州市鼓楼区白龙路 5 号　邮编：350003）
开　　本	720 毫米×1000 毫米　1/16
印　　张	17.75
字　　数	253 千
版　　次	2013 年 10 月第 1 版　2013 年 10 月第 1 次印刷
书　　号	ISBN 978-7-5334-6173-7
定　　价	35.00 元

如发现本书印装质量问题，影响阅读，
请向本社出版科（电话：0591－83726019）调换。

目 录

导 论……1

第一章　课堂教学管理的基本理论……14

第一节　课堂教学管理的本质与特性……14
第二节　课堂教学管理的功能……20
第三节　课堂教学管理的原则……23
第四节　课堂教学管理的理论基础……26

第二章　课堂教学知识管理策略……38

第一节　课堂教学知识管理的内涵……38
第二节　知识管理在教学中的价值……43
第三节　知识管理在课堂教学中的应用……47
第四节　课堂教学中知识管理的具体步骤……54

第三章　课堂教学话语优化策略……61

第一节　教学话语的界说……61

第二节　教学话语的功能与缺失……65
　　第三节　教学话语的优化……70

第四章　师生情感管理策略……87

　　第一节　师生情感管理的内涵……87
　　第二节　师生情感管理的功能……96
　　第三节　师生情感管理的操作策略……103

第五章　课堂教学媒体管理策略……118

　　第一节　课堂教学媒体的内涵及特征……119
　　第二节　课堂教学媒体管理策略……124

第六章　课堂教学时间管理策略……145

　　第一节　课堂教学时间管理概述……145
　　第二节　课堂教学时间管理的内容……156
　　第三节　课堂教学时间管理的策略……166

第七章　课堂教学环境创设策略……174

　　第一节　课堂教学环境……174
　　第二节　课堂教学环境的功能……184
　　第三节　课堂教学环境创设的策略……186

第八章　课堂纪律管理策略……199

　　第一节　课堂纪律的内涵与功能……199
　　第二节　课堂偶发事件的引导与处理策略……204
　　第三节　课堂纪律管理策略……209

第九章　课堂教学中的"边缘人"转化策略……220

　　第一节　课堂教学中"边缘人"的本体追寻……220
　　第二节　课堂教学中"边缘人"的表象分析……226
　　第三节　课堂教学中"边缘人"的转化策略……232

第十章　课堂教学反馈策略……243

　　第一节　课堂教学反馈概述……244
　　第二节　课堂教学反馈的基本策略……254

主要参考文献……267

导　论

随着 2001 年《基础教育课程改革纲要（试行）》的出台，我国兴起了一场前所未有的课程与教学改革的浪潮，"实施新课程的先进理念，提升课堂教学质量，落实学生在课堂中的主体地位，张扬学生的生命价值"的呼声越来越高，这同时也激起了人们对课堂教学有效性的深入反思和相关研究。当然，提高课堂教学的有效性，实施科学合理的课堂教学管理是必要的。课堂教学管理是现代教学论研究的一个基本理论问题，它是保证课堂活动顺利进行和促进课堂教学不断生长的重要动力因素。可以说，管理与教学相伴而生，相互促进，相互制约，课堂教学管理的研究伴随着教学论学科发展而日益丰富，其研究成果也是仁者见仁、智者见智，这些研究成果为我们进一步探索行之有效的课堂教学管理策略奠定了坚实基础。

一

何谓"管理"？《现代汉语词典》中解释为：①"负责某项工作使顺利进行"；②"保管和料理"；③"照管并约束（人或动物）"。① 三种解释都含有管理主体通过一系列活动来实现一定目的的意思。在西方世界中，"管理"一词的英文为 management，其词根源自意大利语 maneggiare，在 16 世纪其含义

---

① 中国社会科学院语言研究所词典编辑室编：《现代汉语词典》（修订本），商务印书馆，1996 年，第 466 页。

为驯马的意思，在18世纪早期逐渐演变为诡计和骗术。在《韦氏新国际词典》中，"管理"的拉丁文是manus，是"手"（hand）的意思，而主人的手在早期的管理史上是重要的权力之源，也就是指处理方式（mode of handling），后来又引申为控制和指使、使人服从、小心处理及执行业务以达成目标等多种含义。从词源的角度来看，无论是中文还是英文，管理都是一种单向的活动，指权力主体为实现一定的目标对被管理对象或者客体所实施的行为活动，其方式主要有控制、约束、引诱等。然而，随着社会的发展，关于"管理"的内涵也在不断发展之中，管理越来越从最初的带有强烈的权力和控制色彩的含义逐步向强调充分调动被管理者参与管理的积极性、主动性转变，即从他律向自律的转变。本书中的管理是指发展中的"管理"（即具有现代意义的管理内涵），即为突出学生的主体性，强调学生的内部动力在教学管理中的重要作用，强调师生间的有效对话和情感沟通，而非教师的单向式管理。

二

从课堂教学与管理的关系来看，课堂教学管理的对象是课堂教学。而现实中管理与课堂教学之间的关系是难以厘清的。鉴于课堂教学与管理之间难分难解的关系，本书把课堂教学管理界定为：为了提高课堂教学效率，促进学生身心健康发展，教育者采用一定的手段组织课堂中可获取的教学资源的过程。简单地说，课堂教学管理就是组织资源的过程，其组织的目的在于提高课堂教学效率，所组织的资源主要是指课堂中可获取的那些人、物、环境、时空等资源。

就课堂教学管理本身而言，它是在课堂教学的长期发展过程中提出并逐渐形成的一套有序的、规范的操作程序，是多种因素相互作用的结果，是影响课堂活动效率和质量的极其重要的因素，其功能的发挥不会自然产生，需要长期的累积和师生之间有效互动。因此，有效实施课堂管理对促使课堂教学的有序化、规范化以及提高课堂教学质量具有重要意义。

首先，课堂教学管理有助于促使课堂教学有序化和规范化。课堂教学管理具有维持课堂教学秩序的功能，能够促进课堂教学的有序化和规范化。它具体表现在三个方面：第一，在课堂教学中，教师的监督和管理，能使学生专心参与课堂教学活动；第二，课堂教学管理可培养学生的自制能力、民主意识和良好的人际关系，使学生养成良好的行为习惯；第三，课堂教学管理可以规范教师行为，使教师对自己的课堂行为有章可循、有据可依。因此，可以说，课堂教学管理事实上就是教师在课堂教学中根据教学情境的变化，适时控制教学行为、调整教学策略、变换教学方法、排除教学问题，以确保教与学的活动处于一个相对稳定的持续状态。

其次，课堂教学管理有助于整合教学资源。就管理的内容而言，课堂教学资源是课堂教学管理的重要内容。课堂教学资源主要包括课堂人力资源、课堂物力资源和课堂时空资源，它们是促进学生发展的重要前提，也是保证教学质量的重要条件。课堂教学中的人力资源管理主要指对教学中师生的教学观念、教学风格或个性特征、教学机智、教学期望、动机，以及创新精神和实践能力等进行有序监控和施加影响。课堂教学中的物力资源管理主要指对教材内容、学习辅助材料、教育技术设备及现代网络资源等方面进行管理。课堂教学的时空资源管理主要是指合理分配课堂教学时间、积极拓展课堂教学空间、优化教室文化环境等。可见，课堂教学管理就是要使这些教学资源得到合理整合与分配。

第三，课堂教学管理有助于提高教学效益。教学的有效性应包含效果、效率、效益三层意义。有效果，是指教学活动结果是否促进学生的发展，显然只要教学行为发生，则或多或少会影响到学生的发展；有效率，是指是否以尽可能少的教学投入获得尽可能多的教学产出（教学效果），即经济意义上投入与产出之比；有效益，是指教学效果（即实现的教学目标）与特定的社会和个人的教育需求是否相吻合及其吻合的程度，或者说教学是以促进学生的学习和发展为宗旨的。在以人为本的管理理念指导下，有效益的教学内在统一于有效果的教学和有效率的教学，可以避免低效教学和负效教学。也就是说，实施"以人为本"的课堂教学管理能在一定程度上消除以牺牲学生的人文精神意蕴为代价而一味追求教学的效率，从而提高教学的效益，即促进学生全面、健康、和谐地成长与发展。

第四，课堂教学管理有助于促进师生之间的对话与交流。在课堂教学活动中，如果只是照本宣科地进行知识传授，而没有师生的对话交流、情感渗透，缺乏对学生人之为人的关注，它就是一种不完整的课堂。美国著名学者布鲁姆指出，认知的前提能力、情感领域的前提特性和教学过程中的质量是决定教学效果的三大变量。[1] 这就是说，课堂教学管理的过程既是知识传授的过程，也是师生情感交流的过程。一方面，通过课堂教学管理，对影响学生学习效果的意志行为、个性品格、动机兴趣进行有效调控和情感激励，能最大限度地激发学生的学习热情；另一方面，教学不是独角戏，需要师生双方的积极配合与协作才能取得良好的效果，而在课堂教学管理中对学生所进行的行为管理、情感激励等正是体现了教学作为教师和学生双方共同的交流活动。

在前期的研究工作中，我们通过调查问卷、教师访谈及课堂参与观察等多种量化与质性相结合的方法，对"课堂教学管理现状、师生对课堂教学管理关注情况及对创新策略的建议"作了相应的分析。结果显示教师课堂教学管理行为操作与观念的一致性较差；课堂教学管理方法主要以外部控制为主；课堂师生关系处于一种冲突向民主过渡的阶段。这种主要由教师单方面外部控制的管理方式，缺乏对学生内部动力和心理机制的充分关注，使得课堂教学管理中学生的学习活动十分被动，甚至会因为师生间得不到很好的沟通而造成学生的学习压力。因此，从教师的角度而言，课堂教学管理过程中，应充分运用开放、多元的管理方式，激发学生的内部动力，为学生在教学活动

---

[1] 德育百科全书编委会主编：《德育百科全书》，天津大学出版社，1994年，第474页。

中进行有效地自我管理营造条件。

基于现实课堂管理的现象与问题的分析，我们认为，课堂教学管理中必须思考的几个关键问题：一是为什么管的问题；二是谁管谁的问题；三是怎么管的问题；四是管什么的问题；五是管多管少的问题。这一系列问题，在本书中都能寻找到比较满意的答案。

三

本书基于课堂，从教师的角度出发，反思课堂教学管理问题、提出课堂教学管理的策略。在现有的专门探讨课堂教学管理策略的书籍中，主要有从教学发生的推进顺序编写的，如备课策略、上课策略、布置作业策略等；有以教学的相关事件为线索进行编写的，如教学的激发策略，交流策略，纪律实施策略，自主、探究、合作等学习策略。这些相关研究成果在一定程度上反映了探索课堂教学管理策略的基本思路和方法，对课堂教学管理的有效实施做出了较大的贡献，但是有关策略的探索不仅是理论层面的梳理，更应是理论与实践的有机结合。因此，本书突破了惯有的编写思路，以课堂教学发生的逻辑顺序与其关键事件相结合的方式构建本书的编写框架，这是本书编写的第一大特色。本书的第二大特色，是改变了以往仅以理论梳理来反思策略的单一方式，基于大量的案例分析，使理论知识与教学实际情境很好地结合起来。因此，本书既突破了以往仅以理论层面对课堂教学管理的宏观论述，又超越了案例的简单堆积与成集，采用了理论结合案例的方法，使我们所探索的课堂教学管理策略最终落实到教学实例中，力图真正起到对理论研究者的理论探索有启示、对教学管理者的有效操控有帮助、对教师直接运用有效度等效用。本书共由十章组成，各章的主要内容简介如下：

第一章阐明课堂教学管理的基本理论和编写者所持有的主要观点，即为什么要管，管的依据何在等问题。课堂教学基本理论问题是任何课堂教学研究所无法回避的问题，对它的探讨与阐释直接影响到后续研究的发展方向。

根据本研究的需要，课堂教学管理的基本理论主要包括四个方面的内容，即课堂教学管理的本质与特性、课堂教学管理的功能、课堂教学管理的原则，以及课堂教学管理的理论基础。

课堂教学管理的本质与特性探讨的是课堂教学管理是什么的问题。就本研究而言，课堂教学管理指的是资源组织的过程，其目的在于提高课堂教学效率。资源主要指的是课堂中可获取的资源，包括人、物、时空等。课堂教学管理的特性是对课堂教学管理本质的进一步深化，根据管理学的特性及课堂教学的特性，课堂教学管理的特性主要包括系统性、合作性、自律性、创新性和灵活性。课堂教学管理的功能是指课堂教学管理对课堂教学本身的价值和作用，也可视为对课堂教学管理的必要性的探讨。课堂教学管理的功能主要包括维持功能、调控功能和促进功能。课堂教学管理的原则指课堂教学管理必须遵循的基本要求和准则，是课堂教学实践开展的前提和基础，主要包括人本性原则、差异性原则、目的性原则、效率性原则以及教育性原则。课堂教学管理的理论基础是我们探讨课堂教学的理论原点。本书主要探讨了社会学中的结构功能主义理论、冲突理论，管理学中的组织学理论、心理管理理论以及学习型组织理论与教育批判理论等。

第二章探讨课堂教学知识的管理策略。本书从第二章开始，便探讨管什么和怎么管的问题。我们认为，获取知识是课堂教学的直接任务，它是引起课堂教学中其他行为的根本动因。鉴于此，在管什么的问题上，我们首先考虑了对教学知识的管理。在当今社会，知识已经成为决定各个国家国际影响力的最为关键的要素之一，在每个国家的经济发展中都起着决定性的作用。显而易见，教育作为知识的传播、创新与人才培养的重要手段，其作用不容小觑。本章力图将知识管理的思想、方法、技术全面深入地融入课堂教学中去，为广大教师的课堂教学工作起到积极的促进作用。教学知识管理是以信息技术为基础，对教学知识进行加工、积累和共享的过程。在课堂教学中运用知识管理理论不论是对教师个人发展、学生个体发展还是学校自身发展都有极为重要的价值和意义。本章从知识管理的本质入手，通过分析实际教学案例论述在课堂教学中运用知识管理的必要性与可行性。教师可以运用各种知识管理软件,通过资料整理、建立档案袋、协作学习等方式,按照确定学习目标、资料收集、创设知识转化情境与学习评价四个步骤进行课堂教学知识管理。教育教学工作者应该参考其他领域的成功经验,积极探索知识管理在教学中的应用模式,提高教师的教学效率,促进学生的有效学习。

第三章讨论课堂教学话语的优化策略。课堂教学话语作为教学实现的基本方式,它不仅是师生之间对话交流的直接表达方式,还是课堂教学活动得以实现的基本存在方式。因此,在课堂教学知识管理之后,接着探讨教学话语的管理策略。

课堂教学话语的研究源于20世纪50年代美国语言学家哈里斯(Z. S. Harris)对话语的研究,后来,随着话语研究成为语言哲学、社会语言学、人类学语言学、语用学和心理语言学等众多学科的研究对象,以及对话语分析研究的深入发展,课堂话语也成为国内外许多学科的研究对象。课堂教学话语指的是发生在课堂中的话语,是话语主体在课堂中的言说行为及结果。教学话语是一种特殊的话语形式,具有特定的言说情景和特定的言说目的。这种言说具有一定的目的指向性,直接指向课堂教学任务的实施和课堂教学目标的实现。同时这种言说又具有一定的交际性,通过话语达成师生之间的互动关系和互动交往行为。具体地说,教学话语指的是在课堂教学中为了完成一定的教学任务,实现一定的教学目标,教学言说主体运用语言所进行的言说行为及其言说结果。教学话语具有文化、人际和评价三种功能。教学话语的文化功能体现为文化负载功能和对学生进行文化化,从而实现学生的社会化和文化的传承和创新;教学话语的人际功能主要表现为师生的角色定位功能,从而为教学方式方法的选择提供依据;教学话语的评价功能表现在通过师生的教学话语实现对教师的专业评价和对学生的学业评价。

教学话语对教学行为的发生具有重要的意义,但在实际的课堂教学中,往往出现教学话语的缺失,从而阻碍教学话语功能的发挥。要保证教学话语功能的充分发挥,必须从提高教学话语品质和明晰教学话语转化机制两个方面着手。教学话语品质的优化体现在对教师话语、学生话语以及文化话语的品质提升三个方面。要明晰教学话语转化机制,首先要洞悉教学话语转化的过程,教学话语的转化具有两个阶段:文本话语转化为教师话语,文化话语及教师话语转化为学生话语。教学话语相应地就具有两套转化机制。话语转化过程的第一阶段中,文本话语转化成教师话语的机制是教师的个人知识与文本话语之间的相互作用,教师的自我实现则是话语转化的不竭动力。第二阶段话语转化的机制是学生已有知识经验与文本话语和教师话语的形式与意义的相互作用。这一阶段的话题与转化动力是学生的自我发展。明晰话语转化机制和话语提升路径,自然会提高课堂教学话语的功能,从而提高课堂教学的有效性。

第四章探讨课堂教学中师生的情感调控策略。情感调控是关乎课堂教学主体本身的问题,即管理主体的相关问题。师生情感管理作为课堂教学管理的重要组成部分,是指教师和学生于课堂教学情境中,在客观认识自身情感特征的基础上有意识地培养合意、积极的情感,通过科学的情感宣泄和调控机制,自觉克服和消除失意、消极情感的影响,核心是保持师生情感与教学情境的适宜性,实现情感的合理性。师生情感管理对课堂教学的有效开展具有关键作用,它是提升教学质量的"倍增器"、开展教学活动的"主动力"、增强师生交往的"润滑剂"及促进师生幸福的"守护者"。师生情感管理应遵循主体性、系统性、科学性和艺术性等原则,管理的过程主要包括对情感的觉察、分析以及调适。师生情感管理的策略包括内容管理和方法管理,前者涉及情感管理的观念、性质和强度;后者则囊括培养和保持合意、积极情感的方法(诸如增强自信、追寻快乐等),缓和与消除失意、消极情感的方法(例如压抑、悬置、边缘化、恰当宣泄、情感换位、角色剥离、身心松弛等),以及情感转换的方法(比如理智引导、正确归因、PAC自我写照、文饰法、自我解脱等)。

第五章论述课堂教学媒体的管理策略。媒体作为传递信息的工具、技术和手段是信息的载体。伴随科技与时代的发展,教学媒体的形式、特征和手段都在发生着较大的变化，对课堂教学的影响作用也越来越明显。尤其是随着信息社会的高速发展，教育信息化被视为教育发展新的突破口，在未来教学中，对现代教学媒体的依赖将更加强烈。

随着教学媒体的日益丰富和完善，课堂教学中的"媒体堆砌"、"电灌"、"媒体滥用"等现象也相伴而生，对教学媒体科学合理管理的诉求也显得越来越重要。不少课堂由于缺乏教学媒体的支持而存在形式呆板、效率低下、内容单一、评价片面等问题，进而影响课堂教学的有效实施。课堂教学讲究形式多样，因材施教，无统一的定式。影响教学过程的变量很多，如不同的学科、不同的教学内容、不同的教学对象、不同的教学组织者、不同的教学模式、不同的课堂价值取向等，因而没有统一的课堂教学媒体管理策略。在本章中，重点探讨情景构造模式、交互式教学模式、合作学习模式、探究式学习模式、远程教学模式、不同学科背景教学模式，并针对每一种教学类型的课堂模式，提出不同的教学媒体管理方式，同时给出相应的案例分析。

第六章讨论课堂教学时间的管理策略。教学时间是一种重要的教育资源，能否有效利用时间将直接影响课堂教学的效率和效益的提高。课堂教学时间作为一个时间段，是指从课堂教学活动开始到课堂教学活动结束，这期间所花费的时间量。课堂教学时间管理就是对课堂教学活动开始到课堂教学活动结束所花费的时间的管理，包括时间的分配、时间的利用等。由于教师在课堂教学中居于主导地位，是课堂教学的主要设计者，因此课堂教学时间管理主要是指教师对课堂教学时间的管理。课堂教学时间管理具有系统性、层次性、情景性和不可回溯性四个基本特征。课堂教学时间管理应遵循科学性原则、高效性原则、最优化原则和人本化原则。课堂教学时间管理能够保证课堂教学的有序开展，有助于提高课堂教学的效率，有助于促进教师的专业发展，有助于提高教学的质量。

课堂教学时间管理主要包括教师的教学活动时间、师生的互动时间、生生的互动时间、学生的自主时间、教师的管理时间等。教师的教学活动时间，包括复习回顾、导入新课、课堂讲授、复习巩固、布置作业五大环节所花费的时间；师生的互动时间包括教师提问、学生回答、学生质疑、教师反馈、教师评价等师生相互作用所花费的时间；生生的互动时间包括学生讨论、学生分组实验、学生互评等活动所花费的时间；学生的自主时间包括学生独立阅读、独立做题、学生演示等活动所花费的时间；教师的管理时间指教师在课堂上所进行的与直接教学活动无关的活动所耗费的时间，包括安排学生分组、维持课堂纪律、处理突发事件、灵活调控时间分配等。

课堂教学时间管理策略主要包括：合理分配策略、消除浪费策略、适时而教策略。课堂上的教学活动必须精心设计、合理安排，才能提高教学效率，收到良好的教学效果；要减少和避免课堂教学时间的浪费，教师要认真备课、精讲精练、优化教学技能、提高时间控制能力；要保证在最佳时域内完成主要任务，解决关键问题，并辅以精心设计的方法，使教学过程一直向着预定目标进行，学生一直处于积极的专注状态。

第七章主要探讨课堂教学环境创设策略。课堂教学环境对学生学习过程中的认知、情感和行为有着重要的影响，直接或间接地影响教学活动的实施效果及学生的发展水平。从教学改革层面来看，任何课堂教学改革的贯彻实施、教学方法手段的采纳与运用，都离不开一定环境因素的支持与配合。因此，创设良好的课堂教学环境，不仅是实现课程目标的必要条件，而且是体现教师和学生生命价值的现实需求。

本章主要从课堂教学环境的内涵、课堂教学环境的功能以及课堂教学环境的创设策略三个部分进行论述。课堂教学环境的内涵部分，简述了"教育环境"、"教学环境"和"课堂教学环境"的区别与联系。基于国内外的研究，我们认为课堂教学环境是存在于课堂教学过程中，影响教学并能通过教学影响人的各种物理和心理因素的综合。积极良好的课堂教学环境具有导向、激励以及美育等三种功能。这三种功能从不同的侧面对教学活动和学生身心发展施加影响，并最终通过从总体上提高教学效果和促进个体的发展而显示出自身在教学中的重要性。我们认为，优化课堂教学的物理环境，主要体现在空间环境的优化；创设良好的课堂教学心理环境要考虑人际关系、教学气氛和个体心理因素这三者之间的关系，从学生发展的需求出发，真正创立一种适应学生发展的课堂教学环境。

第八章主要探讨课堂纪律的管理策略。本章主要从课堂纪律的内涵与功能，课堂偶发事件的引导与处理策略，课堂纪律管理策略三大方面进行探讨。课堂教学中进行纪律管理十分重要，它是确保教学顺利进行的必要因素，但有一点必须引起重视的是，课堂纪律管理不能也不应该成为束缚教师和学生课堂教学积极性、创造性和生成性的桎梏，清楚地认识和把握这样的尺度既是重要的也是可行的。课堂纪律既非管制也非限制，而是因势利导，是一种教育督导功能，它要求学生必须明确符合课堂的行为准则。通过纪律管理，培养学生自觉遵守各项道德与义务，形成成熟的人格和自我控制的品格，为将来成为社会合格的一员奠定基础。在课堂偶发事件的引导与处理中应强调冷、温、热三种方式的运用技巧和注意事项，以一些课堂纪律管理的实例具体加以说明，具有实际的指导意义。面对课堂教学中的偶发事件，可通过师生互动、恩威并施、灵活处理等策略进行有效处理。在课堂纪律管理策略方面，建议通过合理利用"胸有成竹"、妙用课前三分钟、讲解激情、松弛有度等方式巧妙地达到课堂纪律管理的效果。

第九章探讨课堂教学中的"边缘人"及其转化策略。《国家中长期教育改革和发展规划纲要（2010—2020年)》中明确提出"教育要以人为本……要关心每个学生，促进每个学生主动地、生动活泼地发展，尊重教育规律和学生身心发展规律，为每个学生提供适合的教育"。[①] 这就是说，学校课堂应是育人的课堂，是让每个学生都能受到适合的教育且能积极、健康成长的课堂。然而，现实课堂教学中，总有一些学生没有进入状态、找到感觉，他们始终游离于课堂教学的中心之外，没有或很少参与到课堂教学活动中，这就产生了课堂教学中的"边缘人"现象。本章力图从理论和实践两个层面揭示课堂教学中存在"边缘人"现象的原因和潜在危机，并结合课堂实际探索"边缘

---

① 《国家中长期教育改革和发展规划纲要（2010—2020年)》，2010年7月。

人"的转化策略。

"边缘人"概念来自于德国社会学家西美尔（G. Simmel）于 1908 年提出的"陌生人"概念。[①] 但"边缘人"的概念，是在西美尔的学生帕克（R. E. Park）于 1928 年发表的《人类的移民与边缘人》一文中作为一个社会学概念被正式提出，并被界定为"处于两种文化和两种社会的边缘的人"[②]。结合"边缘人"概念在社会学中的内涵和特征以及课堂教学的实际情况，我们认为，课堂教学中的"边缘人"是指在特定课堂教学环境下，始终游离于"课堂教学活动"中心之外或没有得到良好发展的那些急需帮助和转化的学生个体或群体。课堂教学中的"边缘人"通常具有普遍性、边缘心态以及相对性等特征，依据不同标准可以将课堂教学中的"边缘人"划分为内源性"边缘人"、外源性"边缘人"等多种类型。由于课堂教学中"边缘人"潜藏着种种危机，亟需转化，而且其本质上具有可转化性，因此可以通过教师主导型策略、学生内省型策略、教学环境刺激型策略和教学制度规训型策略进行转化，使其回归课堂教学活动的中心。

第十章是课堂教学的反馈策略。课堂教学反馈是沟通教师与学生，连接教学目标、教学过程与教学效果，确保教师的教与学生的学的双边活动协调一致，确保课堂教学沿着预期教学目标运行，实现有效教学的重要教学策略。本章在反思当前课堂教学反馈现状的基础上，通过总结教师教学反馈的经验，思考教学反馈过程中出现的问题，通过对经典案例分析探讨关于教学反馈的两个重要问题：一是论述了课堂教学反馈的内涵、原则和功能；二是对有效教学反馈的实施策略进行了梳理和论证。

在课程改革理念的指导下，课堂教学反馈有了其更深层次的内涵和要求。它是教师在课堂教学过程中，对各种教学要素相互作用而生成的信息资源进行及时捕捉，有效分析和利用，并且通过反馈优化教与学的行为，实现对课

---

① Goldberg, Milton M. *A Qualification of the Marginal Man Theory. American Sociological Review*, 1941, 6 (1): 52—58.

② 张黎呐：《美国边缘人理论流变》，载《天中学刊》2010 年第 4 期。

堂教学动态的调控,完成教学目标,实现教学相长的一种有效的教学策略。其中,为了确保课堂教学的有效性,教师在实施教学反馈时必须遵循五个基本原则,即适时性原则、交互性原则、针对性原则、全面性原则和准确性原则。

课堂教学反馈是教师实施有效教学管理的关键策略。它不仅是一种教学策略,而且更能体现教师教学能力和教学机智,体现课堂教学的艺术性。现今的课堂中,教师从头讲到尾的教学局面已经得到了极大的改善,师生的对话交流增多,学生的自主学习、小组讨论、合作学习等活动也越来越多。在这种背景下,敏锐地观察学生,多渠道收集学生的学习信息,及时把握处理这些信息,向学生提供及时有针对性的反馈,并在此基础上实现对整个课堂的优化调控,成为影响教师有效教学的关键。本章主要从畅通信息反馈通道策略、捕捉学生反馈信息策略、优化教师反馈行为策略以及教学反馈反思应用策略四个方面对课堂教学反馈策略进行了分析和论证。

四

本书是在福建教育出版社的大力支持下,由集体合作编写而成的,体现了团队协作的精神和力量。首先由李森拟订编写提纲,然后每位作者分别撰写各章内容,具体执笔者如下:李森(导论),杨智(第一章),刘旖洁(第二章),刘桂影(第三章),赵鑫(第四章),刘雅林(第五章),王天平(第六章),马琴(第七章),张建佳(第八章),杜尚荣(第九章、第十章一部分),李宁宁(第十章一部分)。最后由李森、杜尚荣统稿和定稿。

课堂教学管理内涵丰富、纷繁复杂,探索课堂教学管理的策略问题同样纷繁复杂,由于时间仓促,加之我们的写作水平有限,书中不妥之处在所难免,敬请读者批评、指正!

李 森
2013 年 1 月 20 日于西南大学学府小区

第一章　课堂教学管理的基本理论

课堂教学管理理论是探讨课堂教学管理必不可少的重要环节，它是课堂教学管理研究中最基础的部分。恰当、有效而丰富的课堂教学管理理论对课堂教学管理研究的开展，以及课堂教学实践活动的推进都具有重要的指导与启示意义。如果说课堂教学管理研究是一栋庞大的建筑，那么课堂教学管理理论则是整栋建筑的基础，它将决定着整栋建筑地面部分的构架和格局。鉴于课堂教学管理理论的重要性，本书将其作为第一章，力图使它能为后续研究与探索起到奠定基础的作用。关于课堂教学管理基本理论的探讨，本章主要从课堂教学管理的本质与特性、功能、原则以及理论基础四个维度展开。

第一节　课堂教学管理的本质与特性

在课堂教学管理研究中，首先要明确的是课堂教学管理的本质，即课堂教学管理到底是什么的问题，在此基础上再来探讨课堂教学管理所具有的本质特性，这些特性共同组合起来，使得课堂教学管理与课堂教学及其他类型的管理区别开来。

一、课堂教学管理的本质

课堂教学管理的本质问题是探讨课堂教学管理的首要问题，即回答课堂教学管理是什么的问题，只有在清楚地知道课堂教学管理是什么的基础上，关于课堂教学管理的其他研究才不至于迷失方向。从"课堂教学管理"的构成来看，可以有三种解析方式。一是课堂、教学、管理。二是课堂教学、管理。三是课堂、教学管理。三种不同的解析方式代表的是三种不同的研究思路。第一种解析方式是课堂、教学、管理三者处于并列的位置上，孰重孰轻分不清楚，重点不突出。第二种解析方式指课堂教学是名词短语，管理是动词，因此其意思为对课堂教学的管理。第三种解析方式指课堂是对教学管理的范围的界定，即指对课堂内的教学进行管理。就本研究而言，主要取第二种，即把课堂教学管理解读为对课堂教学所进行的管理，其目的在于提升课堂教学的效率，促进学生的身心健康发展。

对标题的解析为研究的进一步深入打下了基础，也明确了本研究所要解决的问题，即如何对课堂教学进行管理。接下来主要对课堂教学管理的相关概念进行进一步的分析与界定，以期能更深入地解析课堂教学管理的本质。这里主要从课堂教学、管理两个大的维度来展开进行分析。

（一）课堂教学

从课堂教学来看，课堂教学由"课堂"和"教学"两词构成。课堂是什么，目前尚无较为统一的固定解释。例如，从社会学的视角来看，课堂是一个微型的社会，这是美国著名教育家杜威的观点。从空间的角度看，课堂即教室，是学生进行读、写、算的场所。从环境的角度看，课堂指教学活动所发生的环境。鉴于已有研究在课堂界定上存在的偏颇，本研究认为界定课堂的含义须从课堂的构成要素着手，这样才使得课堂的界定尽可能回归到课堂的本真上，反映出课堂的本来面貌。从"课堂"本身的构成来看，课指的是课程、课业、教或学的任务，堂指场所或从事某一活动的空间。由于课业是老师和学生共同的任务，因此可认为课堂包括教师和学生、课业、课业进行的时空。在此基础上可以把课堂的基本要素归为三大要素，即人——教师和学生，事——课业，物——物理时空及布置。三个基本要素共同组合在一起并且相互之间发生关系，从而构成一个较为封闭的、规范的组织体。在该组织体中，既有指向教学目标的课业活动发生，也有非课业活动发生；既有规范的预定的活动发生，也有非规范的不可预见的事情发生，因此课堂也是一个复杂的、多变的、多元的组织体。正因为如此，课堂研究才有必要。接下来探讨的是教学是什么。教学由教和学构成，教是对教师行为的描述，学侧重于对学生行为的描述，因此教学可理解为教师和学生及二者之间所发生的事件的状态。从过程的角度来看，教学过程可解读为"一种特殊的认识过程和实践过程，也就是教师教学生认识和实践的过程，其实质是一种特殊交往过程"①。根据前面的论述，课堂是一个组织体，其中有各种活动发生，而教学活动是课堂活动中最重要、最核心的活动。鉴于此，这里把课堂教学界定为发生在课堂这一组织体之中的教师和学生之间特殊交往活动。

（二）管理

何谓"管理"？《现代汉语词典》提供了三种解释：一是"负责某项工作使顺利进行"；二是"保管和料理"；三是"照管并约束（人或动物）"。② 三种解释都含有管理主体通过开展一系列的活动来实现一定的目的的意思。在西方世界中，"管理"一词的英文为 management，其词根源自意大利语 maneggiare。16 世纪其含义为驯马的意思，18 世纪早期逐渐演变为诡计和骗术，事实上这是管理手段上的一种变化。驯马通常是一种行为训练，而诡计和骗术则是采用更多的表面上看起来很合乎情理的方式，诡计和骗术更具有人性的特征。在《韦氏新国际词典》中，是这样解释"管理"一词的。"管理"的拉丁文词是 manus，是"手"（hand）的意思，而主人的手在早期的管理历史上是重要的权力之源，也就是指处理方式（mode of handling），后来又引申为控制和指使、使人服从、小心处理及执行业务以达成目标等多种含义。总而言之，从词源的角度来看，无论是中文还是英文，管理都是一种单向的活动，指权力主体为实现一定的目标对被管理对象或者客体所实施的行为活动，其方式主要有控制、约束、引诱等。然而，随着社会的发展，关于"管理"的内涵也在不断发展之中，管理越来越从最初的带有强烈的权力和控

---

① 李森著：《现代教学论纲要》，人民教育出版社，2005 年，第 88 页。
② 中国社会科学院语言研究所词典编辑室编：《现代汉语词典》（修订本），商务印书馆，1996 年，第 466 页。

制色彩的含义逐步向强调充分调动被管理者参与管理的积极性、主动性转变，即从他律向自律的转变。例如，组织管理理论从强调对人进行机械控制的理性系统组织理论向强调人际关系的自然系统理论的转变，再向强调开放系统的理论的转变，最后实现三种管理理论之间的融合。尽管这是经济学或社会学领域的一种演变思潮，但是它的每一次变革都引起了教育管理领域的震动。尽管管理的思维在演变，但是管理仍保持着其基本要素，即管理主体、管理对象、管理目的、管理手段。在这四个要素中，变化只是在手段上的变化。因此这里把管理界定为管理主体运用调控、激励、引导等手段，把管理对象进行有效组合与整理，从而提高效率、达到目的的过程。

就课堂教学与管理的关系来看，管理的对象是课堂教学。而现实中管理与课堂教学之间的关系是难以厘清的。鉴于课堂教学与管理之间难分难解的关系，我们把课堂教学管理界定为：为了提高课堂教学效率，促进学生身心健康发展，教育者采用一定的手段组织课堂中可获取的教学资源的过程。简而言之，课堂教学管理即组织资源的过程，其组织的目的在于提高课堂教学效率，资源主要指的是课堂中可获取的那些资源，人、物以外，还包括时空资源。

二、课堂教学管理的特性

课堂教学管理作为管理学的实践领域，不仅具有管理学的特性，同时具有课堂教学的特性，两者相结合，从而构成课堂教学管理与其他管理学实践领域不同的特性。

（一）系统性

系统的英文词为 system，该词源于古代希腊文 systεmα，意为部分组成的整体。一般系统论的创始人贝塔朗菲认为："系统是相互联系相互作用的诸元素的综合体"。系统内的各元素之间相互发生作用，发挥出比系统内任何单一元素更大的功能，从而达成系统的目标。从系统论的视角来看，课堂教学管理本身具备一般系统所具备的特性。首先，课堂教学管理具有目的性，管理的过程就是为提高教学效率，更好地达成课堂教学目的。其次，课堂教学管理本身具有结构性。这主要表现在两个方面。一是课堂教学管理的对象之间是相互联系，不可分割的，例如目的、话语、环境等；二是课堂教学管理本身是一个结构系统，它是由管理目标、手段、对象程序等所构成的。正因为如此，课堂教学管理研究要具备系思维，要从整体的视角去探讨其中的部分，既强调部分与整体的关系，同时也要关注部分与部分之间的关系，这样课堂教学管理才能为提升课堂教学效率服务。

（二）合作性

合作通常是对相关主体之间关系状态的一种描述，它是一种资源融合的过程，指的是各相关主体之间为达成一定的目的，在思维及行为上相互配合以增强力量，共同完成预定的任务的一种行为。合作通常包括两个或多个主体，这里的合作主体通常指的是人，因为只有人才具备合作的意识，也只有人才具有合作的可能。课堂教学是一项育人的活动，以控制为主的管理方式根本起不到教育的效果，因此课堂教学中应摒弃控制的管理观，把学生放在合作者的层面上进行管理。尽管教师在管理过程中始终是处于主导地位，但这并不影响教学过程中学生作为教师合作者的地位。课堂教学管理的合作性主要表现在三个方面。首先课堂教学管理具备合作的基本前提，即教师与学生，并且教师和学生都具有共同的目的，即提升教学效率。其次，课堂教学管理不同于一般的人对物的管理，它是人对人的管理，因此必须要管理主体之间密切合作，否则管理就难以促进课堂教学管理目标的达成。第三，从人性本身来看，人是社会的动物，人类的延续与发展正是依靠人与人之间的合作来完成，否则人类或许本身就不存在了。正是基于上述的原因，我们认为课堂教学管理的合作性是课堂教学本身所固有的属性之一。

（三）自律性

自律，简单的解释即在没有他人监督的情境中自己对自己进行约束和管理，它是自我意识在思维和行为领域的一种表现形式。自律本身具有三个最基本的特征。一是自律主体，只有有意识的主体才能对自己的思维和行为进行管理，所以自律的主体通常是人。二是自律的目的，任何人的思维和行为都具有其有意识或无意识的目的，否则自律便成为不可能。三是自律的功利性，即所有的自律都是功利的，如获取物质资源，满足精神需要，寻求自保等。我们谈及课堂教学管理具有自律性，也是基于上述三个方面的分析。首先，课堂教学管理中的自律主体有两种，即教师和学生。尽管学生在身心发展上都不成熟，自我约束的意识与能力有待提升，但师生都是有意识的主体，进行自我约束和自我管理是可能的。只是学生需要教师引导，逐渐发展，最终实现自律能力的提升。其次，课堂教学管理中自律的目的，无论是教师的自律、还是学生的自律，其目的指向表现为两个方面，即近期来看是提升课堂教学效率，长期来看在于促进师生的共同发展，实现教学相长。第三，从课堂教学管理行为的自身来看，本身就具有功利性。从教师行为来看，其自律的目的在于更好地与学生合作，完成教育教学任务，提升课堂教学效率。从学生的行为来看，其自律的目的在于提升自己学识水平，形成自己的能力。但是由于学生是未成年的个体，其思维和行为都处于发展期，其自律意识与能力相对较差，这就需要教师在课堂教学管理中注重学生自律能力的培养。

（四）创新性

人都有好奇的本性，对新鲜事物与行为都乐于去发现与评价，正因为如此，人才能在与他人或自然的接触之中发现新的事物，创造新的东西。总体来看，好奇心与创新性是人性中极其相关的本性。教育作为一项专门培养人的活动，从本质上而言，除培养基本的生活知识和技能以外，培养学生的好奇心与创造力也是教育本身不可回避的最基本的问题。课堂教学作为教育领域最前线，自然成为培养学生好奇心与创造能力的重点领域。联系到课堂教学管理之上，其创新性主要表现为：一是教师作为课堂教学管理的组织者，基于人的好奇心与创造性，根据具体的情况寻求新的有效的管理方式是必然的。二是从学生的角度来看，长期的、稳定化的管理模式容易使其产生疲劳感，不易激发其活力。正如写文章一样，"文似看山不喜平"，固化的管理模式就没有新鲜感。这要求教师在管理过程中要引导学生走不同的路径，但是都能达到统一目的,当然在路径的选择上还需要考虑路径的有效性。

(五)灵活性

课堂教学管理的灵活性与创新性之间具有一定的相关性,灵活性与创新性在某种意义上是相通的。课堂教学管理灵活性的本意指课堂教学管理不能采取固定的、僵化的管理模式,而是应该针对管理的需要灵活处理,即不能以管理模式去论事,而是以事来论管理模式。课堂教学管理存在灵活性,其原因主要在于课堂教学管理的核心是人,人与物的本质区别在于人的思维是复杂的、多元的,因此教师在课堂教学中面对几十个未成年的学生,必然需要针对不同的学生、不同的情况采取不同的管理思路与方式。另外,课堂教学是培养人的活动,而并非生产物质产品的活动,物质产品的生产在生产模式尚未改进之前可以沿着固定的生产与管理模式进行生产,其生产效率可谓是立竿见影,而生产效率的提升可直接归因于管理效率的提升。课堂教学的效率在很多时候是难以及时衡量的,因为课堂教学管理的终极目的是提高教学效率,并促进学生的发展,而这在现实中难以在短时期内衡量出来。这正是需要探讨课堂教学管理的本质原因所在,也是研究课堂教学管理的价值之所在。

第二节 课堂教学管理的功能

功能是事物或方法所发挥的有利作用,这里的作用是针对一定的主体而言的,但它与价值不同,价值具有主观性,而功能具有更强的客观性。价值是根据价值主体的需要而言的,但功能是在某物产生之时便具有的内在的东西。功能通常具有一定的指向,这一指向也许是显在的,也可以是潜在的。例如就课堂教学管理而言,从显在来看,其指向的是课堂教学,而从潜在来看,它指向的是人的发展。但由于促进人的发展的功能是课堂教学管理不言自明的功能,其抽象性较强,因此这里只探讨课堂教学管理对课堂教学本身所具有的功能。尽管课堂教学管理在于提升课堂教学效率,但其对课堂教学本身的作用是有限的，并非"万金油"。就本研究而言，主要从维持功能、调控功能以及促进功能三个维度展开讨论。

一、维持功能

课堂教学管理的维持功能主要指课堂教学管理能维持课堂教学正常、有序地进行。从课堂教学的基本构成来看，课堂教学主要由教师、学生以及教学媒介构成，这里的教学媒介包括教学环境、教学信息、教学语言、教学媒体等所有的除人以外的一切能对教学活动产生影响的东西。教学对人的作用正是通过这一系列的教育媒介才得以进行，否则教学就不得以存在。然而，它们对教师和学生的影响并非有序的、固定不变的。在教学活动开始之前，这些教育媒介只是堆积或散布于课堂教学空间与时间里的杂乱无序的材料，它们对学生个体以及教师的影响往往因人而异，是与师生个体的经验相关的。在本研究中，我们所探讨的课堂教学活动指的是有序的教学活动，它并非一种自发形成的活动，否则研究其管理的价值和意义就值得商榷。正因为课堂教学是在有限的时空中进行的，而能够对教学活动造成影响或者说作为教学媒介的资源并非自然有序地组合在一起，因此为顺利达成教学目标，提高教学效率，有必要把课堂教学时空中的教学媒介组织起来，这样教学活动才称之为教学活动。这个组织的过程事实上也就是管理过程，正是组织行为的存在，才使得教学活动得以正常开展。在此意义上，可以说课堂教学管理具有维持功能。

二、调控功能

调控指的是调节和控制，二者都是对管理者思维和行为的描述。就本身的含义来看，调节主要指从数量上或程度上进行调整，是对两种以上的具有相互影响的人、事物之间的关系的处理，以期达到一种平衡的状态。控制的意思指掌握住不使任意活动越出范围，是对事物发展的态势的把握，具有强制性的特征，而调节不具有强制性。课堂教学管理的调控功能主要是针对课堂教学管理的任务而言的。从任务来看，课堂教学管理主要是把有限的课堂教学资源有效地整合起来，以追求教学效率的最大化。由于课堂教学管理的终极目的在于学生，而学生是有思想的个体，因此在资源整合的过程中不可能按照某一固定模式按部就班地进行管理，否则这就不是课堂教学管理。鉴于本身存在的特殊性，课堂教学管理要承担其调节和控制任务，即在管理过程中，根据学生学校的需求以及可获取的有限资源，采用合理的手段进行资源整合，以尽可能使每个学生得到最好的发展。而这个资源的整合与分配过程也就是管理者进行管理调控的过程。

三、促进功能

课堂教学管理的促进功能可以从两个方面来进行分析，一是从经济学的角度来分析，二是从教学目的达成的角度来分析。从经济学的角度来看，经济学追求的是效率至上的原则，课堂教学管理也不例外，效率至上是其主要的原则。课堂教学管理的效率指的是课堂教学结果与课堂教学整体投入之间的比例关系，其比值越大，则效率越高，反之亦然。从影响课堂教学效率的因素来看，包括教师自身素养、学生自身素养、教学媒介自身的教育性质以及课堂教学管理等因素。其中，师生素养与教学媒介属于最基本因素，其对课堂教学效率的影响在于其自身所附带的教育属性。课堂教学管理对课堂教学效率的影响在于课堂教学的管理水平，这是影响课堂教学效率的能力因素，它能直接服务于课堂教学效率的提升。从资源整合的角度来看，课堂教学资源整合的合理性程度越高，课堂教学效率将会有所提高。从教学目标达成的角度来分析，课堂教学管理的另一促进功能在于促成教学目标的达成，这是课堂教学管理功能中最主要的、终极的组成部分。课堂教学目的不仅仅包括课堂教学中直接能衡量的、能用文字表达出来的目标，同时也包括促进人的发展这一长远的目的，因此整个课堂教学活动的开展都是以其目的达成为导向的，课堂教学管理作为课堂教学中的重要组成部分，促进课堂教学目的的达成是其主要功能。

因为教育研究主要探讨的是如何促进学生的积极发展,所以上述三大功能都是从课堂教学管理的积极性上而言的。然而积极性与消极性是并存的,因此课堂教学管理事实上还存在着消极的功能,如阻碍教学目的的达成与学生的发展。从课堂教学管理的消极功能来看,它并非与生俱来、不可改变的,而是由于课堂教学管理不善而导致的,因此课堂教学管理研究者以及实施者需要不断去钻研课堂教学管理的本质与特性、课堂教学管理中出现的问题,从而避免其产生消极影响。

第三节 课堂教学管理的原则

课堂教学管理原则是指课堂教学管理过程中必须遵循一套规范,整个课堂教学管理必须以此规范为依据,在不违背此类规范的前提下实施管理。课堂教学管理的原则本身不是一种行为,不具操作性,它属于课堂教学管理理念的范畴。根据课堂教学管理自身的特性、目的与功能等,课堂教学管理包括以下五条原则。

一、以人为本原则

以人为本指课堂教学管理必须以人的发展为出发点和终点,即人既是课堂教学管理的出发点,同时也是课堂教学管理的终极目的。从课堂教学管理的主体来看,课堂教学管理主要包括教师和学生。在教学相长的意义上,教师和学生都是课堂教学管理的目的,而学生在其中尤为重要,因此课堂教学管理的以人为本主要包括两层意思,即以教师为本和以学生为本,而以学生为本尤为重要,因为课堂教学的目的主要是为学生发展服务。那么如何保障课堂教学的以人为本原则呢?这主要从教师自身入手,教师与学生既是课堂教学的管理者,也是课堂教学管理的对象。教师既要管理学生,也要进行自我管理,学生通常是在教师的引导下进行自我管理。然而,就教师和学生在课堂教学管理中的重要性来看,教师是课堂教学管理的主导者,因此这里主要讨论教师如何在课堂教学中遵循以人为本的原则。课堂教学以人为本原则的落实主要从两个方面展开，一是教师观念的转变。观念是行为的先导，要在教学中落实以人为本的原则，教师必须树立以人为本的管理观，即把学生作为课堂教学的主体，作为课堂教学的目的，整个课堂教学管理以学生为出发点和归宿，只有具备了这样的以人为本的课堂教学管理观，课堂教学的人本管理才可能实现。二是以人为本管理观在课堂教学管理行为中的落实。由于人是具有鲜活生命的主体，因此课堂教学管理不可能像工厂生产管理一样进行。如果那样就泯灭了人的个性。正因为课堂教学管理不具有固定的路径和模式，这就需要管理者在管理过程中根据具体情况灵活处理。这个灵活处理的过程就是教师以人为本管理观落实的过程。如果教师不具备以人为本的管理观，在应对课堂管理中的复杂问题时，就容易违反人本原则，甚至影响学生的发展。

二、差异性原则

课堂教学管理的差异性原则指的是课堂教学管理要根据具体情况具体分析，根据需要而采用合适的管理方法，以追求课堂教学效率的提升。课堂教学管理的差异性原则主要表现为两个方面。首先，就学生的角度来看，尽管学生身心发展程度上具有一定的趋同性，但个体之间存在着一定的差异，这主要表现在学识水平、智力发展水平等方面。正因为学生之间存在的差异，教师在课堂教学管理过程中不能"一刀切"，而应在追求基本统一的基础上，按照学生个体的差异进行差异性管理，以期最大限度地促进学生个体的发展。其次，从课堂教学管理的内容来看，包括目标管理、时空管理、环境管理等内容。课堂教学管理的实质就是把此类内容有效地组织起来，以追求课堂教学管理效率的最大化。然而就课堂与课堂之间的对比来看，由于目标的差异或学生之间的差异，各课堂管理内容的整合方式之间存在一定的差异，这就要求课堂教学管理者要根据具体情况在不同的课堂教学管理中采用不同的管理方式。差异性原则与以人为本原则之间的关系密切，以人为本即对学生个体之间差异性的认同，在对差异性认同的基础上，课堂教学管理之间的差异性原则就理所当然的了。

三、目的性原则

目的性原则指课堂教学管理的指向是目的的达成，目的是整个课堂教学管理过程的导向，即任何管理思维与行为都要指向目的的实现，否则课堂教学管理本身存在的价值和意义值得商榷。从目的的角度来看，课堂教学管理的目的主要包括两个层次，即课堂教学管理本身的目的以及课堂教学管理以外的目的。课堂教学管理本身的目的，主要指教师通过调动学生参与到课堂教学管理之中的过程培养学生的自我管理能力，同时教师的管理水平也得到相应的提升。课堂教学管理以外的目的指超出课堂教学管理范围的目的，主要包括教学效率的提升、教学目的的达成等。从课堂教学管理以外目的的角度来看，课堂教学管理是课堂教学顺利开展的必要保障，其管理直接为课堂教学服务，服务于课堂教学目的的达成。总而言之，课堂教学管理承担着达成课堂教学目的的任务。因此，课堂教学管理必须遵循目的性原则，只有在此情况下，课堂教学管理才具有价值和意义。

四、效率性原则

目的性原则只针对目的的达成而言，而如何保障目的或者如何更好地发挥课堂教学管理在课堂教学中的作用则属于课堂教学效率的问题。从稀缺经济学的角度而言，课堂教学资源是有限的，如何把有限资源有效地整合起来则属于课堂教学管理的主要任务，所以课堂教学管理要遵循效率原则。课堂教学管理的内容包括可见的物质资源与可感知的非物质资源等。可感知的非物质资源包括师生的管理能力、已有的学识水平、心理发展水平以及部分时空资源等。尽管在课堂时空中拥有如此多的资源，然而对于人的发展而言，这仍是有限的。不仅其中任何单一的资源都无法满足人成长与发展的需求，即使组合起来也仍与课堂教学目的达成所需的资源存在一定的差距。在此情况下，课堂教学管理必须根据目的达成的需求，把有限的资源有效地整合起来，以此为课堂教学效率提供最大化的保障。如果课堂教学管理不讲求效率，那么其本身就没有存在的必要。没有课堂教学管理的课堂教学就会形成类似原始社会自在教育的状态，这显然不适应现代社会发展的需要。在此意义上，课堂教学管理的效率原则是其最核心的内在原则。

五、教育性原则

教育性原则是课堂教学管理必须遵循的最主要的原则，上述四个原则都建立在教育性原则的基础之上，否则前面的四个原则将失去其存在的意义和价值。课堂教学管理的教育性原则指整个课堂教学管理要以教育活动的开展为目的，把培养人作为课堂教学管理的理念。课堂教学管理之所以必须遵循教育性原则，主要原因有三。一是课堂教学管理本身是一项育人活动，属于教育的范畴。二是从目的的角度来看，课堂教学管理的短期目的是课堂教学目标的达成，而这短期的目标是为教育方针所规定的教育目的服务的。三是课堂教学管理过程对于教师和学生而言，都具有教育意义。总而言之，教育性原则是课堂教学管理必须遵循的最基本的原则，只有在此原则的基础之上讨论课堂教学管理才具有价值。

第四节 课堂教学管理的理论基础

理论基础是探讨课堂教学管理不可回避的重要组成部分，它有助于我们构建课堂教学管理研究的框架，找到课堂教学管理研究的切入点，同时它还能为我们的研究提供理论依据。根据研究的需要，我们主要从社会学理论、组织学理论以及教育管理理论三个维度来探讨课堂教学管理的理论基础。

一、社会学理论

社会学是研究课堂教学的一种有效视角，运用社会学理论对课堂教学进行研究通常是把课堂看作一个微型的社会，然后去探索其结构、功能及其内部各个要素之间的相互关系。社会学是研究社会中人与人之间的关系及其对社会发展的影响，它本身与教学之间关系密切，因为教学本身就是源于社会，是人类社会活动的一种形式，因此我们也可以说教学是研究社会中人与人之间关系的一种科学，而这种关系是一种特殊的交往关系。根据课堂教学管理的需要，我们这里主要选用了社会学中的结构功能主义理论与社会冲突理论来探讨课堂教学管理的社会学基础。

（一）结构功能主义

结构功能主义（structural functionalism）是哈佛大学教授塔尔科特·帕森斯1945年首先提出来的，通过他的倡导与推广，结构功能主义在20世纪五六十年代受到人们的推崇，在美国繁荣起来并逐步推广到世界。尽管结构功能主义这一流派内部各代表之间在观念上存在着分歧，但是作为一种思想流派，其分析问题的思路存在着共性，这正是把各代表的思想归为同一流派的原因。现主要从如下几个方面来探讨结构功能主义对课堂教学管理研究的启示。

首先，结构功能主义把社会作为一个系统来研究，把研究重点放在系统的维持与发展上，它认为系统的维持与发展在于系统内各要素的相互作用。系统内各要素之间的相互作用才使得系统存在并维持下去。就系统内各要素的功能与系统的维持与存续来看，任何单一的要素独自对系统所发挥的功能都不足以维持系统的存续，系统的存续是依靠系统内各要素组合起来所产生的力量。因此，系统内的各要素在系统中所发挥的功能是一种整合后功能。在此意义上，课堂教学管理研究需要把课堂教学与课堂教学管理都作为系统来研究。课堂教学本身就是系统，课堂上所具有的各种资源共同组合起来，才使得课堂教学活动顺利进行，而每一种要素或资源对课堂这一系统的存续所发挥的功能都是有限的，因此课堂教学的维持得益于各种资源的有机结合。课堂教学管理本身也可以作为从课堂教学中分裂出来的独立系统，它有目的、内容、手段与方法等，正因为管理系统中各要素的相互作用，课堂教学管理才得以有序地开展。从课堂教学系统与管理系统的关系来看，课堂教学管理系统的顺利运行对课堂教学系统的顺利运行起到保障作用，但事实上它们在理论与实践上并不是泾渭分明的，而是相互融合在一起的。

其次，从结构功能主义的视角来看，系统的存在与发展具有优先性，即凡是有利于系统存在与发展的要素、机制都得到优先考虑，只有这样才能维持系统更好地、更高效地发展。课堂教学管理可以看作是对课堂教学系统中资源的整合过程，根据课堂教学系统发展的需要以及课堂教学目的实现的需要，教师在课堂教学资源整合过程中要考虑资源及其整合方式对课堂教学系统的优先性，以最有效的方式来获取更有效的课堂教学效果。

第三，结构功能主义认为系统内各要素之间的关系并不是杂乱无章的，而是有序的、有效的，而且系统的发展要保持一种均衡、适应、稳定的状态。课堂教学是一个有机的系统，鉴于课堂教学目标之间的差异以及课堂教学系统在资源上的差异，课堂教学管理的过程需形成一种有序、均衡、稳定的状态，以此来保证课堂教学质量的提升。

（二）冲突理论

结构功能主义是从系统的角度出发研究其中各要素之间的关系及其对系统存续的功能，是就系统稳定与均衡的视角而言的，而冲突理论则从另外的视角探讨了系统内各要素之间的冲突对系统存续的积极性与重要意义。冲突理论的主要代表人物有科塞、达伦多夫、科林斯以及李普塞特等人，综合冲突理论的思想，结合课堂教学管理实践，本研究认为冲突理论对课堂教学管理的启示包括如下几个方面：

首先，冲突理论承认冲突的正向功能，即冲突是社会变迁与发展的动力。人类社会正是在各种类型与层次的冲突中持续发展和前进的。从社会学的视角看，课堂是社会的缩影，课堂上也存在着各种各样的冲突，正是各种各样的冲突推动着课堂教学的进行，而管理就在于如何把课堂教学中的各种冲突有效地利用起来，使其朝有益的方向发展，在此角度上课堂教学是允许一定冲突存在的。事实上，没有冲突的课堂教学是不存在的，因为课堂教学是人与人之间的活动，由于人思维上的差异性以及人自身的未完成性，人与人之间必然存在着各种各样的冲突，不同课堂之间差异的存在只是冲突的表现形式或程度不同而已。然而，承认冲突的存在并非意味着对冲突视而不见，而是当冲突出现或意识到某冲突即将出现时，对其进行化解、引导，从而使冲突转化为推动课堂教学进行与发展或推动人发展的动力。

其次，冲突主要表现为两种形式，即压制性冲突与共治性冲突两种形式。① 压制性冲突是一种因权力等级差异而造成的冲突，而共治性冲突是由在平等的前提下因资源争夺而形成的冲突。从课堂教学来看，两种冲突形式都存在于其中。压制性冲突主要指教师与学生之间的冲突，在中国文化中，教师的职业赋予了教师与学生在权力上的不对等性，学生的学习即是为了进入教师所处的成人社会，因此教师的言行通常具有权威性，而学生通常只有服从。尽管今天在课堂教学中强调师生平等，充分发挥学生的积极性与主动性，但本质上而言，师生之间的权力压制没有从根本上消失，而只是更具有隐饰性。因此师生之间的冲突是无法避免的，教师只有加以引导，在一定的范围内允许冲突存在，使其从压制性管理向共治性管理转变，才能化冲突为动力。共治性冲突在课堂教学中主要表现为师生之间的共治性冲突与生生之间的共治性冲突。师生之间的共治性冲突主要指教师和学生在共同管理课堂教学的过程中因权力分配等原因所造成的冲突。要使这种共治性冲突转化为课堂教学管理的动力。需要教师改变传统的唯我独尊的自我观，在课堂教学过程中对学生进行引导，以师生合作的方式来进行管理。生生之间的共治性冲突指学生之间因课堂教学资源分配而导致的冲突，如果作为课堂管理主导者的教师不对其进行有效的引导，生生冲突会对课堂教学管理效率的提升产生消极影响。

第三，从冲突对社会发展的促进作用来看，冲突本来是一种力量不平衡的表现，但鉴于冲突的程度差异，冲突存在于不平衡系统、相对平衡系统以

---

① 宋林飞著：《西方社会学理论》，南京大学出版社，1997年，第345页。

及完全平衡系统之中。不平衡是冲突较为严重的状态，按照社会发展规律，严重的冲突必然导致新的平衡的产生。就课堂教学而言，通常要避免这种极端不平衡状态的发生，否则将会对学生幼小的心灵造成严重的打击。相对平衡是社会发展最常见的状态，即在一定的范围内允许冲突的存在，把这种不会造成破坏性的冲突作为社会发展的动力源泉。课堂教学管理要允许这种课堂形态的存在，以此为出发点调动学生学习的积极性，促进学生的发展。完全平衡状态是一种理想的社会发展状态，现实社会中是不存在的，同时也不是课堂教学管理所追求的状态。如果课堂教学处于完全平衡的状态，学生的好奇心、学习动力以及创造力都将不复存在，或者说那时候学生作为人的本性都将不复存在。

二、管理学理论

课堂教学管理的核心词是管理，管理理论是课堂教学管理研究的重要理论支撑。如果我们把课堂教学作为一个组织来研究，那么组织管理学理论则是其重要的理论基础。课堂教学管理与其他管理不同，因为它还带有教育性，因此把教育管理理论作为课堂教学管理研究的理论基础也在情理之中。接下来我们主要探讨组织管理理论、教育管理学理论与课堂教学管理之间的关系。

（一）组织管理理论

1. 理性组织理论

探讨理性组织理论，首先明确其核心词汇"理性"的含义，在组织社会学中，理性也叫"技术理性或功能理性，指的是一系列有组织的行动以最高效率达到既定目标的程度"[①]。理性是理性组织的基本特征，以理性为特征的组织是"组织的设计者对如何才能取得预期结果的构想的'镜像'"[②]。理性组

---

① [美]斯科特、戴维斯著，高俊山译：《组织理论：理性、自然与开放系统的视角》，中国人民大学出版社，2011年，第39页。
② [美]阿吉里斯著，郭旭力、鲜红霞译：《个性与组织》，中国人民大学出版社，2007年，第64页。

织建立于这样一种假设之上，即在不超出人的忍受力之前，人是具有理性的，按照设计者所设计的一套理性系统运行，预期的目标就会达成。一般而言，理性组织主要包括以下四个方面的内容：第一，组织是一个封闭的系统，具有特定的具体化的目标，目标是组织结构设计的出发点也是终点。组织结构是一套稳定的、科学的程序。第二，组织具有正式组织与非正式组织两种形式，理性组织通常指正式组织。正式组织中的人具有两面性，在组织外扮演的通常是另外的角色，而在组织结构中扮演的是组织规定的角色，并且组织中的角色并不随着扮演角色的人的变换而改变。第三，组织成员之间以协作、命令与服从的方式发生关系，这种关系是建立在合法性权威的基础之上的，个人在组织中行使的是组织的权威而非个人权威。组织内成员之间的关系紧密，其中任何一个人的工作失误都将影响整个组织运行的效率。第四，组织是以经济学理论为显在或潜在背景的，研究者都强调通过组织的设计与运行以实现效率的最大化。

课堂是具有相对独立性的社会组织，因此理性组织理论对其研究与发展具有一定的启示意义。理性组织理论对课堂教学管理的启示包括：课堂教学管理要求教师根据自身的经验预设一套相对稳定的程序，以此作为课堂教学管理最基本的参照；教师要团结与动员学生为了课堂教学效率的提升而努力，提倡学生之间的协作，在必要的时候可以采用命令的方式进行管理；通过学生集体责任感的培养来促进课堂教学效率的提升；教师要客观公正地对待每一位学生，根据学生的个别差异进行管理。

2. 自然组织理论

理性组织理论过分强调组织的目标和效率而忽视个体需要，引起了人们对该理论的怀疑，因此在批判传统的理性组织理论的基础上，人际关系理论学者提出了自然组织理论。该理论把组织分为技术组织与人的组织两种类型，人的组织又分为正式组织与非正式组织两种形式。传统的理性组织理论只关注技术组织与正式组织的结合，而忽视了非正式组织在组织中所发挥的作用，因此研究者认为"组织管理者要对自然形成的非正式组织给予重视，了解组织个体成员的需要,对其合理的社会需要予以满足"①。这也是自然组织理论的核心之所在。自然组织理论主要包括以下几个方面的内容。首先,就目标而言,理性组织理论假定组织目标与组织成员的个体目标是一致的,因此按照组织设定的程序就能实现组织效率的最大化。自然组织理论认为组织中的个体成员还有与组织目标不同的"真实"目标,"真实"目标也许是个人的,也可能是非正式组织的。一般而言,正是非正式的"真实"目标维持着组织的存在。"真实"的目标通常指"参与者可以从组织中获得权力、资源、声望以及快乐,因此他们会希望组织存续,会把保护与尽力强化组织纳入自己的目标"②。"真实"目标的存在及其对组织的价值是自然组织研究者对其展开研究的重要动因。其次,就组织结构来看,在人际关系理论的基础上,自然组织理论认为正式结构并没有理性组织理论所强调的那么重要,因为组织成员有自己的兴趣、爱好、追求以及抱负,以此为基础而形成在正式结构之外的非正式的组织结构。与非正式目标一样,非正式结构是影响组织存续的真正结构,而正式结构通常只是外在的一种形式。正是基于这样的假设,自然组织理论认为要调动正式组织中非正式组织及个人工作的积极性,以此提高组织的效率,把正式组织与非正式组织相结合,使组织产生比单纯的理性组织更高的效率。

自然组织理论从心理学的视角谈论了理性组织理论所忽视的东西,即人的兴趣、爱好、追求以及抱负等,以此作为提升工作效率的有效办法。自然组织理论是人际关系学说的一个分支,强调从人际关系出发来探讨工作效率的提升。课堂教学是师生之间特殊的交往活动,因此教师在课堂教学管理过程中要从心理学的视角出发,分析学生的兴趣、追求和抱负,以此来调整课堂教学管理策略。另外教师还要对班级中非正式群体加以引导,使其能对课

---

① 黄崴著:《教育管理学:概念与原理》,广东高等教育出版社,2002年,第171页。

② [美]斯科特、戴维斯著,高俊山译:《组织理论:理性、自然与开放系统的视角》,中国人民大学出版社,2011年,第70页。

堂教学管理作出贡献。

3. 开放组织理论

理性组织理论与自然组织理论都把组织作为封闭的系统来研究,而开放组织理论正是在对理性组织理论和自然组织理论展开批判的基础上发展起来的,它与前两种理论的区别在于,前两种理论忽视了外界环境对系统的影响,而开放组织理论则认为环境对组织的存在与发展不容忽视。正如持开放系统观的学者所言:"如果组织拥有完全的自主性——能够不受环境影响而追求自己的目标——那么,他们就可以像封闭系统一样运营。然而,环境时刻在变化着,并且所有的环境都在一定程度上危及一个组织的生存和发展。"[1] 开放组织理论的主要特征在于其开放性,而这正是基于组织与环境关系的角度来考量的。总体而言,开放组织理论认为组织主要包括四个方面的特点。首先,由于受到外部因素的影响,组织内各因素之间的关系是无法完全控制的,各因素之间并非按组织通行的规则发生关系,而且组织内各因素之间的关系不如机械系统那么严密,因此开放系统组织理论把社会组织称为复杂的松散的系统。[2] 第二,开放组织具有自我调节的功能。组织与环境之间处于一种交互关系状态,组织能通过自我调节来应对外部环境的变化。第三,组织具有层级性。组织可以分为更小的组织,同时它自身也属于更高级的组织系统。第四,组织无共同的统一目标、组织成员可以同时隶属于几个不同的组织系统,它们也可以自己决定参与或退出某个组织,因此组织稳定性较差。

开放组织理论对课堂教学管理的启示包括如下几个方面:首先,课堂教学管理者要把课堂教学管理作为一个相对开放的系统,从时空的视角对课堂教学管理进行探究,合理利用时空环境中的有效要素。其次,在课堂教学管理过程中不能对学生控得太死,而是要在满足基本前提和标准的基础上给予

---

[1] [美]詹姆斯·格鲁尼格等著,卫五名译:《卓越公共关系与传播管理》,北京大学出版社,2008年,第306—307页。

[2] [美]斯科特、戴维斯著,高俊山译:《组织理论:理性、自然与开放系统的视角》,中国人民大学出版社,2011年,第101页。

其充分的自由空间，通过管理引导学生去"悟"，而不是"服从"。第三，学生之间本身存在着一定的差异，因此在课堂教学管理中教师要持有一种开放的心态，尽可能使学生朝着预定的方向发展，而不是追求学生行为的同一性。

（二）心理管理理论

心理学是探讨课堂教学管理必不可少的理论基础，鉴于研究的需要，接下来我们以马斯洛的需要层次理论与勒温的群体动力理论为主来探讨课堂教学管理的心理学理论。

1. 需要层次理论

需要层次理论是美国心理学家马斯洛（Abraham H. Maslow, 1908－1970）所提出的理论，马斯洛把人的需求分为五种，按从低到高的顺序依次排列为生理需求、安全需求、情感和归宿的需求、尊重的需求和自我实现的需求。生理需求和安全需求属于较低层次的需求，是普通动物和人共同的需求，后三种需求属于较高层次的需求，是人特有的需求。前两种需求属于人的动物性需求，而后三种需求属于社会需求，是从个体与他人的关系的角度而言的。

就学生的视角而言，生理需求与安全需求本不是课堂能帮助解决的，尤其是生理需求。尽管课堂教学要求保障学生的安全，但这通常不是课堂教学管理的主要任务。后三种需求属于课堂教学管理所要关注的。首先从情感和归宿的视角来看，课堂教学管理要秉持着关注每一个学生的理念，充分调动每个学生参与学习与管理的积极性，不能让部分或个别学生边缘化。如果课堂教学中出现边缘化现象，其原因之一在于学生在课堂教学中没有归宿感，融入不到课堂之中，因此情感和归宿是课堂教学管理研究的重要主题。其次，按照马斯洛的观点，尊重的需求是在情感和归宿需求的基础上去满足的需求，而就课堂教学管理而言，事实上并不存在孰先孰后，二者在课堂教学管理中同样重要。这里的尊重主要包括师生之间以及生生之间的相互尊重，其包括思想和观点、人格以及行动等方面的尊重，当然这里的尊重并非全盘接受，而是在批驳与赞同的同时要保持尊重对方。第三，自我实现的需求是人最高层次的需求，是一种理想境界的达成与提升。学生和教师事实上都有自我实现的需求，鉴于人的差异，个体在自我实现的层次上以及目的上都存在差异，课堂教学只是学生自我实现的一种途径，因此教师要关注每个学生，把课堂教学变为其自我实现的一种途径，以此来促进学生课堂学习积极性的提升。

2. 勒温的群体动力理论

库尔特·勒温（又译作"库尔特·卢因"）（Kurt Lewin，1890—1947），美国著名的心理学家，群体动力理论的创始人，出生于德国，因此也有人称其是德国心理学家。[①] 勒温采用格式塔心理学的观点，将个体行为置于某一时间和空间中来研究，并认为个体行为是内外两种因素交互作用的结果。他借用了物理学中的"磁场"概念来描述人的行为活动，认为人总是处于一定的场中，同时受场内各部分因素的影响，当其中一种因素变化时，其余的因素都将受到影响。根据影响行为的因素的差异，勒温把人的过去、现在所形成的内心需求看成是内在的心理力场，把外界因素看成是外在的心理力场，因此人的行为也可以看成是内外心理力场交互作用的结果。他把心理力场用理论公式 $B=f(P·E)$ 来表示，其中 B 是个体行为，P 是个性特征，E 是环境，f 是函数，即个体行为受个性特征（内在心理力场）和外在环境（外在心理力场）的影响。以此为基础，勒温把"场"理论扩大到群体行为的研究，进而提出了"群体动力"理论。群体动力指群体活动的方向或各因素相互作用的合力，同样取决于内在心理力场与外在心理力场的相互作用。

群体动力理论对课堂教学管理的启示主要从两个维度来阐释。首先，学生个体的行为同时受到内在心理力场与外在心理力场的共同影响，因此我们在研究课堂教学管理时需要分析学生个体过去、现在的心理力场，以及学生所处的环境，找出影响学生行为成因，然后探讨学生行为改变的策略与方法。其次，就群体行为而言，其研究同样要从群体内在心理力场与外在心理力场出发，探讨学生群体行为的成因，在此基础上从内外两个维度出发探讨学生

---

① 苏东水著：《管理心理学（修订版）》，复旦大学出版社，1992年，第26页。

群体行为的改变方法与策略。

(三) 教育管理理论

教育管理理论与普通管理理论的不同之处在于普通的管理理论主要强调的是通过管理来提高效率，它们更多是从投入与产出的角度来考虑的，而教育管理理论则在管理过程中融入了更多的教育因素。

1. 学习型组织理论

学习型组织（Learning Organization）理论是美国学者彼得·圣吉（Peter M. Senge）在《第五项修炼》（The Fifth Discipline）一书中提出的管理理论。彼得·圣吉认为学习型组织包括五个要素。一是建立共同愿景，使组织内员工与组织的愿景协调一致。二是团队学习，团队的智慧大于个体的智慧，因此主张通过团队学习提升组织的创造能力与发展能力。三是改变心智模式，即改变传统的固守己见和单打独斗的工作和学习方式，提倡协作思维。四是自我超越，提供个体自我发展和实现理想的机会，使自我获得满足感。五是系统思考，培养纵观全局的思维能力，以能准确把握组织的发展规律。彼得·圣吉认为按照上述五个要素建立的组织，其绩效会有所提升，生命力更强。

尽管学习型组织是针对企业发展而提出的，但它对课堂教学管理仍具有一定的启示意义。首先，教师作为课堂教学管理的主导者，他应具有全局观，具有对整个课堂进行把控的能力。其次，教师要引导学生创设共同的学习愿景，使师生都为共同的目标而努力。第三，教师要改变传统的师尊生卑的管理观念，引导学生参与到课堂教学管理中来。第四，教师要尽可能引导与帮助每个学生实现自我超越，这样能增强学生的自豪感，同时也能提升学生参与课堂教学管理的主动性和积极性。

2. 教育管理批判理论

教育管理批判理论产生于20世纪70年代末80年代初，法兰克福学派的批判理论是其主要的理论来源。批判理论批判了传统的工具理性、技术兴趣以及实证主义存在的问题，从而倡导了交往理性、解放兴趣以及现代的文化分析，这便是教育批判理论的思想源泉以及批判理论展开批判的理论工具。从管理学的视角来看，教育批判理论反对结构功能主义理论，认为结构功能主义使教育管理过于僵化，而不能充分发挥教育的活力。教育管理批判理论主要提出了如下三个观点。一是教育管理不应过分看重结果，而应该重视批判思维或反思思维的培养。二是教育管理要摒弃程式化的管理模式，强调管理过程之中的共同协作与建构。三是强调个体存在的价值和意义，而不是使个体符合某种既定的规范，事实上也就是强调要发挥个体的创造精神。

在教育批判理论观照下，课堂教学管理要求教师摒弃僵化的、程序化的管理模式，尊重学生个体，培养其自我审查能力以及自律精神，使其在允许的范围内充分发挥想象力和创造力。教育批判理论为现代课堂教学管理提供了新的视角，尽管其教育管理思想的理想成分较多，在操作过程中存在一定的难度，但至少它是课堂教学管理所追求的目标。

总而言之，课堂教学管理是一项系统而复杂的工程，任何单一的理论是无法满足实践需求的，因此研究者与管理者要根据实践的需要选择适合具体情景的管理理论，这样管理理论才能为课堂教学实践提供帮助。

第二章 课堂教学知识管理策略

当今社会，知识已经成为决定各国国际影响力最为关键的元素，在每个国家的经济发展中都起着决定性的作用。然而教育作为知识传播的重要途径，直接决定着一个国家的综合实力，其关键作用不容小觑。本章力图将知识管理的思想、方法、技术全面深入地融入课堂教学中去，为广大教师的课堂教学工作提供借鉴和参考。

第一节 课堂教学知识管理的内涵

知识管理是网络时代新兴的管理思潮与方法，曾有学者预言"知识将取代土地、劳动、资本与机器设备，成为最重要的生产因素"。既然知识将要成为最主要的财富来源，知识工作者作为最富有生命力的资产，最重要的一项任务就是对知识进行管理。

一、知识的概念与分类

在信息急速膨胀的今天，"信息"与"知识"这两个概念经常被人们混淆，所以对知识进行管理之前，我们有必要先明确"知识"这个重要的概念。

知识存在于三阶金字塔的顶端，它的底层是数据（data），即对事件的客观记录，本身不具有关联性，是创造信息和知识的重要原料。第二层是信息（information），信息不仅是数据的组合，它必须有附加价值才具有意义，所以说信息是有组织、有关联的数据。信息也是事物的结构、状态、过程、历史特征的反映,是事物的普遍属性,能够影响人们的决策。人们可以通过不同的方式,例如分类、统计、计算、整合、编写等操作赋予数据价值,进而将其转变为信息。在金字塔顶端的便是知识(knowledge),知识比数据或信息更加深入、更加具有说服力,但知识仍以数据和信息为基础。知识来自人们的思想,是一种具有流动性质的综合体,它包括结构化的经验、专家独到的见解、具有价值的信息等。知识还是基于信息之上的有关事实之间因果或相关性的联系,是人们在实践活动中所获得的认识和经验总和。

为了有利于经济分析,世界经合组织(OECD)在1996年的年度报告《以知识为基础的经济》中将各种不同的知识分为四大类:

1. 知道是什么的知识(know-what),主要是叙述事实方面的知识。例如重庆市有多少人口,百团大战发生于何时何地,等等。此类知识与我们通常所说的"信息"这一概念类似。在一些领域,专业技术人员需要掌握大量此类知识才能完成工作,例如律师和医生。

2. 知道为什么的知识(know-why),主要是自然原理和规律方面的科学理论。这一类知识在很多产业中支撑着技术的发展及产品和工艺的进步。此类知识的产生和再生产由专门机构完成。

3. 知道怎么做的知识(know-how),主要是指对某些事物的技能和能力。例如商人要判断一个新产品的市场前景就需要运用此类知识。

4. 知道是谁的知识(know-who),涉及谁知道和谁知道如何做某些事的知识。此类知识涉及某些特定社会关系的形成。[1]

人们可以通过不同渠道学习四种类型的知识。know-what 和 know-why 类知识可以通过读书、看报纸和查看互联网上的数据来获得,但其他两类知识则主要是靠实践。know-who 类的知识像一个学徒跟着师傅学习并把师傅当作权威一样。know-how 知识是在社会实践中学习,有时也通过特殊的教育环

---

[1] 经济合作与发展组织编著,杨宏进、薛澜译:《以知识为基础的经济》,机械工业出版社,1997年,第6—8页。

境来学习。

二、获取知识的条件

教育学范畴下的"知识"包括两部分：显性知识（explicit knowledge）和隐性知识（tacit knowledge）。显性知识是指能够用严格的数据、科学公式、公理或文字等符号明确表达出来，易于存储和交流的知识。教师在职前阶段所学到的学科知识就属于显性知识。隐性知识则指建立在个人经验基础上并涉及各种无形因素的知识：例如教师的个人信念、观念、修养、洞察力、情感等方面的知识则属于隐形知识的范畴。隐性知识是一类非常难以表达、描述、交流和共享的知识。教师的教学经验就是一种非常重要的隐性知识，因为它涉及教师的个人经历，这种经历或者说经验存在于教师个体头脑中。然而隐性知识却是可以通过个体之间的经验共享实现知识的社会化的。比如说我们就可以借助演绎、类比、归纳等手段实现知识的显性化。

在了解知识的含义之后，我们还要明确获得知识所需要的必要条件，这也是我们进行知识管理的前提。

（一）获取显性知识的条件

显性知识包括有关事实方面的知识与自然原理和规律等方面的知识。包括具体概念与定义性概念。反映具体实物的概念是具体概念，例如课桌、教室等；反映对象的各种属性的概念是定义性概念，如"光荣"、"勤劳"等。定义性概念是通过定义得到的，如"两点之间线段最短"。教师可以让学生观察演示来学习定义性概念。

规则是揭示两个或更多概念之间关系的一种语言表述，例如定律、原理或程序等。在学习规则时，首先要学习组成规则的每一个概念，例如在学习安培定律时，学生首先应该掌握"电流"、"磁场"等概念。规则可以通过教师直接表述或者引导学生思考得出结论。

（二）获取隐性知识的条件

隐性知识包括如何做（know-how）和涉及谁知道和知道谁如何做某事

（know-who）的信息。

如何做的知识是隐性知识的"技术"层面，在学习过程中主要体现为动作技能和解决问题的能力。如何做的知识也包括认知策略、态度等方面，学生通过认知策略和态度控制、调整自身的认知行为，选择合适的学习方式。对于认知策略和态度，教师虽然可对学生直接进行指导，但只有学生自身在学习过程中体验和感受才能真正形成。同时，个人的体验、主观感受、直觉、预感和灵感也都属于这一层面。

涉及谁知道和知道谁如何做某些事的信息即隐性知识的"认知"层面。包括人的信念、领悟、价值观、情感及心智等。此类知识主要来自学习者的日常学习交往，学习中的讨论交流使学生认识到自身和其他学习者的长处和不足，逐渐形成对自身和他人的正确评价与定位，因此合作学习是促进此类知识获得的最佳途径。

我们现在所面临的问题是：是否人们获取了信息就意味着他们同样获取了知识呢？是否拥有了现代化的通讯技术和学习媒体，学生就理所当然有能力掌握和创新知识了呢？答案当然是否定的：因为知识不但包括事实方面和原理规律方面的科学理论等显性知识——即信息，还包括隐性知识，而隐性知识的获取与生成则需要学生积累知识、积极思考、综合并创新。隐形知识不易量化和编码，很难被学生直接获得和掌握，而隐性知识恰恰在社会发展竞争中起着最为重要的作用，因此我们的教学在有效传递显性知识的基础上，应该更加关注如何更好地促进学生隐性知识的获取和生成，以适应经济时代对人才的要求。

三、什么是知识管理

知识管理（knowledge management）这一概念起源于企业管理。在企业管理的范畴中，知识管理是一种收集、保存和分享所有组织及成员知识的活动，它是一种以知识为基础的系统、人工智能、软件工程、组织发展改良、人力资源管理与组织行为概念的综合体。其具体目标包括：扩大个人知识成长、建构知识共享机制、协助做好有效决策及扩充组织知识资产。① 这样可以使组织的知识发挥最大的效用。

知识管理所要掌握的则是前面提到的隐性知识和显性知识的转化与运用。基本上，知识管理是促使人们的内隐知识外显化的过程。所以说，知识管理是一个完整的知识链，涉及从知识的察觉到确认所需技能，乃至发展新技能、传播新技能以及新技能的应用与老旧技能的淘汰等（见图2—1）。而知识管理本质上对于整个组织各部分，如人力资源发展与管理、知识的组织与应用以及使用知识的机会与障碍排除等均有其正面影响。换言之，善用知识管理将可促使组织更加智能。

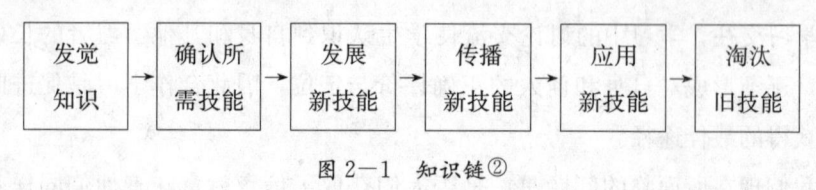

发觉知识 → 确认所需技能 → 发展新技能 → 传播新技能 → 应用新技能 → 淘汰旧技能

图2—1 知识链②

四、教育学范畴下的知识管理

知识管理在教育领域的应用与推广，相对于其他行业来说起步比较晚，2000年世界经合组织公布的《学习社会中的知识管理》（*Knowledge Management in the Learning Society*）这一报告中明确指出，在公共部门（public sectors），同时也包括教育部门，知识传播与应用程度较低；而在高科技领域的知识创造、媒介及利用的百分比、质量和成功率是最高的。③ 正因为这样，知识管理在教育领域中的应用有着比较广阔的应用前景。

由于教学是学校教育工作的重要组成部分，因此，教学领域的知识管理

---

① 吴青山：《知识管理与学校效能》，载《知识管理与教育革新发展研讨会论文集》（上册），2002年，第99—118页。

② Nijhof, W. *Knowledge Management and Knowledge Dissemination*. In Academy of Human Resource Development (AHRD) Conference Proceedings. 1999, 480.

③ OECD. *Knowledge Management in the Learning Society*. Paris: author, 2000, 68.

成为教育组织机构和个人知识管理的重点。从内容来看，教学知识也包含显性与隐性两部分，显性知识包括编码化、格式化的课程教学资源、论文、视频化的教学资料等；隐性教学知识包括有价值的学习与教学方法、教学文化等。其中，隐性教学知识是教学知识管理的重点。一个学校最有价值的教学知识，主要以隐性的方式存在，例如，独创性的教学方法，适合学校发展的新教学理念，往往分布在学校的教学实践领域与场所，并以隐性的方式存在。教学知识管理的目的，就是要在现代学校中，建构一个由显性教学知识与隐性教学知识构成的有效教学知识系统，让学校和教师能有效地创造、积累和应用这些教学知识。

信息技术在教学知识管理的过程中发挥着重要的作用。一方面，信息技术对显性与隐性教学知识进行数字化的编码、加工处理，使隐性知识显性化，以便于共享；另一方面，基于信息技术建构的教学资源库、知识共享平台，为教师的课堂教学知识的集成、积累和流通创造了条件。

因此，我们可以这样认为，教学知识管理是以信息技术为基础，对学校教学过程产生的个体教学知识与学校组织层面的教学知识进行加工、积累和共享的过程。在教学知识管理过程中，不仅有新的教学知识产生、积累和系统化，同时这些教学知识也会得到有效的分享与应用。因此，教学知识的管理也是促进教学知识创新，改进教学质量和提高教师专业化发展的重要策略。

第二节 知识管理在教学中的价值

在信息技术的支持下，教师可以对教学知识的加工、教学知识的共享和教学知识的应用过程进行有效管理。在课堂教学中运用知识管理理论不论是对教师个人发展、学生个体发展和学校自身发展都有极为重要的价值，主要表现在以下几个方面。

一、促进教师的专业发展

教师的知识管理最终指向教师专业素养的提升。能够合理对知识进行管理的教师才能真正成为知识学习的主人，他们的学习积极性和主动性会明显提高。同时教师合理运用知识管理的方法，系统管理自己的教学策略，通过不断地搜集、分享、应用和创新各种新的教学策略，丰富专业知识，能够有效地增进教学经验与教学智慧；通过对基本教学策略的掌握与运用，能够达到教学策略的灵活设计与合理运用，最终实现自身专业素养的不断提升。

（一）促使教师隐形知识外显化

知识管理的过程就是有效搜集属于个人的隐性知识并将其转化为可以共享的显性知识的过程。教师的教学策略作为教师个人教学知识的主要组成部分，从本质上讲既有显性知识，又属于隐性知识的范畴。通过合理运用知识管理，有助于教师隐性知识的显性化，还可对自身的教育教学策略进行加工与创新，最终形成自己的教学风格。

（二）加强教师之间的知识交流与共享

知识管理研究者提出知识的运行公式 $K=(P+I)×S$；其中 K 为知识（knowledge），P 为人力资源（people），I 为信息（information），S 为分享（sharing），以此为基础，将知识管理表述为 $KM=(P+K)×S$；其中 KM 即为知识管理（knowledge management），P 为人力资源（people），K 为知识（knowledge），S 为分享（sharing），透过这一公式，可见知识共享在知识管理过程中的重要性。

知识共享与交流是知识管理的核心任务，教师的教学工作是一种独立性较强的工作，因此，教学知识的管理可以让教师在合作化、组织化的学习过程中分享彼此的显性与隐性教学知识。学校通过强化教研组活动，建立有效的校本教研制度等，都是一种有效的促进教师组织化学习的知识管理策略。

【案例 2-1】

某市二期课改的语文教材每册增加了大量的古诗，一、二年级加起来共有 64 首，要求学生每一首都会熟背。由于一、二年级学生年龄小，很容易将类似的古诗混淆。但如果再像以往那样每首诗都详细讲解后背诵，时间上又不允许。发现了这一问题后，某校低年级的一位老师便归纳出了指导学生有效记诵古诗的方法：教师适当授意，及时背诵，适当抄写，适时复习，定时流动复习，抓住重点复习，突破难点复习。这样的"经验"是与时俱进的，并且也是容易操作的，不仅解决了问题，也为其他教师提供了操作的范例，这就是一种知识的发展。①

【案例2—2】

某市关于校本研修的调查中发现，教师在集体教研活动中"最不擅长或不经常做"的是：质疑别人的经验和做法、表达自己的经验与不足。教师在研修活动中还时常处于一种"你好、他好、大家好"的交流方式中，缺乏对别人、对自己、对文本进行质疑和批判的精神，教师还比较崇尚权威。因此建立一种基于有效分享的校本研修制度或文化有助于教师专业的持续发展。②

（三）有助于教师形成终身学习的观念

对于教师来讲，长期的教育教学实践活动使他们积累了丰富的经验，这无疑是一笔非常宝贵的财富。但是，教师必须懂得，经验犹如一把双刃剑，它可以使我们更加便捷地获得成功，也可能使我们因此而停滞不前，缺乏创新。教师为了实现教育目标，需要求助经验，但是对待经验只能借鉴，不能完全照搬，甚至还要对经验进行不断地改造和创新，否则经验将成为我们获得更大成功道路上的绊脚石。而教学又是一项需要终身学习的工作，教师必须了解知识的积累是建立在不断学习的基础之上的，因此知识管理的精髓就是提升教师终身学习的意识和能力。教师要实现由"要我发展"到"我要发展"的突破，就要以共享知识、创新知识为乐。

二、促进学生的个体发展

教师进行知识管理的同时，帮助学生建构知识，激活学生的思维，激发学生学习的兴趣，找到适合自己的学习方式，使学生更加有效地学习。

---

① 景洪春：《共享知识、优化教学——学校知识管理的特点和实践》，载《基础教育课程》2007年第7期。

② 同上。

(一) 激发学生的学习动机

我们可以使学生坐在教室里，但无法保证每个学生都进入学习的状态。这就需要教师利用知识管理的理念和技术对信息资源进行开放式管理，根据教学目标的性质及所要呈现的知识属性，结合学生的心理与年龄特征，将信息资源重新组织、整合，形成个性化的教学素材供学生学习和选择，为不同认识水平的学生提供有针对性的教育和帮助，真正做到"因材施教"。此举不仅利于学生学习兴趣的激发，在一定程度上也提高了学生的学习效率。

(二) 养成学生的自主学习方式

教师在知识管理的理念下，将更加注重对学生自主获取信息能力的培养，通过教学情境的创设使学生在解决实际问题的同时，学会对知识进行主动获取、分析、判断与选择。这有助于促使学生从被动地接受学习到主动参与探究，有利于培养学生主动探索和发现新知的能力。这不仅是新课程改革的要求，更是时代赋予教师的重要使命。

(三) 促进学生个性的发展

发展学生的个性是现代教育的要求。教师个人的知识管理理念要求重视课堂教学文化氛围的建设，努力营造一种具有鲜明特色的知识管理模式，这为学生个性发展提供了保证。另一方面，教师对个人知识进行管理时，管理的主体是整体素质较高、思维独立性和批判性较强的教师本人，这时知识管理体现出一种以人为中心的价值取向，所以教师在教学中会更加强调因人而异，采用不同的教学策略激发不同学生个体的积极性和创造性，从而使学生个性化发展成为可能。

三、促进学校的自身发展

知识管理可以将学校转型为具有自身特色的，符合社会发展和学生需要的教育组织。开展知识管理对于学校而言，其主要意义包括了以下几个方面：

(一) 汇集学校的有效教学资源

学校的教学知识分布于每一个教室、课题组和具体的教学情境中，同时，学校外部的教学知识也会通过各种可能的途径流入学校。因此，在教学知识管理过程中，首先要对有价值的教学知识进行分类和识别。例如，学校可以通过教学观摩，以案例的形式编写成册，也可以对不同教师的教学论文、教案、课件等，进行系统化的分类、编码与整合。学校的各种有价值的教学知识，在知识管理过程中经过汇集，不仅价值得到了提升，也可以使教师个人的教学知识得到整合与重构，并成为有学校特色的组成部分。

（二）发掘并解决学校教学问题

在分类和识别学校教学知识的过程中，学校教学中的薄弱环节也会随之暴露，所以说发掘并解决问题同样也是教学知识管理的重要内容。教学知识管理使教学问题明朗化，教师就可以针对具体的问题，探求并分享解决问题的方法。例如，学校通过征询新课程实施情况的意见，发现新教材中普遍存在的难点，进而收集应对难点的有效教学策略，并在教学过程中适时进行分享。这样的知识管理不仅生成了新的教学知识，同时也在问题解决过程中有效地应用了教学知识。

（三）变革传统的教学管理体制

传统的学校管理体制主要采用金字塔形的层级管理形式，学校各级领导、教师之间存在着等级差别，教师获取帮助的途径比较单一，在教学活动中的主动性和创造性也就难以发挥，不利于学校教学活动的正常开展。通过知识管理，可以打破传统教学管理中存在的等级差异，建立起平等的教学管理制度，这样不仅可以调动教师的工作积极性，使教师真正成为教育教学工作的主体，还为教师及时获取所需要的知识与技能提供了强有力的保障。

第三节　知识管理在课堂教学中的应用

随着知识管理理论的不断发展和完善，教育领域采用这种新型管理模式，可以帮助教师做出合适的教学决策，帮助学生做出正确的学习决策，使学生在学习过程中及时得到学习支持。接下来的部分主要介绍课堂教学中常用的知识管理应用手段。

一、知识管理软件

目前，教师常使用一些工具软件来辅助教学，这些软件在教学中起到了很好的知识管理的作用。教学知识管理软件可以对教学过程中的知识进行收集、存储、整理和共享。收集内容包括：教案、论文、课本、教研活动、计划总结、试题库、教学随笔、学生作品等，也可以帮助教师进行办公、教学等活动。下面介绍一些在教学中常用的知识管理工具：

1. 个人知识管理（personal knowledge management）是一种新的知识管理的理念和方法，能将个人拥有的各种资料、随手可得的信息变成更具价值的知识，最终利于自己的工作、生活。通过对个人知识的管理，人们可以养成良好的学习习惯，增强信息素养，完善自己的专业知识体系，提高自己的能力和竞争力，为实现个人价值和可持续发展打下坚实基础。

个人知识管理软件可以依据个人知识管理特点，来协助个人更省时省心管理文件、更容易养成知识管理习惯的软件工具；并在此基础上提供学习等其它辅助功能。可以为师生提供个人知识管理服务。师生可以用它来收集、整理、查阅自己的知识库，提高个人知识管理的效率。例如 Microsoft Onenote 2007，Evernote 等就是应用非常广泛的个人知识管理软件。

2. 电子教室是一种课堂教学管理工具。教师可以用它来进行课堂点名、分组、课堂演示、师生交流等活动，还可以创建教师素材库。

随着新一轮基础教育课程改革的推进和新课程标准的实行，课程资源的开发和利用越来越受到学校和教师的重视。积极设计各科教学资源，不仅有利于教师适应新课改的要求，也能调动学生多种感官参与活动，激发学生兴趣，使学生在愉悦中增长知识、培养能力、陶冶情操。

然而怎样更好地使用对学科教学有很大帮助的多媒体教学软件，这需要我们针对特定的使用对象去设计每一堂课。

【案例2—3】

初中《科学》课程是新课程改革新增加的一门课程。初中生好奇心强，兴趣广泛，经过小学阶段的学习对自然科学知识都有了一定的了解，希望更多地了解神秘的现象。教师就可以利用多媒体教学软件将生动丰富的课程内容呈现给学生。课堂上教师可以采用演示、讲解、练习、测验、自主模拟现实等多方面的多媒体授课形式，这种交互性学习有利于激发学生的兴趣。多媒体提供的外部刺激的多样性充分促进知识的获取与保持。①

【案例2—4】

教师使用某电子教室软件可在局域网络上实现多媒体信息的教学广播，在电子教室、多媒体网络教室或者电脑教室中进行多媒体网络教学，它可以在教师的操作下实现同步教学、控制、管理、音视频广播、网络考试等功能，并能同时实现屏幕监视和远程控制等网络管理的目的。

它能非常方便地完成电脑教学任务，包括屏幕广播、视频点播、屏幕监视、演示录制、多屏查看、在线考试、电子点名、学生示范、电子抢答、集体或分组讨论、电子举手、锁定学生机键盘和鼠标、远程开关机和重启等。

教师可依据教学需求，利用各种多媒体课件资源演示内容丰富且生动直观的教学课程，课上穿插测试、游戏等互动性活动。多媒体教学作为一种新的教学手段，与粉笔黑板的传统教学手段相比是一次历史性的飞跃，它达到了图文并茂、形象生动、一气呵成的教学效果。随着基础教育信息化和课程改革的继续推进，多媒体教学软件将在广大中小学发挥越来越重要的作用。②

3. 网络教学平台可以为师生提供网上教学、交流、协作的功能。教师可以在平台上发布教学资料、学习任务、学生成绩等内容，也可以对学生进行网上辅导、组织网上讨论等。学生可以在平台上下载资料、发布学习成果、进行网络协作学习、请求学习帮助等。同时，教师和学生还可以拥有个性化

---

① 资料来源于中国教育和科研计算机网。
② 资料来源于 http://www.edu.cn/dmt_6499/20070309/t20070309_222053.shtml。

的界面和知识库。

【案例2—5】

某语文教师在讲授《雷雨》时,针对"周朴园对鲁侍萍的爱情是真实的还是虚伪的"这个问题,采取了网络辩论式学习。教师运用网络教学平台论坛功能,设立正方和反方。学生通过前期的学习,根据自己的观点和立场选择正方或反方,对"周朴园对鲁侍萍的爱情是真实的还是虚伪的"这个问题进行了激烈的辩论。本课充分发挥了网络辩论的优势,极大地调动了学生的积极性,提高了学习效率。[①]

另外,中小学网络教学平台使教研活动更加高效便捷。网络教研借助了网络这个大舞台,让教师在有组织、有目标、有方案、有策略、有过程、有反思、有总结的情况下进行教研。

4. 博客(blog)即网络日志。用户可以用它在网络上发布各种文字、图片、声音、视频等信息,它的内容按照时间顺序排列,并且可以不断更新。师生可以在上面表达自己的思想,记录自己的学习历程和学习心得,并且可以在评论中看到他人的评价和反馈。

目前,博客在教学中的应用越来越受到关注。一些学校与教师正在将博客应用于教育的实验。在一些教师博客网站中,一些教师写下了各自的应用体会。

【案例2—6】

教师A:博客能够承载我的意图,它像笔记一样有用。通过记录和阅读博客日志,我们能够从这种反思活动中获得很多。如果把博客当做一种学习工具,无论教师还是学生都能够从中大有收获。

教师B:学生在发布博客的过程中,锻炼了批判性思维,做了一些有创意的冒险活动,并尝试语言和设计元素的更复杂用法。博客使学生能够更好

---

① 资料来源于http://www.shyedu.cn/ms/Article/ShowArticle.asp?ArticleID=887。

地阅读、批判性地思考和积极主动地写作。①

二、知识管理理论在课堂教学中的常用策略

知识管理理论在企业、政府等机构的应用中总结出很多有用的策略，把这些策略借鉴到教学中，可以起到很好的效果。基于知识管理理论的课堂教学常用策略有：

（一）资料整理

对教学资料、学生档案袋、教学日志等显性知识进行分析、组织、归类，使之结构化和系统化。资料可以按主题、班级、文件的名称、作者、创建日期等不同的属性进行分类。

（二）建立学生档案袋

保留学生在学习过程中产生的学习计划、个人作品、平时成绩、期中成绩、期末成绩等信息，当学生参加了小组协作学习时，档案袋中还应包括小组总体成绩、组员的分工和贡献、小组成果等。

【案例2—7】

某校着眼于学生全面发展素养的形成，将档案袋引入了综合实践课程评价中，学生精心采集与整理，乐在其中；自我、小组、教师的及时评价，促进了学生的发展。具体操作步骤为：

1. 激发兴趣

在建立"档案袋"之前，教师首先向学生介绍了它在综合实践活动中的重要作用，讲明建立"档案袋"应该注意的有关事项，激发起学生的浓厚兴趣，使他们也能够这样去想"哦，这个我也会"，从而使其萌生跃跃欲试的心理。

2. 自由命名

为了张扬学生的个性，教师允许学生选择自己喜欢的资料袋，采用自己

---

① 陈向东等：《博客文化与现代教育技术》，载《电化教育研究》2003年第3期。

喜欢的方式装饰好，档案袋的外包装要尽量体现个性化，不求风格的统一，怎么新奇活泼就怎么做，并根据自己的爱好起一个好听的名字。如：材料收集站、百宝箱、探索足迹、奥运之路等。取好名字以后，学生还用简短的语句附上了自我介绍：可写出自己的爱好，或写上自己喜爱的名言，或提出自己的奋斗目标……

3. 档案袋整理

档案袋记录着学生由不会到会，由失败到成功的详细过程，像一张张生活照片一样记录着学生的变化与进步。一个主题活动结束后，教师会让学生把以下材料放入档案袋里：

（1）活动准备阶段的材料：课题确立的背景、意义、可行性报告、计划、方案的设计等。

（2）活动实施过程的材料：如调查记录、观察记录、实验过程、实验现象、收集整理的资料、设计或制作的作品、体会与反思记录、实施过程中发现的新问题及采取的方法措施等。这些材料及记录了学生的活动过程或轨迹，可以培养学生的学习兴趣与积极性，有利于学生对自己的学习、活动过程或经历进行思考、评价和提升。

（3）活动总结交流阶段的材料：如论文、调查报告、实验报告、实践报告、活动记录、体会与反思、设计的作品、照片、录音、录像、绘画、实物模型或小制作、多媒体作品（软盘）、标本、手抄报等等。

（4）活动的总结和评价方面的材料：可以是个人评价，可以是同学评价、小组评价，还包括教师评价或家长评价，甚至是被调查人、被访问人、街坊邻居、亲戚的评价等，个人的反思体会也装入档案袋中。

4. 自由管理

档案袋可以让学生自己保管，也可以由教师统一保管。主要采取以学生保管为主，教师定期检查为辅的方式管理。到活动结束后将学生所有的档案袋上交，进行评价、展示。

综合实践活动中的学生档案袋评价，是以学生发展为本的教育理念为出发点，更好地体现新课程下的评价理念，关注每一个学生的全面发展、持续发展和终身发展。该校通过两年的研究成果表明，利用学生档案袋进行评价不仅能更好地配合综合实践活动关注过程的需要，还能够更好地促进学生健康、全面发展，更好地指引教师的教学方向，加深加快家长对新课程的理解和支持，从而使综合实践活动的开展能顺利有效地进行，更大程度发挥综合实践活动的效能。[①]

（三）小组协作学习

让小组成员共同完成一个学习任务，小组成员之间需要相互帮助，发挥各自的特长。分组时可以让学生根据自己的兴趣、爱好自主分组，可以根据学号、座位随机分组，也可以根据学生的学习成绩、学习能力、年龄等进行异构分组，还可以根据特定的任务和教学情景进行角色分组。

（四）激励

鼓励学生进行知识共享和知识创新。教师在教学中可以通过口头表扬或者一些小的奖励，来促进学生提出自己的想法、发挥自己的特长，督促学生总结学习经验，拓宽学习思路。

（五）做中学

给学生规定具体的学习任务。教师可以为学生提供针对具体问题、具体情景的学习帮助，使学生在完成具体任务的过程中，学习如何分析问题、解决问题的隐性知识。

（六）组织讨论和交流

学生讨论的过程也离不开教师的指导作用。指导的目的是引导学生展开思路、积极思考、鼓励合作等，以促进学习者对隐性知识的学习，并对可能出现的内容上或思路上的偏差进行纠正。指导的策略有很多，其引导方式和内容不是固定的，应针对学习者出现的具体情况而进行。在自由平等的讨论氛围中，师生很容易激发出灵感，产生出独特而新颖的观点。教师可以在班

---

① 案例选自秦皇岛市综合实践活动专题博客。

级中使用不同的讨论交流模式，设置开放式的问题，采取头脑风暴的方式组织讨论。

第四节 课堂教学中知识管理的具体步骤

课堂教学中运用知识管理可以依照以下四个步骤：确定学习目标、资料收集、创设知识转化情境与学习评价。

一、确定学习目标

与以往不同，这里我们把学习目标分成两部分：一是显性知识传递的目标，二是隐性知识生成的目标。为什么要这样划分呢？因为我们知道，知识是由显性知识和隐性知识组成，通过教师传递、媒体帮助便可使学生获得显性知识；而隐性知识则不同，需要学生内在知识的积累、并辅以积极的思考和创新才能获得。但二者又不是割裂的，显性知识是隐性知识的基础和前提，隐性知识反过来有助于新的显性知识的获得。因此确定显性知识传递和隐性知识生成的目标有助于二者相辅相成、互相促进。这两种不同类型知识的学习目标也有差别，接下来就两种不同的学习目标进行分析。

（一）显性知识的学习目标分析

由于显性知识的获得包括对言语信息、概念、规则等方面的习得。检验言语信息习得的标准就是学生能够将此类信息陈述出来，而对概念和规则的学习标准除了能够陈述以外，还需要正确地理解和运用。基于此，我们把对显性知识的学习目标分为三个步骤：

1. 对言语信息、概念、规则的陈述：这是显性知识习得中比较低层次的目标，检验学生是否达到该目标比较容易，只要让学生能够陈述即可。

2. 理解所陈述的知识：即便学生能够陈述，却不能正确理解此类知识，那么这些知识也不能内化到学生的知识结构中去。所以说理解是知识运用的基础和前提，而是否能够正确运用也为知识的理解提供了检验标准。

3. 正确地运用：能够正确运用说明学生已经真正掌握。教师应通过各种方式提供给学生运用知识的机会，这样不但检查了学生对知识的理解程度，同时也考察了他们对知识的运用能力。①

（二）隐性知识的学习目标分析

隐性知识的获得包括对高级规则、认知策略、态度、动作技能等方面知识的习得。此类知识的习得并无层次上的差异，因此隐性知识的学习目标可分为以下四个方面：

1. 运用高级知识解决问题：这需要学生把简单的知识进行组合，形成高级知识以解决问题。在解决问题的过程中，学生习得的言语信息、概念、规则等得到了检验；同时学生的分析能力、综合能力、创新思维得到了锻炼和发展，因此问题解决也是检验学生思维能力的最有效标准。

2. 掌握并运用认知策略：认知策略包括复述、精加工、组织、理解监控、情感监控等，学生应在学习过程中通过教师的引导逐渐学会运用以上策略以控制、调节自己的学习方式。

3. 形成学习态度：在教学中，教师可有意识地引导学生形成积极主动的学习态度，但态度形成是一个长期的、并且受各种因素相互影响的过程。因此对态度目标的检验也与其他因素有所不同，它是教师对学生进行长期观察后获得的。

4. 完成动作技能：动作技能的习得是外显的，因此相较其他技能，易于教师的观察和检验。值得一提的是，在现代信息社会，学生对现代信息设备的操作能力应引起教师的足够重视，这应该成为动作技能培养的重要目标之一。

二、资料收集

资料收集也分成两部分，一部分资料需要教师根据教学需要进行收集，

---

① 王淼：《基于知识管理的教学设计》，东北师范大学硕士学位论文，2006年，第15页。

另外一部分资料教师则可以针对学习目标和学生特点有意识地让学生自行收集。教师收集资料保证了资料的可靠性与价值性，从而保证了学习的有效进行；而学生收集资料不但在一定程度上扩展了知识的范围，而且会提高学生获取知识的积极性、分析评价能力、综合能力、操作能力等等，对学生隐性知识的积累也起到了积极的作用。因此在资料收集阶段，就可以实现部分学习目标，有助于提高学习的效率和更好地促进知识转化。

资料收集的工作需要在课前完成，这就使资料查找更具有灵活性，并能扩大查找范围，不会占用有限的课堂教学时间。资料收集的方法也是多种多样的，除了常见的期刊查阅法、关键字检索法、登录相关主题网站法之外，也可以在论坛上发出请求，借助网友的帮助。除了以上几种基于互联网的资料收集办法，还可以运用调查分析法——即通过调查报告、数据统计等方式来分析资料掌握的实际情况，使用此类方法有利于培养学生实际操作能力、分析能力，也培养了他们的实践精神。还有访谈法，此种方法与调查分析法类似，不仅利于学生实践精神的培养，而且通过访谈学生获得了"一手资料"，还在访谈过程中增强了交流技巧，提高了与他人交流合作的能力。

在资料收集结束后，教师还需要创建知识库，教师与学生收集到的资料都可存放在知识库中，以便学生能够共享这些资料，并利于教师与学生的交流和讨论。这种交流和讨论可以在课堂教学活动中进行，也可以利用信息技术手段异时、异地进行。在交流与讨论的过程中，教师应仔细观察学生，记录他们的学习情况。

三、创造知识转化的课堂环境

有了学习目标并根据目标收集相关资料只是知识管理的基础，接下来还需要教师为学生创造一个利于为显性知识传递和隐性知识生成的课堂教学环境，这个步骤也是知识管理在课堂教学中应用的最为关键的环节。企业知识管理在这个环节强调知识的共享，在教学中我们同样要强调知识的共享，因为不论是教师个体还是学生个体，都可以通过知识共享把更多的经验融入自身的知识结构中。教师个体在创造知识转化情境步骤中需要做好以下两件事情：

1. 制定恰当的指导策略，以促进学生积极思考。

在与学生交流讨论的过程中，教师对学习者的知识掌握情况及其对问题的思考已经有了很大程度的了解，应根据实际情况制定策略，提出新的问题，引导学生进一步学习与思考。

【案例2—8】

在某项解决问题的任务中，学生感到束手无策。教师A引导学生从问题的结果入手向前分析，找到实现结果的必要条件，然后继续分析实现这些条件所需要的条件，层层分析，最后找到问题解决的突破点。使用此种策略可以使学生思路清晰，容易找到问题解决的方法。面对同样的问题，教师B则提供给学生相关问题的资料、网站等来帮助学生扩展思路，然后组织学生再次讨论解决问题的方法。教师B的策略虽然没有直接帮助学生解决问题，但此种方法更有利于发挥学习者的自主性，鼓励他们主动思考，有利于学生创造性思维的发展。

2. 及时并适当对学生的行为给予反馈，以便他们及时地调整自己，最终完成知识的综合与内化。

反馈分为直接反馈和间接反馈。直接反馈是教师在课堂上通过自己的语言、表情、动作等来体现对学生的态度，直接对学生的行为正确与否、满意程度给出及时的反应与评价。此种反馈有利于促进学生的思考，对于出现错误或偏差的学生可以进行及时纠正。而间接反馈则是通过学生完成作业的情况对学生做出的反馈，也可称为作业反馈。

下课铃声并不意味着学生的学习和教师的指导就此停止。一般情况下，教师都会布置作业，这也是对课堂学习的巩固和延伸。作业的形式一般有三种：口头作业、书面作业和网上作业。相较于传统常用的口头作业和书面作业，网上作业可以有效缩短反馈时间，使学生在最短时间内看到自己对知识掌握情况，以便有针对性地及时复习和巩固。而且网上作业也便于保存，这有利于教师对学生长期的学习情况和变化进行整体性的把握,也有利于学生对作业中相关知识的复习和综合运用。

另外,教师还需要根据学生的个体差异选择不同的反馈方式。例如有些学生在受到教师表扬的情况下会更加投入讨论,积极思考;而某些学生受到表扬后容易骄傲。有些学生在自己的想法被否定后能够马上理清思路重新思考;而有些学生在这种情况下特别容易气馁,对于此类学生,教师直接否定的反馈就可能影响他们的学习积极性。因此教师应该在充分了解学生性格特点的基础上,针对不同学生选择恰当的反馈方式,尽力使自己对每位学生的反馈都能促进其学习积极性的提高和学习目标的实现。

四、学习评价

基于知识管理的课堂教学评价主要检验学生对显性知识与隐性知识的掌握情况,尤其是隐性知识的掌握情况。也就是说教师需要考察的不仅是学生对知识的记忆与陈述,更重要的是学生解决实际问题的能力。因此考察的形式除了实际教学中最常用的作业和考试外,还可以考察学生的问题解决能力和实践能力。

教师可以针对不同类型学生,设计特定的问题,通过学生的问题解决程度评价他们解决问题的思路、资料查询的能力、创新思维、合作能力等。实践能力的考察方式则要求教师布置给学生实际操作任务,需要学生经过调查、访谈、分析等才能解决。最后教师根据学生上交的实践报告来评价学生的实践能力。

教师的评价方式也应该是多样化的,即教师应该多角度地对学生进行评价,例如形成性评价与总结性评价相结合,目标取向的评价方式与过程取向的评价方式相结合。

【案例 2-9】

教师 A 运用形成性评价与总结性评价的结果对学生在学习过程中的各个因素进行评价,他的评价标准为:

1. 学生的认知发展水平是否符合预设的学习目标难度；
2. 学生在该阶段接受的知识是否达到学习目标的内容总量；
3. 学生所收集的资料主题与内容是否合理；
4. 学生收集资料的方法是否科学有效；
5. 学生在学习小组中能否促进自身知识的交流与共享；
6. 学生的学习任务是否涵盖学习目标的要求；
7. 在教师的课堂指导下，学生的思考是否被有效促进；
8. 学生能否及时反馈；
9. 学生能否经常和教师交流自己的性格特点和学习风格。[①]

通过该评价方式，此教师容易找出自身教学中的不足之处，使自身教学更加科学合理，符合课堂教学的实际需要，而且更容易促进学生对知识的获取。

在课堂教学中，也可以应用学生自我评价和学生互相评价等多种方式促进学生的发展。例如：

【案例2—10】

某学校实行档案袋评价后，一个学生的周评可以让大家更加清楚地看到该学生通过档案袋评价不断反思不断成长的心路历程。"自从学校开展了档案袋活动之后，同学们都非常关注自己的成长旅程，我也不例外。从前，我只知道在课堂上认真听讲就是了，下了课就放宽心去飞，充分享受玩的乐趣。可是现在我就像变了一个人似的，如果明天要做一个实验，我就会精心准备实验材料，我还需要上网查阅更多的资料……这些事我以前从未想过，也从未做过。"

在学生自评的基础上，搞好小组互评也可以有效促进学生个体发展。

[①] 王淼：《基于知识管理的教学设计》，东北师范大学硕士学位论文，2006年，第26页。

【案例2—11】

张同学刚升入一年级时设计的手抄报不够新颖,在小组同学的帮助下,他设计出了一份精美的手抄报,收藏在成长记录袋里。小组评价时,得到了组长的大力表扬:"你用自己的辛勤劳动换来了一张高质量的手抄报,真不简单!我们希望你再接再厉,继续为咱们小组增光添彩!"小组长饱含期待的话语使该同学明确了自己下一步的努力方向。

知识管理理论正在不断地发展,在其他领域也有了很多成功的案例。教育领域的工作者应该参考其他领域的成功经验,积极探索知识管理在教学中的应用模式,提高教师的教学效率,促进学生的学习。

第三章 课堂教学话语优化策略

对话语的研究始于 20 世纪 50 年代美国结构主义语言学家哈里斯（Zellig S. Harris），他于 1952 年在美国《语言》（*Language*）杂志发表了一篇题为"话语分析"（*Discourse Analysis*）的文章，开了话语研究的先河。此后，经过 60 年代和 70 年代的发展，到 80 年代话语研究逐渐成为一门独立的学科。时至今日，话语已成为语言哲学、社会语言学、人类学语言学、语用学和心理语言学等众多学科的研究对象，话语研究（话语分析）成了语言学中一个蓬勃发展的交叉学科。随着话语分析研究的深入发展，课堂话语也成为国内外许多学者的研究对象。但纵观已有研究成果，对于课堂话语的研究大多是对语言课堂中的话语进行透视和分析，或者是对课堂师生话语权的研究，或者是从语言艺术的角度对教师话语进行研究，很少从课堂有效教学或课堂教学质量的角度对教学话语等进行研究。本章试图对课堂教学话语进行界定、对其内涵和功能进行分析，对教学话语优化策略以及教学话语转换机制进行剖析，以期对教学话语理论研究和教学实践有所裨益。

第一节 教学话语的界说

在课堂教学中，教学话语不仅是教学内容的载体，师生交往的根本凭借，更是教学思维的外显样态和教学教育性的蕴含。没有教学话语，课堂教学难以实施；没有教学话语，教学内容难以传递和内化；没有教学话语，教学目标难以达成。所以，对教学话语的研究具有重要的现实意义。要研究教学话语，首先要明晰教学话语的内涵和特点。

一、话语的定义

在《现代汉语词典》中，"话语"指"言语，说的话"。[①] 在《辞海》中，"话语"指"运用中的语言"。[②] 在英文中，话语具有不同的形式，如discourse，text，speech，但根据话语分析的观点，通常使用"discourse"这一术语。对于话语的研究始于1952年美国的语言学家哈里斯发表的《话语分析》一文。目前话语已经成为许多学科研究的对象。对于话语的界定，不同的学科领域具有不同的解释，不同的研究者所站的角度不同，给予的界定也各不相同。有学者认为话语是"使用中的语言（language in use）"[③]；有学者认为话语"是利用语言进行言说，包括自言自语"[④]；还有学者认为话语是"人们使用语言进行交际的行为及言语表达"[⑤]。从这些定义可以看出，对话语的界定或是从社会学的角度或是从语言学的角度，亦有从心理学的角度进行定义的。总的来说，语言学的角度偏重于对话语的语法和语用分析；社会学的角度偏重对话语的交际作用及身份认同的解读。

我们认为话语指的是"言说主体根据其认知结构，运用语言描述、解释一定的言说对象，生成相关意义的言说行为及产生的直接或间接结果"。[⑥] 话语既表示一种行为过程，也表示行为的结果。作为一种行为过程，话语是指言说，表示主体为一定的目的而进行的言说行为或动作；作为行为的结果，

---

① 中国社会科学院语言研究所词典编辑室编：《现代汉语词典》（修订本），商务印书馆，1996年，第547页。

② 《辞海》（1999年版缩印本），上海辞书出版社，2000年，第1125页。

③ Brown, Gillian & Yule, George. *Discourse Analysis*. Cambridge: Cambridge University Press, 1983. 1.

④ Leonardo, Zeus. *Ideology, Discourse, and School Reform*. London: Praeger Publishers, 2003. 53.

⑤ 陈新仁：《关于话语研究的几点思考》，载《福建外语》1996年第4期。

⑥ 李森：《论课堂教学话语系统及转换》，载《当代教育科学》2003年第2期。

话语是指主体的言说行为或动作所产生的直接或间接结果。言说的直接结果指的是语音或文字符号；言说的间接结果指言说行为所生成的意义和影响。

话语具有不同的形态。根据表达形式，话语包括语音和符号两种形式。根据载体，话语可分为口头话语、文本话语（书面话语）和体态语话语三种形式。口头话语以声音为载体；文本话语以文字符号为表现形式，以书籍、光碟、图表等为载体；体态语话语以身势、表情等为载体。不同形式的话语在言说中都指向共同的目的，即为话语交流的顺利进行服务。

二、教学话语的涵义

通过第一部分我们明晰了话语的涵义，知道了话语的种类。那么，什么是教学话语？教学话语和一般话语的区别是什么呢？这是本部分所要解决的问题。

（一）教学话语的界定

教学话语在这里指的是发生在课堂中的话语，是话语主体在课堂中的言说行为及结果。教学话语是一种特殊的话语形式，具有特定的言说情景和特定的言说目的。这种言说具有一定的目的指向性，直接指向课堂教学任务的实施和课堂教学目标的实现。同时这种言说又具有一定的交际性，通过话语达成师生之间的互动关系和互动交往行为。具体地说，教学话语指的是在课堂教学中，为了完成一定的教学任务，实现一定的教学目标，教学言说主体运用语言所进行的言说行为及其言说结果。教学言说主体也称为教学话语主体，共有三类，即教师、学生和课程教材编制者。三类话语主体在课堂教学中的话语量不是相等的，但话语权是平等的，任何教学言说主体都没有独霸话语的权力，也不应有失去话语权力的理由。所以理想的课堂话语应是言说主体话语的交织流动所构成的多个话语流的交汇。言说行为指的是教学言说主体的言说过程，这个过程构成课堂教学的过程。言说结果是教学话语主体的言说所产生的直接和间接影响和结果。准确地说，直接影响表现在教学话语所营造的课堂情境以及话语对学生情绪产生的影响，如，激发起学生对话题的兴趣,提高了学生的好奇心等。间接影响和结果指的是话语行为对学生身心所产生的影响,即是否增加了学生的个体知识,是否影响了学生的个性心理品质。

教学话语具有不同的形式。根据教学言说主体,教学话语有课程教材编制者话语(通常以文本话语的形式存在)、教师话语和学生话语三种。若从载体说,教学话语共有三种形式,即口头话语、书面话语和体态语话语。口头话语以口语的形式存在;书面话语以文字符号、图表图像等形式存在;体态语话语以教学话语主体的身势姿态为存在形式。在课堂教学中,教学话语的各种形式都会随着话语情境同时或交互出现,没有谁先谁后的次序,没有谁主谁次的地位,各种话语形式共同汇成课堂教学的话语流,它们的交互流动共同构成教学过程。教学话语的交互流动就是教学任务的实施过程,并始终指向教学目标的达成。

(二) 教学话语的特点

教学话语属于话语的一种,但相比较而言,教学话语具有不同于一般话语的独特特点。

首先,教学话语的发生具有特定的时空。教学话语的发生不具有任意性,需要特定的时间和空间。特定的时间即按照课程时间表的规定,特定的空间指的是在指定的教学场所,这个场所可以是教室、实验室、报告厅或实践场所等。也就是说,教学话语只在我们称之为"课"的时空中发生和进行。一般话语可以在任何时间和空间中发生和进行,时间和地点都具有不确定性,只要有可能或有必要,在任何时间和空间都可进行。

其次,教学话语具有明确的目标。教学话语具有明确的目的性,这种目的具有预设性和生成性双重特点。其预设性表现为在进行教学之前,话语目标就已经确定,即通过教学话语的交互流动完成课堂教学任务,实现课堂教学目标。其生成性表现为在课堂教学过程中,教学话语会随着教学情境的变化和师生状态而不断得以调整,以期为预定教学目标的顺利达成服务。教学话语还具有创造语境的功能。适宜的文化语境有助于教学内容的授受,和谐的情景语境有助于缓解学生的学习压力，提高学生学习的积极性。一般话语可能具有明确的目的性，也可能是随意的或偶然的。

再次，教学话语具有特殊的话语主体。教学话语具有严格限定的话语言说主体，不是任何人都可以担当的，其主体仅限于教师、学生和课程教材编制者。一般话语主体具有任意性，是任何言说者都可以担当的，只要参与话语活动，就具有言说主体的身份。

第二节 教学话语的功能与缺失

课堂教学是在教学话语中、通过教学话语、为了教学话语（学生通过话语所表现出的对教学内容的掌握以及参与课堂互动的主体性）的活动。从一定意义上说，课堂教学的过程是教学话语的交互流动过程。由此可见，课堂教学离开教学话语是难以实现的。那么教学话语的功能是什么呢？教学话语对于课堂教学是如此重要，教学话语主体的话语权无论如何是不能缺失的，但在实际的课堂教学中，教学话语主体经常因为话语权的丧失导致教学话语的缺失。

一、教学话语的功能

课堂教学是通过话语，在话语中进行的。教学话语承载着教学内容，教学话语的交互流动构成教学语境，教学话语的互动是教学中师生的课堂互动表征。可见，教学话语的功能作用是不能小觑的。总的来说，教学话语的功能主要表现在文化功能、人际功能和评价功能三个方面。

（一）教学话语的文化功能

教学话语的文化功能首先体现为教学话语的文化负载功能。课堂教学最基本的目的之一就是人类文化的传承和创新。教学话语，无论是教师话语还是课程教材等文本话语之所以是课堂教学的媒介，根本原因在于它们是文化知识的载体。经过筛选、加工过的人类文化的精华首先以文本的形式被课程教材所负载,在教学过程中,教师根据自己对文本的理解重新诠释、加工,用自己的话语并根据学生的接受能力,以学生最容易理解的方式,重新加载这些文化知识。所以课堂教学话语不仅仅是话语,更是负载文化的话语。教学话语的文化功能还表现为利用负载文化的教学话语对学生进行文化化。人类文化通过学校教育进行传承创新的主要方式是对学生以"文""化"之,通过学生的"被文化"而实现文化的传承和创新。这里的"文"即是人类文化的精华,"化"指的是使学生发生变化,即通过对学生施以文化的影响,使学生在身和心、灵与肉等方面都发生变化,从而达到对学生以"文""化"之的目的。在课堂教学中,教师通过使用话语,包括文本话语和口头话语与学生进行话语互动,在互动的过程中,教师话语和文本话语以及其他学生的话语都对学生的心和灵产生影响,从而实现被文化的目的。由此可见,这个过程其实具有一箭双雕、一石二鸟的作用。首先,学生通过"被文化"实现其社会化;其次,通过学生的"被文化"实现文化的传承和创新。

(二) 教学话语的人际功能

系统功能语言学认为话语具有人际功能,社会语言学认为话语具有交际功能。其实无论是人际功能还是交际功能,都认为话语具有工具性,强调的都是话语的"行事"功能,即通过话语的交互作用,达到做事的目的。教学话语也概莫能外。教学话语的人际功能集中表现在师生的角色定位功能。在课堂教学中,话语的角色定位功能使教师首先决定其话语方式。教师可能选取叙述形式,或者提问形式,抑或祈使形式进行言说。若教师认为其角色是促进学生学习的引导者和帮助者,则其话语多表现为鼓励、启发和指导的提问与祈使形式。这时的话语作用表现在两个方面。其一,从学生那儿引导、诱导出所需求的知识信息,这种知识信息即为学生获取的新知。其二,创设宽松适宜的语境。鼓励、启发的话语可以减轻学生的压力,降低学生的焦虑感,从而为学生营造一个宽松的心理氛围。这种教师角色下的学生是信息的积极提供者,他们需要认真思考,主动探究,才能提供教师所需的信息。这种角色定位下的教师和学生处于积极的话语交流中,教师通过话语把新知传递给学生的同时，又启发学生的智慧和培养学生的能力，学生在获取新知的同时，不仅心智得以提升，而且能力得以发展。

若教师认为自己是知识信息的提供者，则其话语往往是陈述和阐释性的。其话语目的就是把自己的所知所想，自以为学生所需要的信息知识传递给学生，而不是在传递知识的同时为师生话语交流创设适宜话语情景。这时，学生在教学话语中的角色则为知识信息的接受者。他们不需要思考，不需要探究，只需要做一个好的听者，一个好的信息接收者。这种情况下，师生的话语交流就表现为话语从教师到学生的单向流动而无话语的回流或交互，预期的教学目的表面上达到，实际上则没有实现。因为单向的话语所负载的信息对于学生来说，只是输入，没有内化；只有内容没有意义的话语难以触动学生的心灵，知识信息难以和学生内部的个人知识发生联系，学生所获得的知识信息至多算是记忆性信息，更不用说学生心智的发展和能力的提升了。

（三）教学话语的评价功能

教学话语的评价功能表现在两个方面：其一是对教师的评价，其二是对学生的评价。

对教师的评价表现在对教师专业能力的评价。教师的教学话语是反映教师专业能力的一面镜子。在课堂教学中，教师的教学话语是连接其教学理念和教学实践的桥梁。教师的教学话语能反映教师的教育教学观。什么是教育，教育的目的是什么，如何通过教学实现对学生的教育等等都反映教师的教育观。如何设计教学，如何进行教学，如何组织教学，采取何种方式和方法进行教学等反映的是教师的教学观和学生观。在教学中如何组织教学的各个环节，如何进行重点难点的教学，如何与学生互动等更多反映的是教师的教学实践知识。所有这些一般都内隐于教师的个人教学知识中，只有通过教师在课堂中的教学话语才能真实反映出来。所以，教师的教学话语能反映教师的教育教学知识以及教师的专业能力，通过教师的教学话语可以评价教师的专业素养和教师的专业能力。同时教师的教学话语可以反映出教师的教学风格。教师具有怎样的教学风格只有通过课堂教学，在教学中通过教师话语体现出来。

其次，学生在课堂中的教学话语是评价学生课堂收获的标尺。在课堂教学中，学生通过参与课堂互动掌握课程教材和教师话语所传输的文化知识。学生的课堂参与度首先是学生在课堂互动中的主动性和积极性的表征。积极主动地参与课堂互动是学生掌握课堂文化知识的最主要的方式。只有积极主动地参与课堂互动才能最大限度地激发学生思考问题和参与问题探究，在积极的思维和探究中发现问题、解决问题、掌握文化知识。另外，在积极的课堂互动中学生同时获得探究新知以及与人合作与交流能力的培养。这两种能力是学生未来生存所必备的能力，因此其重要性不能被漠视。在积极的课堂互动中，学生通过话语，与教师和其他学生展开合作学习。在合作学习中，学生既获得了新知以及获取新知的方法，同时又得到合作能力的培养。若学生不能积极参与话语互动，不仅知识的获得不能保证，其探究新知的能力和与人合作的能力同样得不到培养，因为新知的获得以及能力的培养只有在体现积极性和能动性的主题性活动中才能实现。

二、教学话语的缺失

课堂教学是教学话语主体运用语言进行交流互动的过程。教学话语主体在话语交流的过程中具有平等的话语权，具有根据教学目标和话语情景进行自主交流的机会和权利。但在实际的课堂教学中，往往话语主体的话语权被有意无意地剥夺，造成话语主体在课堂话语交流中处于"失声"状态，导致教学话语主体的话语缺失。教学话语的缺失表现在以下几个方面：

（一）教师话语的缺失

说到教师话语的缺失，会有人讶然，会有人摇头。但教师话语的缺失在现实的课堂教学实践中确实是存在的。教师话语的缺失表现在两个方面：一是形式上话语的缺失；一是内容上话语的缺失。形式上话语的缺失和内容上话语的缺失表现不同。

教师形式上话语的缺失出现在"学生中心"的课堂中。"学生中心"顾名思义学生是课堂的中心，学生是课堂的太阳，教师的一切都是围绕着学生转，教师的一切都是为学生服务。为学生服务是没错的，但当这种服务超过一个度，就会出现教学话语的失衡。这种失衡表现为课堂中飘动的都是学生的声音，而很少有教师的声音，教师好像是话语活动的旁观者，而非话语的主体。这种情况下的教师话语缺失就是形式上话语的缺失。

教师话语的另一种缺失表现在教师话语在内容上的缺失。这种缺失是一种隐性的缺失，在现实教学中表现得较为严重。在传统的教学观念中，教师总被认为是课堂话语的霸权者，其实，他们也是话语权的失却者。这是因为表面上教师霸占课堂话语的所有权，课堂中回响的大多是教师的话语，但实际上教师话语权是一种被钳制的话语权，教师话语所传达是国家统治阶级的意志和课程教材编制者的思想，教师只不过是国家意志和课程教材编制者思想的存储器和传声筒而已。教师关于教育教学的思想以及对教学内容的理解并没有通过教师话语得以呈现，无自己的真实声音。形式上课堂中回响着教师的话语和声音，但这些声音和话语所传达的内容是别人的思想，这种教师话语的缺失即为内容上的话语缺失。

（二）学生话语的缺失

在课堂教学中，学生话语缺失缘于两种情况：一是学生主体性的缺失；一是学生对有意义的话语输入吸纳不够。

在课堂教学中，当学生的主体性得不到体现时，学生就没有话语权或话语机会进行言说。这种情况主要是由于教师没有意识到或根本漠视学生是课堂教学的主体。当教师漠视或不能意识到学生这一课堂教学主体时，教师就会把学生看做需要填塞文化知识的客体，从而独霸课堂话语权，不给学生进行言说的机会。

学生课堂话语缺失的另一种情况表现为学生因个人知识不够，没有能力和教师进行话语互动。话语互动的一个先决条件是话语主体有能力就一个话题进行言说，若话题是话语主体所不熟悉的，或者超出了话语主体的能力范围，则话语主体就没有能力进行相关话语的言说。在课堂教学中，当教师的言说内容超过学生的最近发展区所能承受的范围，不论老师如何运用话语进行描述、阐释，学生还是对教师的言说难以理解。不能理解，就难以吸纳，没有吸纳就没有外化为言语输出的内容，在课堂话语互动中就表现为没有言说的话语缺失。其实学生话语的缺失还表现为学生自动放弃话语权利，不愿意进行言说。这种情况通常是因为学生对教师的话语主题不感兴趣，而教师的话语又不能营造一个激发他们言说兴趣的话语氛围，这时会有部分学生不愿主动与教师进行话语互动，从而也就表现为话语缺失。

（三）课程教学编制者的话语缺失

一般情况下，在研究课堂话语权的霸权与缺失时，研究者通常关注的是教师和学生的话语权，很少关注课程教材编制者的话语权。这是因为人们认为编制者的话语权是无人能够剥夺的，他们的话语已经物化为文本话语，浓缩在文字符号中。其实，恰恰是因为课程教材编制者不在场，只有文本话语为代表，所以在课堂教学中，他们的话语权有可能被剥夺，他们的话语有可能被无视。随着新课改的深入进行，教师对课程教材的忠实采用常受到排斥，对课程教材具有个性化的解读受到鼓励以至于受到青睐。这种现象导致有些老师在解读课程教材时会无视课程教材编制者所要传达的主流思想和主流价值观，而一味地根据自己的爱好进行文本解读，从而使传达给学生的文化知识内容意义偏离课程教材编织者的初衷，从而抹杀了他们的言说，导致他们在课堂中话语缺失。随着后现代思潮在各个领域的渗透，对主流话语的解构和对边缘话语的关注是这一话语缺失的主要原因。但我们认为，课堂教学是学生社会化的主要渠道，所传达的意识和价值观应该是主流的，虽然不排除让学生了解各种话语、各种声音，但主流价值观和民族意识应该是课堂话语的主旋律。

第三节 教学话语的优化

从以上的分析我们理解了教学话语的定义和功能，以及在课堂教学中教学话语时常缺失这一事实。这从一个方面反映有必要优化教学话语，以更好地发挥教学话语的功能。本节从课堂教学过程的实质以及课堂教学质量的影响因素来分析教学话语的重要性，尝试提出一些优化教学话语的策略和途径。

一、教学话语优化的必要性和重要性

课堂教学以教学话语的开始为开始，以教学话语的交互流动为持续，因教学话语的结束而结束。可以说课堂教学是在教学话语中、通过教学话语、为了教学话语的话语流动过程。从某种意义上说，课堂教学就是教学话语的交互流动过程，教学话语及其交互流动品质决定着课堂教学质量。

（一）教学话语优化的必要性

根据教学教学话语与课堂教学的密切关系以及教学话语时常存在各种缺失现象，我们认为，对教学话语进行有效优化十分必要，其主要体现在下面两个方面：

1. 课堂教学的过程是教学话语的交互流动过程

对于什么是教学，研究者的视角不同，观点各异，但都认为教学是具有某种属性的过程。如，有的认为是一个认知过程，有的认为是一个发展的过程，有的认为是一个审美过程，有的认为是一个交往过程。那么，什么是课堂教学呢？我们认为课堂教学是教学话语的交互流动过程。首先，教学话语是师生进行文化知识传输的凭借。没有话语，教师无法把所要教授的内容传递给学生；没有话语，学生无法接收和内化教师或教材所传输的文化知识，也无以输出自己所建构的个人知识。所以教学话语是教学内容输入、内化和输出的凭借。在课堂教学中，教学话语不仅仅是文化知识传输的凭借，它自身就承载着谓之教学内容的文化知识。准确地说，教学话语是教学内容的外在形式，无论是文本话语还是口头话语。随着教学话语的流动，教学内容以口头话语伴着身体话语的形式从教师流向学生或以文本话语形式从教材流向学生。学生接收来自教师和课本教材的话语，通过自己的解码、编码转化为个体内部知识并储存在已有知识图式中，实现知识的传承和创造，同时也实现着蕴含在文化知识中情感、意志和价值观等对自己个性心理的塑造。

其次,教学话语的交互流动形式决定课堂教学方式。借助教学话语,教师和学生可以进行不同形式的课堂教学。例如,可以是一问一答的问答式,可以是合作解决问题的合作探究式,可以是以讲述解释为主的讲授式,也可以是师生就一问题共同讨论的讨论式等。不同的教学方式具有不同的作用,但无论何种方式都不同程度地实现着知识的传承和创新、学生心智的发展和精神气质的塑造、教师教学角色的实现。

再次,教学话语的互动形式还折射出师生互动的形式和师生关系的性质。从形式上看,教学话语的互动有单向传输式,双向或多项互动式。具体地说,在课堂教学中,当教学话语是从教师到学生的单向流动时,则为单向传输式,只是说—听的简单单向流动,无话语循环,即教师的单一言说。这种话语的单向流动不容许学生进行言说,所呈现的师生活动无所谓互动。它所表现的师生关系是以教师为中心、学生亦步亦趋地服从于教师的教师权威型师生关系。当教学话语在教师学生和教材三者之间进行双向或多向流动,即说—听—说—听……的循环流动时,这种互动才是真正的课堂互动。在这种互动中,教师、学生和课程教材编制者都是言说主体,都具有言说的权力和机会;在这种话语互动中,任何一方的言说都为对方提供话语情景和继续言说的理由。在这种话语互动中,蕴含在话语中的思想和意义时刻影响着在场的各话语主体。这种影响会无声地塑造着学生,促进学生的发展。这种话语互动折射出师生之间是一种民主、平等、我—你对话的师生关系。

从以上的分析可以看出,课堂教学话语的交互流动中,教学话语本身所承载的不仅是师生所要传承和创新的文化知识,也是话语主体的世界观和价值观;教学话语的交互流动不仅是文化知识传承和创新的过程,更是通过内化文化知识和世界观、人生观使学生社会化的过程。在教学话语的交互流动中,学生不仅掌握了话语所要传承的文化知识,更在文化知识的传承过程中,经过与教师和其他学生的话语交流,学到了加工处理信息的方式、获取新知识的能力、与人合作交流的能力,而这些都是处于知识社会的全球化时代的社会人所必备的能力。另外，教学话语的交互流动方式决定教学的方式，蕴含着师生互动形式，折射出师生关系类型。综上所述，课堂教学的过程就是教学话语交互流动的过程。

2. 课堂教学质量取决于教学话语的品质

课堂教学质量的高低优劣从文化知识的传承创新和学生身心素质的发展两个方面来体现。只体现知识的掌握，而无学生身心素质发展的教学，其质量片面或质量低劣，因为教学归根结底是通过促进学生身心素质的发展来实现学生的社会化。这两个维度在课堂教学中常被具体化为课堂教学目标，通过教学任务的完成来实现。教学任务的顺利完成，教学目标的完满实现就预示着教学质量的优良；反之，则拙劣。从静态的因素分析看，课堂教学由教师、学生、教材和环境等要素所构成。但课堂教学并不是停滞的静物，而是动态的过程。课堂总是充满着教学话语，教学总是以教学话语开始，随着教学话语的流动而推进，随着教学话语的结束而结束。教学任务是否完成以及完成得如何、教学目标是否达成以及达成的程度如何由教学话语的交互流动品质决定。换句话说，教学话语交互流动的品质的优劣决定教学质量的高低。具体地说，教学话语交互流动的品质决定教学质量，而教学话语交互流动的品质又取决于教学话语的品质。所以，教学话语品质决定课堂教学质量的优劣。

首先，三类话语主体的教学话语品质都在一定程度上决定着教学质量。文本话语既是教学内容的外在形式，同时又蕴含着教学内容的意义，"它提供了对于世界的科学认知、审美感受以及伦理关怀"[①]。文本话语的形式晦涩与否，文本话语的意义隐蔽与否，在一定程度上决定着教学内容能否顺利传输，即决定着学生能否顺利地把教学内容内化为自己的知识和自己的心理品质。当文本话语晦涩难懂，或意义过于隐蔽，学生要把文本话语转化为个人知识

---

① 李森、王牧华、张家军著：《课堂生态论：和谐与创造》，人民教育出版社，2011年，第91页。

就会有一定的难度；当文本话语的形式和意义难易度适合学生的年龄特点时，学生就能够把文本话语转化为个人知识从而使心和灵都受到文化的影响而获得发展。教师话语总的来说是教学内容文本话语经过教师的解读、诠释、重新编码而成的，是文本话语的同质异形。教师话语对学生能否顺利地内化教学内容具有决定性作用。学生在内化教学内容时，其有限的文化知识储备以及有待开发的智力智慧都会成为学生接收、解读、消化、内化、编码、输出文化知识的瓶颈和障碍。所以，在学生内化知识内容时，教师的话语成为引导学生和解析难点疑点的钥匙。另外，教师对于晦涩难懂的文本话语会根据知识的系统性和逻辑性，以及学生的年龄特点进行再编码，使晦涩难懂的文本话语变成学生容易理解接收的口头话语。学生话语是学生内化了的教师话语和文本话语通过再编码后的话语输出。学生话语也是学生内在个人知识的外在表现，体现的是学生对教学内容的理解、掌握和运用。一般来说，学生对教学内容掌握得如何体现在学科术语的正确性，话语语流的连贯性，以及话语内容的逻辑性等方面。当学生话语所表现的术语正确，语流连贯，内容逻辑性强，表明学生已经顺利地把包含在教学话语中的文化知识内化为个体知识。反之，就说明学生对教学内容没有完全理解掌握，所以话语输出就显得困难艰涩。

教学话语的流动过程是决定教学质量的关键。教学话语的流动过程是教学内容传输的过程。教学内容的传输有单向灌输式和多向合作探究式。在单向灌输式的教学内容传输中，教学话语表现为单调的教师话语，学生作为言说主体没有言说的机会或权利，话语的流向是单向的从教师到学生，没有从学生到教师的回流，更没有三方话语主体的话语交流。这种单调乏味的话语流动忽视学生主体的话语权和主体地位，同时也泯灭了学生的思维和探究意识，更舍弃了对学生创新能力的培养。教学目标的达成只能是舍主求次，即完成了教学内容的传递，舍弃了通过教学内容的教学培养学生的心理品质和精神气质，从而背离了培养学生创新精神和实践探究能力的新课改精神，优质课堂教学质量就无从谈起。当然，并不是所有的单向传输都是不好的，生涩难懂的内容需要教师的讲述和解释，关键是不能整节课飘动的都是教师话语。在多向合作探究式教学内容传输中，教学话语不仅有来自教师的更有来自学生和课程教材编制者的。教学话语的流动是多向的从教师到学生、从教材到学生、从学生到教师、从学生到教材、从教师到教材、从教材到教师等。这种多向话语流以师生的思维、质疑、探究等为支撑，以师生的话语为载体，表现为以文化的传承为表征的学生个性心理品质的塑造。这种知识传输模式兼顾文化知识的传承和学生的身心发展，追求教学目标的全面实现，从而体现教学质量的优良品质。当然，并不是所有的教学内容都需要师生的合作探究，对于较难的内容是需要教师予以解读、阐释的。

教学质量的优劣还表现在师生话语互动的性质上。师生话语互动的性质可以从话语权的有无来判断。话语权是课堂教学主体主体性的直接表现。只有体现主体性的课堂互动才能实现学生身心素质的发展，达到教学质量的优良。当课堂互动只是单向地从教师到学生，话语权的转换只能是从教师到教师，教师话语替代和淹没了学生话语，学生的话语权就会轮空。没有学生话语的教学只能是教，没有学。没有学的课堂教学何谈教学，何谈质量？另外，没有话语权，学生在课堂活动中就没有主体地位，学生在课堂活动中就会表现被动，其探究和创新意识和身心素质的发展就会被阻断。教学质量就只能从单纯的知识授受来衡量。当课堂互动是多向的，课堂中充满着各教学话语主体的话语，话语主体都把各自的话语权发挥到淋漓尽致时，话语主体就会积极主动参与教学话语互动，在话语互动中积极思维，勇于探究，则师生的智慧和潜力都得到挖掘，教学任务的完成就会是完美的，教学质量就会得到保障。

（二）教学话语优化的重要意义

教学话语不仅是一种特殊的话语形式，更是文化知识的载体和学生社会化的文化凭借。学生的社会化和知识的传承和创新不是静态的、自然而成的事情，而是在教学话语的交互流动的动态过程中实现的。教学话语交互流动是否顺利，是否有利于文化知识的传承和学生的社会化，取决于教学话语主体的话语品质。据此，教学话语的品质决定课堂教学的实施，决定课堂教学质量的优劣。但在课堂教学中，时常出现教学话语的缺失，或教学话语不利于师生之间课堂互动的问题。所以，优化教学话语的品质具有重要的意义。

首先，优化教学话语可以使课堂教学顺利实施，从而保证教学任务的完美实现。既然课堂教学的过程是教学话语的交互流动过程，课堂教学的顺利实施就需要有一个和谐的话语情景。这个情景有利于激发学生对新知的好奇心，有利于鼓励学生主动积极地参与课堂话语互动，有利于促进师生合作探究。这就要求教师话语要具有鼓动性、启发性，充分体现教师的人格魅力和个性品质。其次，优化教学话语，可以保证文化知识的顺利传承和创新，以及通过这一过程实现学生的社会化。文化知识的顺利传承和创新，需要教师话语和文本话语具有科学性、正确性，且符合学生的年龄特点和学生最近发展区的心智特点。只有符合学生年龄特点的话语，学生才有能力理解和内化，从而有利于促进学生的心智发展；只有符合学生最近发展区的特点，才能激发学生挑战新知、获取新知，并在获取新知的过程中，不断提高其对文化知识探究的兴趣和能力，实现自身的社会化。

二、教学话语优化的策略

由以上分析我们可以看出，课堂教学实施的顺利与否，教学质量的优劣取决于教学话语的品质。要想保证课堂教学的顺利实施并确保教学质量，教学话语的品质必须得到保障。只有优化教学话语才能保证话语品质。而要优化教学话语，首先话语主体要具有平等的话语权。

（一）教学话语优化的前提

课堂教学是师生双方围绕着教学内容进行对话交往的过程，这种对话交往是通过教学话语、在教学话语中进行的，没有话语就没有师生的课堂交往。产生话语的前提是话语权的拥有，没有话语权，教学主体只能成为被动的话语客体。即使拥有了话语权，而没有平等的话语权，那么，话语主体一方的话语也会被湮没在另一话语主体的话语中，从而不可能产生真正的对话交往。

要提升话语品质，首先要使话语主体拥有平等的话语权。话语主体拥有平等的话语权是教学话语优化的前提。

首先，教学话语主体要拥有话语权。权利的拥有具有时代性、社会性、语境性，话语权的拥有亦是如此。对于课程教材的编制者这一主体来说，其话语权隐含在以课程教材为载体的文本话语中。要体现课程教材编制者的话语权，文本话语不仅要反映国家的意志、社会的主流价值观，同时又要蕴含课程教材编制者的教学思想和对教学内容的观点。其次，教师在解读课程教材时，要充分考虑课程教材编制者的思想观点。教师这一话语主体，在传统的教学观念中，总被认为是课堂话语的霸权者。其实，他们也是话语权的失却者。这是因为表面上教师霸占课堂话语的所有权，实际上教师话语权是一种被钳制的话语权，教师话语所传达的是国家统治阶级的意志和课程教材编制者编制专家的思想，在教师的话语中，很难有教师个人的声音，教师只不过是这些思想和意志的存储器和传声筒而已。当然，既然教师是代表社会来培养学生的，这种存储器和传声筒的作用必须存在，关键是在教师传递这些国家意志、社会价值观和教育专家的教育思想时，要能反映教师个人的观点。这就要求：首先，教师要有参与课程开发和制定的权利和机会。有了这种权利，教师才能在课程教材中听到自己的声音。目前随着新课改的深入开展，部分老师已经拥有这种权利，特别是在地方课程和校本课程的开发方面。但我们应看到，大部分的老师没有这种权利或者是甘愿放弃这种权利，这就需要教师增强职业认同感，提高在工作中的主体性。其次，教师要拥有重新解读课程教材的权利。教师在课堂教学中，不能一味地迷信教材，要凸显自己的教育思想和教育智慧。在教学中要有运用自己的教育观念并糅合自己的教育生活经验对课程教材进行解读和重构的能力。最后，教师要有给予学生帮助和引导的权利。在课堂教学中由于受知识储备，智力智慧和个人生活经验等不足的羁绊，学生的话语一定是受限的。所以必定需要教师有的放矢地予以引领和指导。教师的引导和指导需要根据他们的年龄特点和个别差异，使所有的学生都能在课堂中听到自己的声音。学生这一教学主体的话语权表现在学生在课堂教学中有充分言说的权利。学生有权利就教学内容畅所欲言，发表自己的观点和看法。当然学生在课堂教学中既有言说的权利也有保持沉默的权利。对于经常保持沉默的学生，教师要予以更多的关注，查明就里，给予特别的帮助。

其次，教学主体要拥有平等的话语权。真正的话语权是平等的。对于教学主体来说，平等的话语权意味着课堂上飘动的声音是教师和学生的和声。要像音乐家把一个个音符谱成优美旋律那样在课堂中和谐流淌，只有这样才能体现课堂话语权的真正平等。要做到这些，要求师生在课堂教学中充分发挥其主体性。通常在课堂教学中，教师的主体性得以充分体现，但学生的主体性却被忽视。要发挥学生在课堂中的主体性，教师首先要把学生当做一个个灵动的具有主体性的个体；其次，要与学生保持你—我的平等对话关系，而不是我—他的人—物关系；再次，要把学生看做是具有自我建构能力的人。在课堂教学中，教师不要把学生看做仅仅需要填塞知识的容器，而应看成一个个能够自我建构个性心理品质又需要教师予以引导和帮助的、具有好奇心的人。只有做到这些，在课堂互动中才能听到学生言说，课堂飘动的声音才不会单调，才能真正体现教师和学生一起体验教育生活，感受教学快乐。这种教学生活才是真正的"生活世界"的生活，才能真正实现学生的健康成长和和谐发展。

【案例3-1】《二元一次方程组——实践与探索》教学片段①

大屏幕展示世界杯球赛图片，教师解说，接着引出问题：某球迷协会组织36名球迷拟租乘汽车去比赛场地，为中国国家男子足球队呐喊助威。可租用的汽车有两种：一种每辆可乘坐8人，另一种每辆可乘坐4人，要求租用的汽车不留空座，也不超载。你能设计出几种不同的租车方案？

师：小组讨论，相互交流，给大家8分钟时间。（教师让各小组派代表汇

---

① 朱玲艳：《结合数学课例说明倾听与对话教学的主要策略》，http://www.jxteacher.com/jxpxslzxhr/column 7644/355b9857-e6ae-4907-886a-1fd4551baaad.html。

报情况)

生1：我们设计出了四种方案。方案一：9辆小车；方案二：1辆大车，7辆小车；方案三：2辆大车，5辆小车；方案四：3辆大车，3辆小车。

师（认真地听）：很合理的方案！我们再来看看其他组有没有不同的想法？

生2：我们组还要补充一种方案——4辆大车，1辆小车。

师：大家说对吗？（学生表示同意）还有没有别的方案了？（学生表示没有了）好，我请一个小组说出你们的解题思路及办法。

生：我们是逐个验证的。

师：怎么去验证呢？

生：根据题中的条件，不留空座也不超载，那就说明座位数等于人数。36能被4整除，所以我们可以只选小车，最多选9辆，然后逐个增加大车数量而减少小车的数量。

师：想法非常好！

师：哪个小组还有不同的办法？

生：我们用直观的数学式子表示出来，让所有人都能一目了然！（这个小组非常自豪）设大车为 x 辆，小车为 y 辆，则 $4x+8y=36$。

师：太棒了！大家同意他的观点吗？（学生表示同意）

师：的确，他们组以简洁直观的式子表示出了要讨论的内容，省去了大段的文字叙述，这就体现了数学的简洁美！$4x+8y=36$ 这其实就是一个二元一次方程，我们知道它的解有无数多个，为什么你们只选了5个呢？

生：因为 x 和 y 分别表示车辆的个数，它只能取整数，而且必须是正整数。

师：我有一个小小的不同意见，0是正整数吗？按照你的说法我们的第一种方案就不合理了！

生：我说错了，$x=0$ 也行，x 和 y 应该是非负整数。

师：你说得太好了！大家再考虑这道题归根结底我们是要找什么？

生：二元一次方程组的非负整数解。

师：我们再来观察一下我们找到的这个方程：$4x+8y=36$……（老师未来得及说完）

生：我发现，这个方程的两边可以同时除以4，得到 $x+2y=9$。

师：你太厉害了。你给大家找到了一个解决这类问题的捷径，我们化简这个方程之后再求解应该更方便些。

……

上述课例首先说明了师生话语权的平等。在本课例中，教师首先通过世界杯足球赛的图片和讲解自然而然过渡到要讲解的内容，从而激发学生对本节课的兴趣，然后通过反问、设问和积极性评价充分调动学生在课堂教学互动中的主体性，所有的学生都能畅所欲言。教师的引导，学生的踊跃发言充分体现了教师和学生平等的话语权。在教学中，师生通过话语展开互动，在互动中彼此相辅相成，合作学习，批判质疑，探究未知，既掌握了本节课的知识，又锻炼了与人合作的能力和探究的能力。

（二）教学话语的优化策略

1. 教师话语体现教育性、理性和个性

在课堂教学中，学生虽然是自我学习的主体，但对于文本话语的解码、转码和编码，由于受自我身心发展以及知识储备的限制，就需要教师运用自我教育教学思想和个体相关生活经验对文本话语进行解读，释义并转变成教师的个人知识，然后再把这种带有个体性的知识编码成学生能够理解的话语传递给学生。学生再根据自己的已有知识和生活经验对教师话语进行解读、分析，内化为个体知识，完成对知识的建构，并在知识意义中得以成长发展。可见，在文本知识转化为学生知识这一过程中，教师话语起到中介转化的作用。这一中介决定着学生对知识的理解和掌握的程度及方式，决定着教育对学生培养的成功与否。因此教师话语必须具有优良的品质。这种优良的品质体现在其理性、教育性和个性三个方面。

教师话语的理性指的是教师话语要反映所传递知识的逻辑性和系统性，

并兼顾学生身心发展的逻辑性和差异性。知识的形成有其内在的逻辑，各种知识之间又具有相互关联性。其实知识就是由一个个知识节点形成的立体知识网络。教师在解读转化知识中要依据知识的逻辑性和系统性，否则会增加所转化知识的难度和晦涩性。另外，教师把所转化的知识再以自己的话语传输给学生时，其言语表达要依据学生身心发展的年龄特征和认知水平，即学生身心发展的逻辑性和差异性。学生身心发展的逻辑性决定教师话语不能突兀，要注意话语内容螺旋式上升的呈现、"先行组织者"的使用和"脚手架"的搭建。学生身心发展的差异性决定教师话语的层次性和兼顾性。教学中教师交往对象是全体学生，所以不能只顾及某一部分学生而忽视另外的学生。这就要求教师要正视学生的差异性。另外，教师话语要具有启发性和鼓动性，激发起所有学生对文化新知的好奇心和探究心理，使所有的学生都能得到其自身能力范围内最充分的发展。

　　教师话语的教育性指的是教师不能让话语所承载的内容只是单纯的客观性知识，要让这种知识具有意义，具有触动学生心灵、引起学生思考、探究、发现的文化意义和知识意义。优质的教师话语不仅具有增长学生知识的效能，更有发掘学生智慧、陶冶学生品性的作用。要做到这些，首先，教师在解读文本内容时要深度发掘、剖析文本内容所隐含的思想、价值观和人生意义。然后把这些思想、价值观和人生意义结合学生的生活经验，以言语的形式传达给学生。因为和学生的生活经验相关联，学生能够在内化知识的同时接纳蕴含其中的思想、价值观和人生意义，从而不仅得到知识的增长、智慧的开发而且受到有意义的启迪。其次，教师要勤于思考、善于思考。思考使人智慧，思考使人深邃。具有智慧和深邃思想的人言语自然具有启迪人智慧的作用。再次，教师要明白教育的价值和意义。教育不能只向学生传输知识，而应利用知识教学促进学生心智的发展、情感的陶冶和对人生意义的发掘，从而为学生的生活和成长做铺垫。

【案例 3—2】《卧薪尝胆》教学片段[①]

师：同学们，我有个问题，你们有没有思考过，有人说，勾践不算英雄，真正的英雄应该战死疆场，死不投降，但是勾践打了败仗，投降了，他怎么是英雄呢？对这个问题你们怎么看？谁来发表发表自己的观点？

生：勾践其实不是投降，他是回国后要锻炼自己国家的兵，兵强了，再打。

师：养兵蓄锐，为了将来复仇，是吗？

生：我觉得他是英雄。他为了自己的国家，甘愿被别人伤害，忍辱负重，在吴国干了三年的奴仆才回到自己国家，还能转弱为强，而不是享尽荣华富贵，把三年的荣华富贵补回来，他为自己的国家做了一些事，所以我觉得他是英雄。

师：他到吴国忍辱负重、委曲求全，是为了自己的国家。很好。

生：我觉得勾践是英雄。因为他在吴国受尽屈辱，还给吴王干活，干了整整三年，很辛苦，回家后，还卧薪尝胆，暗地里招兵买马，所以我认为他是英雄。

师：这是想让自己的国家富国强兵。

生：我觉得他是想让吴国的国王放松警惕，不再关心他的国事，就可以增强自己的国力。

师：麻痹敌人。

师：同学们，你们讲得都很好，战死沙场的，有气节，是英雄。但是，在强敌面前，保存自己，暗地发展自己，壮大自己，最后战胜强大的敌人，这样的人也是英雄，他需要智慧，明白吗？

本课例充分体现了教师话语的理性及教育性。教师话语的理性表现在教师对学生话语所表述的思想运用精确的语言予以复述。教师话语的教育性表

---

① 孔维清、李华震：《阅读教学中实现"生本对话"的探索》，载《江苏省教育学会2005年小学语文优秀论文集》，2005年，第6—7页。

现在教师利用一般对英雄的界定形成对勾践是否是英雄的讨论，从而让学生在对文本理解的基础上，深度挖掘文本深刻的意义和教育价值，让学生明白不是战死沙场才能算是英雄，有些英雄是需要智慧的。可见，通过师生、生生的充分对话，最后在师生的充分思考中明晰勾践为何是英雄，学生也因此情感受到熏陶，思想受到教育。

教师话语的个性表现在教师对文本言说内容理解的个性和言说风格的个性两个方面。不同的教师由于生活经历不同，社会感受不同以及对教育理解的不同，在解读教学内容时，对教学内容理解的深度和广度、对内容思想把握的角度和重点度自然不同。那么，当把这些蕴含着自己不同观点的教学内容以话语的形式传达给学生的时候自然有所差异。另外，由于不同的教师具有不同的学生观和教学观，这种差异性自然会更分明。这种解读的差异性即为教师对言说内容理解的个性。这就要求教师不是一味地照搬教师用书的解释——那只是建议而已，而是要有体现自我的个人见解，当然这种个人见解要符合主流价值观。言说风格的个体性体现在教师话语的独特性上。不同的教师由于性格、秉性、文化修养的不同，其言说风格都具有不同于其他教师的个性。比如，有的教师言说时口头语言加身体语言，声情并茂、生动形象；有的老师言语平和，沉稳中透着威严；有的老师用词优美；有的老师言语幽默等。这些都表现出教师的言语风格。尽管各有所长，但教师话语首先要具有理性和教育性，这是教师言语个性的基础。其次，教师要有教学热情。对教学的热情会促使教师研究言语艺术，以避免言语毫无生气、平淡无味，极力使自己的言语对学生具有吸引力、鼓动性和个人魅力，从而使学生在自己言语的鼓动下积极主动地参与课堂活动。

2. 学生话语凸显主体性和探究性

在课堂教学中，学生作为教学主体之一，自然也是教学话语主体。教学的展开过程是教学话语的交互流动过程，教学话语是作为话语主体的教师和学生的交往凭借，话语流动过程也是师生交往活动过程。这说明教学话语流动是师生话语的交流和汇集，其中既有教师话语又有学生话语。这种话语并不是任意话语，它要求话语具有一定的品质，教师话语如此，学生话语自然也要反映一定的特性。

　　学生作为有待塑造的未成年人，其知识储备的有限性、身心发展的不成熟性决定了其话语具有生活性并有待进行理论提升，决定了学生话语言说的受限性。但这并不说明学生是被动的话语言说者，也不能说明学生是文本话语和教师话语的全盘接受者。学生的教学话语主体决定了学生的主体性，主体性体现为主体行为的主动性、积极性和创造性。主动性和积极性决定了学生在课堂教学中主动参与话语互动，积极思维话语主题。其主动性表现为学生在话语交往中不是被动地接受文本话语和教师话语，而是在接收教师话语和文本话语的同时，积极主动地利用自己已有的知识、经验和判断力进行解读、理解、判断，然后加以吸收。学生话语的创造性内隐于学生积极探究的学习活动中。在课堂活动中，学生在教师话语的启迪下和同伴话语的相互协作中，巩固旧知，探索新知，从而知识不断获得增长，智慧不断得到挖掘，思维得到不断训练。在思维训练和智慧增长的过程中，学生的探究能力不断得到锻炼和发展，个性品质不断得到塑造。

　　那么，如何提高学生话语的主体性和探究性呢？首先，充分发挥学生的主体性。学生的主体性是在互动中体现的，这就要求教师在学习活动中，不要喧宾夺主，不要事事代劳。要牢记学习是学生的事，教师只是引导者和帮助者，只有这样才能充分调动学生在互动中的主动性和积极性。其次，充分利用"先行组织者"。先行组织者的作用是为了让新知识的学习能和学生的已有知识发生联系，从而更有利于学生对新知的理解和掌握。没有先行组织者或不能很好地利用它，新知的呈现就会显得突兀而难以理解，感觉太难会使学生望而生畏或望而却步，不利于提高学生的学习兴趣。先行组织者的使用使学习从已知过渡到对新知的学习，能提高学生的自我效能感，使他们对学习更有信心。再次，正确把握学生的"最近发展区"。当要解决的问题在最近发展区内，就不会因问题的简单而难以激发学生的学习兴趣。"跳一跳摘桃子"可使学生为了解决问题不得不充分发挥思维能力和探究能力。经过努力解决问题后又会增加学生的自我成就感，从而提高学生的学习动力。对学习的信心和动力反过来又会激起学生参与课堂互动的心理，提高学生参与教学话语互动的几率。

3. 文本话语突出简洁性和立体性

　　文本话语是课程知识最初的储备者，是教学内容的原始样态。在课堂教学中，文本话语和教师话语共同协助学生激发自己的知识话语。文本话语在学生的学习中，起着不可低估的作用，教师话语具有瞬间即逝性，但文本话语具有凝固性。其凝固性对于学生建构知识具有预成性和补救性。学生可以在接收到教师话语之前单凭文本话语构建知识；可以在接收教师话语的同时接受文本话语以促进自我知识的建构；还可以在没有抓住瞬间即逝的教师话语之后借助文本话语进行知识建构。文本话语对于学生建构知识的独特作用要求文本话语要具有简洁性和多感官性等品性。

　　简洁性要求文本话语要简单明了。学生身心发展的不成熟性、知识智力的待开发性，以及科学知识的欠丰富性决定文本话语不能太复杂，要力求用学生能理解的话语进行言说，同时要体现知识的逻辑性和科学性。但学科术语要尽量少并且用能让学生在老师的帮助下理解的话语进行描述和阐释。只有这样才有利于学生对文本话语的理解和把握。另外，由于身心发展的差异性，不同的学生具有不同的学习风格。学生的学习风格一般有四种类型：视觉型、听觉型、运动型、触觉型。视觉型学生倾向于通过观看、观察、笔记、阅读等进行知识的吸收；听觉型学生喜欢通过听别人的表述和讲解、通过自己的默读、朗读等进行学习；运动型学生习惯通过自己的操作进行知识的学习；触觉型学生喜欢通过触摸感知、记笔记等进行信息吸纳。这四种类型的学习风格说明不同的学生在认知学习中所运用的感官是不同的，这就要求文本话语要采用不同的形式呈现，比如，文字符号、图表图像、声音音响、实验操作、制作操作等等。教师在呈现教学内容时，要尽量使用不同的呈现方式，例如，投影仪、录音机、多媒体、白板等，使学生的眼、耳、口、手、脑并用，以满足不同风格学生对不同学习方式的需要。

【案例3—3】《力》教学设计片段①

这一节主要是介绍力的产生以及力的作用规律。学生对力既"熟悉"又"陌生"。其中的"熟悉"是指学生在学习本章之前已经有大量关于力的"前概念"和常识，生活中也有大量与力相关的词语，学生似乎对力是很"熟悉"的。"陌生"则是强调力是一个基本的物理概念，它有特定的内涵和科学的界定，有丰富的物理内容，这方面对学生而言又是陌生的；同时，学生也缺乏对力的相互性的认识。一个教师在上这一节时，通过让学生列举一些司空见惯的力的实例并记录来理解力的概念：人对球的踢，车对地的压，大U形磁铁对一堆大头针的吸引等例子表明力是物体对物体的作用。在讲解力的相互性时，老师通过让学生动手实验感受力的相互性。首先让学生两食指相扣，然后再松开一个食指并让学生说出一扣一松的感觉；再通过引导让学生亲自动手实验说明力的作用是相互的，即一个物体对另一个物体作用的同时，另一个物体也对它作用；把其中一个物体称为施力物，另一个叫受力物。并让学生进行交流试验的流程和步骤。在讲到力的作用的影响时，老师先进行实验演示磁铁改变钢球运动方向和弹簧挂重物后发生形变，然后让学生进行亲自试验。在本节教学设计中，老师首先由学生的生活经验出发，然后让学生动手进行试验，并让学生观察实验演示了解力的作用的影响，最后又让学生进行试验证明力能改变物体运动的方向和形状。这样，在教学中学生做到了手、眼、口、脑的并用，不仅照顾到了的不同学生、不同学习方式的需要，而且将学生的前科学概念提升到了科学概念层次，强化了学生对知识的理解和掌握。

---

① 肖哲君：《〈力〉教学设计》，http://wenku.baidu.com/view/90169762caaedd3383c4d395.html。

第四章　师生情感管理策略

人非草木，孰能无情？课堂教学是一项富有创造性的活动，师生缺乏乐观向上的高昂热情，教育智慧就无法发挥其价值。正如黑格尔（G. Hegel）所言，"我们简直可以断然声明，假如没有热情，世界上一切伟大的事业都不会成功。因此有两个因素就成为我们考察的对象：第一个是'观念'，第二个是人类的情感，这两者交织成为世界史的经纬线。"[①] 人们正是在情感的激励下，生机勃勃、努力奋进、不断追求。正因为如此，孔子才进一步告诫人们："好之者不如乐之者。"此处的"乐知"便是指师生对教学的情感，乐于教学。其实，课堂教学活动又何尝不是师生情感与认知交织而成。当人们从情感角度审视课堂教学时，眼前便会展示出一番新的景象。师生情感管理作为课堂教学管理的重要组成部分，对课堂教学的有效开展具有关键作用。能够较好管理自身情感的师生不会具有过激的情感，能够在教育生活中对自身的情感负责。[②]

第一节　师生情感管理的内涵

情感管理研究领域的兴起始于20世纪90年代，"情感管理"这一理念的提出源自将管理学的思想应用于情感研究，是对"情感调节"、"情感控制"

[①] 北京大学哲学系外国哲学史教研室编：《十八世纪末—十九世纪初德国哲学》，商务印书馆，1960年，第477页。

[②] Sharp, P. *Nurtruing Emotional Literacy*. David Fulton Publishers. 2001, 26.

等传统观念的整合与升华。"情感管理并不完全是对情感的控制和压制"[1]，情感管理同情感调节、情感控制既有相似之处，又有较大的差异，其主要区别在于：情感调节和情感控制只是关注如何调控和弱化消极情感的发生与影响，而情感管理是一个管理的过程，是对如何调控失意的、消极的情感，以及激发、维持积极的、合意的情感进行研究。在不同机构或部门，情感管理因管理主体的不同而具有相应的管理目的。就课堂教学师生的情感管理而言，其主要目的是促使消极情感向积极的方面转变，以期能够使自身或他人保持良好的情感状态，从而在课堂教学中保持恰当的热情，顺利完成教学任务、达成教学目的。

一、情感与情感管理

"情感"一词虽然人尽皆知，但也是一个复杂问题。"情感管理"是人文社会科学界尤其是教育学领域中的新兴概念，人们对它的认识较为模糊，对什么是情感管理，也没有形成共识。要界定师生情感管理，其前提是明确"情感"和"情感管理"这两个基本概念。

(一) 情感

情感是人对客观事物是否满足自己的需要而产生的态度体验[2]，是人们对客观事物的体验及其相应的行为反应，能够引起行为的趋近或疏远。在日常生活中，情感还可表示人对事物的关切、喜好的心情，包含着与内驱力或生理需要直接联系的驱动性。

情感虽与客观事物密切相关，但又不由客观事物直接而机械地决定。情感唤醒模式告诉人们，情感是环境影响（刺激）、生理状态与认知过程三者相互作用的结果。其机理是：第一，环境信息进入主体知觉分析器官。第二，知觉分析器官在主体认知模式的作用下对输入信息进行加工，这种认知模式

---

[1] Weare, K. *Developing the Emotionally Literate School*. Paul Chapman Publishing. 2004, 38.

[2] 林崇德等主编：《心理学大辞典》，上海教育出版社，2003年，第939页。

包括主体对自己和相关群体的（或社会的）过去、现在和将来的期望、需要或意向的整体认知。第三，知觉分析的信息与认知模式的信息进行比较。进行这种比较的器官可叫认知比较器。它有由庞大的神经系统与生化激活系统组成的激活机构，并与效应器官相联系。当知觉分析与认知加工之间的信息匹配或不配时，认知比较器就会发出信息，激起一系列神经过程，释放适当的化学物质，改变大脑的神经激活状态，使行为适应当时情境的要求，此时情感就被唤醒。[1]

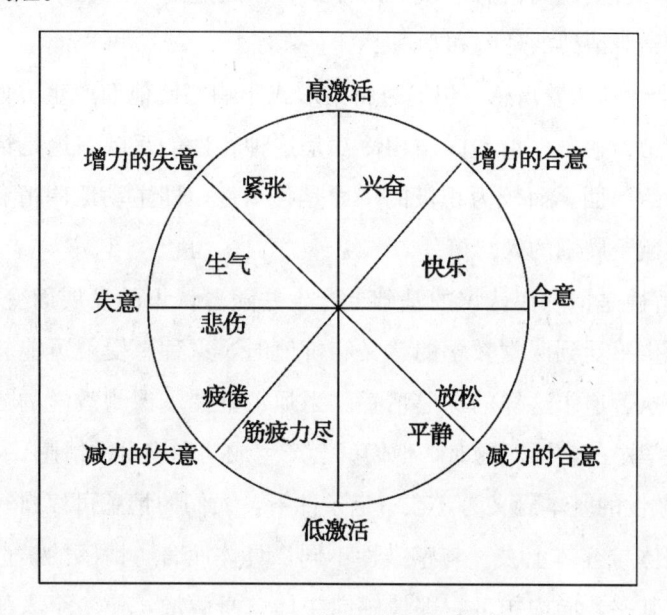

图 4—1 情感环状模式[2]

具体而言，情感是由道德感、理智感和审美感组成，具有两极性、感染性、理解性、扩散性和情境性等特点。[3]

---

[1] 熊川武著：《学校管理心理学》，华东师范大学出版社，1996年，第126页。
[2] ［美］P. A. Schutz 等著，赵鑫等译：《教育的感情世界》，华东师范大学出版社，2010年，第100页。
[3] 同[1]，第129—130页。

1. 两极性首先表现在积极与消极、合意与失意、肯定与否定上，如快乐与悲伤、喜悦与愤怒等；其次表现在程度的强弱之分，如狂喜与暴怒。处于极端的情感如果在一个人身上稳定下来，就会成为主导性情感，如热情与冷酷、开朗与孤僻或温和与易怒等。从图4－1可知，情感既具有两极性，也具有多元性，在不同状态下表现出不同的特性，但是不同特性的情感，又可以通过激活和去激活，实现情感类型的转换。同时，也可以根据不同特性与状态的组合，分析不同的情感表现，这样就可以通过适当途径来引导情感的发展方向，达到对情感的理解和管理。

2. 感染性意味着情感可以通过特定形式影响并使他们产生类似情感的特性，耳濡目染、触景生情和同病相怜都是这种特性的反映。这是情感的感染性稍显被动的一面。而较为积极的一面是移情性，即主动地同情和体谅，将自身的情感赋予周围的人与事。

3. 理解性是情感在认识的基础上产生并随着认识的发展而变化的特性。例如，当师生感受到课堂教学的意义和价值时，这种感受就可能转化为对教学的热爱并执著追求这样的深厚情感。当师生把握了课堂教学的规律性并用它解决了教学中的实际问题时，他们就会产生成功和满足的情感。

4. 扩散性的基本涵义为，在一定条件下，人们的情感可以自行传播或扩散到其他主体与客体上去。与感染性不同，具体而言，情感的扩散性包含了四种情况：其一，向内扩散，即情感向主体自身弥散，使一个人的整个心理和行为在一段时间内都笼罩上一层层厚厚的某种或几种情感色彩；其二，向外扩散，即情感传播到主体之外的人或物，使其也具有与主体情感相同或与之相联系的情感；其三，时间扩散，即情感的扩散可以持续一定的时间而不消失；其四，空间扩散，即情感可以扩散到许多对象上。这四种扩散几乎是相互包容的，构成了情感扩散的整体特性。换言之，向内扩散既有时间扩散，又有空间扩散，向外扩散也是一样。时间扩散既有向内扩散，也有向外扩散，空间扩散同理。

5. 人的情感总是在一定情境中产生，而情境中的各种因素对情感的产生往往具有综合作用。一般而言，在充满快乐氛围的情境中，容易让人不由自主地产生快乐，如参加学校的联欢会，几乎每一个师生都会喜笑颜开，其乐融融；而在具有悲哀气氛的情境中，一个人也会情不自禁地产生悲哀，如教师听到某位学生家中的不幸，即使与其家人生前毫无交情，也会体验到悲痛。情感的这一特点还表现在，情感会随着有关情境的变化而改变。也就是说，情境改变了，情感也会随之改变；情境消失了，人的情感也会随之消失；情境再现了，情感也会随之死灰复燃。这种种情况，在师生的教学互动中司空见惯、不胜枚举。

（二）情感管理

"情感管理"一词源于"情感智力"（emotional intelligence）概念的应用。情感智力的定义最早由学者 Salovey 等提出，是指了解自己与他人的情感、清楚表达情感、处理自身与他人情感，进而运用情感解决问题或采取行动的能力。[①] 国外对情感管理的界定主要分为三类。其一，适应社会生活现实。Cofe、Teil 和 Michel 等学者认为，情感管理是以一种社会可以接受的方式，灵活地对一系列情感的发展要求做出反应，以及在需要的时候延缓反应。Thompson 指出，情感管理是一种适应社会现实的活动过程，它要求人们的情感反应具有适度性、灵活性和应变性，以使人们能以有组织的、建设性的方式，迅速且有效地适应变化的社会情境[②]。其二，特征性地界定情感管理。Ciccheti、Hard 和 Acherman 等人从情感管理的动力特征角度出发，认为情感管理是发生在意识内外的、包含生理、体验、认知和行为反应的动力组织系统，其功能为驱动和组织行为，以适应特定环境。Satovey 和 Mayer 从情感管理在人的智能结构中的地位出发，认为情感管理是情感修养的主要成分之一，

[①] Salovey, P. & Mayer, J. *Emotional Intelligence*. *Imagination, Cognition, and Personality*, 1990, 9, 185−211.

[②] Walden, T. et al. *Emotion Regulation*. *Motivation and Emotion*, 1997, 21 (1).

是加纳德多元智能学说中,社会智能结构的一个亚成分①。其三,服务于个人目的。Mastel 指出,情感管理是一个服务于个人目的、有利于自身生存与发展的活动。人们在进行情感管理之前,会对社会情境和自身关系的主观意义以及自身应对能力进行认知评价,最终决定如何对自身情感进行管理②。

纵观情感管理的已有定义,一般将情感管理分为个人情感管理和组织情感管理两个层面。其中,个人情感管理又包括个人对自己的情感管理和个人对他人的情感管理。当然,无论是个人情感管理还是组织情感管理,都是人对人开展的情感管理。由于本文主要是从教师个体情感修养的角度探讨作为情感修养要素的情感管理,因此,本文的情感管理主要是指(教师)个体对自身情感的管理,并结合情感管理已有的定义,将其界定为:人们根据心理学和管理学等学科的理论与方法,在对自己情感的觉察、分析与评价的基础上,采取各种合理的方式对自己的情感进行调试,达成管理主体努力追求的目标的一种管理能力和过程。

情感管理的重要意义显现在生活的诸多方面,它决定了个体主观上认为生活或工作是否顺心,并影响着个体与他人之间的交往和关系,从而决定着学业与工作中的表现及成效。一个不能管理好自身情感的人,必定容易受情感所支配,表现出缺乏理性的冲动行为,进而破坏人际关系;如果与身边的人和事不能融洽相处,无论在家庭、学校或工作中都心怀不满的情感,将一切不好的结果归咎于他人,或陷入深深的自责之中,就会形成恶性循环,加重自身的消极情感。相反,若能敏锐观察自己和他人的情感,坦然面对自己的消极情感,理解他人的感受,设身处地而非任意批评,并将生活中的挫折视为合理的挑战,心怀坚定的信念去应对挑战,对人对事做出恰当的反应,就容易与他人保持良好的关系,获得他人的尊重与爱戴,确保生活和工作中

---

① Underwood, M. *Top Ten Pressing Questions about the Development of Emotion Regulation*. Motivation and Emotion,1997,21(1).
② Eisenberg, N. &Moore, B. *Emotional Regulation and Development*. Motivation and Emotion,1997,21(1).

各项事务的顺利进行。

情感管理的重要性同样展现在师生身上，尤其是对教师而言，教学是一种需要与他人高度互动的工作；身为一名教师，每天都要面对课堂教学中的各项挑战，尤其是教育教学改革赋予教师较为艰巨的角色任务，常令教师负荷相当的教学压力，难免产生情感的波动现象。课堂教学不仅是一项技术和认知性的工作，也是一项情感劳动。教学活动需要教师和学生表达个体的情感；而情感也隐藏在个体当中，影响着师生的行为表现。师生在教学情境中与他人的互动关系，彰显着教学行为及其效果。

二、师生情感管理

课堂教学中的情感互动是复杂多元、丰富而又微妙的。教师在教学活动中的喜、怒、哀、乐、爱、恶、惧等情绪以及理智感、美感和道德感等情感体验都会直接或间接地影响学生的情感；教师的一个手势、一个眼神、一项身体动作或一句话的语气等各种情感表达形式也能改变学生的情感状态；教师的教学热情更能感染学生，进而影响教学活动。同理，学生在课堂中的情感体验、情感状态和情感表达也会制约教师在教学中的情感。教学活动中师生之间已不仅仅是一种简单的"教学相长"关系，而是融入了情感机制的教学情智关系，师生的情感互动与管理是贯穿于课堂教学过程的一种基本活动。[1] 就课堂教学中师生的情感管理而言，其意义丰富，述者甚众。其中，又以对教师情感管理的论述居多，但仅仅是对教师情感调节的升华，尚无研究立足于教师情感修养整体的角度探究教师情感管理。Golby 的研究指出，在教师的职业发展中，应具备激发积极情感和消极情感，以及分析相关情境的能力[2]。Sutton 和 Harper 认为，教师情感管理包括"增力的"（up-）情感管理和"减力的"（down-）情感管理，前者是指教师努力增加特定情感体验的

---

[1] 李森主编：《现代教学论》，人民教育出版社，2011 年，第 7—8 页。
[2] Golby, M. Teachers' Emotion: An Illustrated Discussion. *Cambridge Journal of Education*, 1996, 26 (3).

强度或持久度；而后者则指减弱某些情感体验的强度或持久度①。Zembylas 认为师生情感管理是"教师和学生在评价相关教育情境的基础上对自身情感进行的修正（modify）"②。不过，较多学者认同这一定义，即师生情感管理是教师和学生在课堂教学中"藉以影响自己拥有何种情感、何时拥有，以及怎样体验和调控情感的过程"③。可见，师生情感管理既是调节已有情感又是培育新的情感，核心是保持师生情感与教育情境的协调性和适宜性，作为有效调节和控制自己情感的能力。具体而言，师生情感管理包括对消极情感的引导、控制与改善，以及对积极情感的激发与保持能力。良好的情感管理是师生在课堂教学中取得成功的关键因素之一。在课堂教学中，情感不能过于强烈，过激的情感常常对人有害。例如，暴怒是师生情感管理能力失调的产物，一怒之下做出伤害性的事较为常见。情感也不能过于低落，这对于完成教学任务极为不利。只有在情感管理得心应手之后，才能熟能生巧地灵活运用情感，从而实现情感管理的合理性，促进课堂教学活动的开展和师生的发展。师生对自身情感管理的能力越高，低落的情感就越少，生命的活力就越强烈。教师情感管理并不等于简单地压抑。过度地压抑反而会危害身心健康，最终导致情感失控。情感管理也并非不让自己自然表露真性情，师生恰当的真情流露也是一种有效的课堂教学方式。

因此，师生情感管理是在客观认识自身情感特征的基础上，有意识地培养合意、积极的情感，通过科学的情感宣泄和调控机制，自觉克服和消除失意、消极情感的影响。课堂教学之所以需要师生的情感管理，是为了让教师和学生通过情感的滋润和支持，传递他们对教学无怨无悔的奉献和投入，从而增强师生之间的信任，并共同追寻真理和欣赏知识之美的境界。就此而言，

---

① Saha, L. & Dworkin, A. *International Handbook of Research on Teachers and Teaching*. Springer Science. 2009, 389—401.

② Zembylas, M. *Teaching with Emotion: A Postmodern Enactment*. Information Age Publishing. 2005, 57.

③ Zembylas, M. *Teaching with Emotion: A Postmodern Enactment*. Information Age Publishing. 2005, 50.

情感管理不是静态的，而是一种动态的持续发展过程，连接着情感和理性。结合情感和理性，并提升到美感知识的境界，既是情感管理之情感和理性的结晶，也是一种创造的历程与结果①。从根本上而言，师生情感管理是"一种有节制的理性活动"②，不是盲目的，其所以能够持续发展，是因为兼具情理的辩证特性。

课堂教学情境的特殊性决定了作为师生情感管理合理性的特定内涵，主要包括两个方面的内容。

（一）学会自我宣泄和自我调适

中小学教师的教育对象是未成年的青少年儿童，理智性较弱、冲动性较强是其心理特点。在课堂教学中，教师情感状态对学生的情感及其行为影响较大，然而，在教学过程中，师生并不总是洋溢着合意、积极的情感，难免会出现失意、消极的情感。这是因为他们首先是社会人，他们处于不断社会化的过程中，在个体生存、个体与群体交往以及个体与社会的联系和互动中，既有和谐的音弦，又不可避免地伴随着一定程度的矛盾和冲突，这些因素必然会在师生心理活动中有所反映，从而不断影响或改变着他们的情感状态。就教师而言，在其职业生涯中，教育生活的和谐之音有助于激发积极、合意的情感，而教育工作中的各种冲突常常使教师心理陷入矛盾斗争状态，使教师心理笼罩在消极情感的阴云之中。教师的负面情感若不能加以调适，任其表露，轻则被学生察觉，无端分散其注意力，重则感染、移情给学生，直接影响到学生的情感。更有甚者，在课堂教学活动中，学生还可能成为教师消极情感的受害者。因此，克服消极情感的影响是师生情感管理的重要内涵之一。

（二）自觉养成合意、积极的情感

在课堂教学活动中，主要表现为教师创设积极的情感氛围。学生作为教

---

① 温明丽：《教育爱与生命关怀的本质与体现》，2006 年 11 月 15 日，http://web.ed.ntnu.edu.tw。

② Kant, I. *On Education*. Churtoe, A. (Trans.). Briston：Thoemmes. 1992, 97.

育对象，虽然其身心发展特点在一定程度上各有差异，但自身情感在学生发展中却有着特殊地位，可以说师生生活充满了情感色彩。学生情感具有敏感、波动性强等特点，一般而言，他们大都在积极情感状态下才对教育活动感兴趣，从而全身心地投入课堂教学活动。因此，创设良好的情感氛围是教师情感管理的重要内容。同时，学生具有较强的模仿性，在情感方面易受环境感染，这对教师的情感管理提出了更高的要求。在课堂教学中，教师不仅要通过一定的途径抑制或消除不良情感的影响，而且还要自觉根据教育情境的要求，营造一种轻松和谐、乐观积极的情感氛围。教师应具有一颗童心，并富有童趣，经常表现出积极乐观、热爱学生的情感，这会对学生身心发展产生潜移默化的积极影响。

教师在组织教育活动时，一方面富有热情地投入到工作中，并表现出极大的教育热情和兴趣，从而有助于激发学生对教育活动的热情与兴趣；另一方面，教师应充分发挥自身情感在教育活动中的引导作用，情感根据教育内容的变化而变化。这不仅有利于学生更为有效地学习，也能帮助学生情感合理发展。此外，教师在教育活动中为学生的进步而欢呼，为他们的过错而伤心，师生在情感上真正融为一体。当然，上述师生情感管理的两层内涵是相互联系、相互影响、相互转化的，对消极情感的调控是激发积极情感的基础，而积极情感的产生又有利于教师弱化和消除消极情感对课堂教学的负面影响。

第二节 师生情感管理的功能

师生之所以要重视情感管理，不仅在于情感有着独特的教育价值，还因为情感在人的心理结构中占据特定的位置。众所周知，人们经常因为"心动而行动"，学生常常因为"亲其师而信其道"，教师往往因为"爱之深而求之切"①。师生情感管理在课堂教学中发挥着重要的功能,不只是师生个体掌控自己在教育中的情感反应能力,同时由于教师本人肩负着教育者的责任,因此教师的情感管理对其职业来说又有着特殊的意义,这里主要从教育质量提升和师生发展等几个方面分析。

一、提升教学质量的倍增器

师生情感管理与课堂教学相互作用。一方面,课堂教学的顺利开展离不开师生的情感管理;另一方面,情感管理的重要性,也是通过课堂教学活动实现的。教师和学生首先要努力排除当前教育中普遍存在的一种认识障碍——课堂教学特别是其中的学科知识教育是追求真理的纯认知活动,不能甚至无法让情感渗透其中。事实上,师生情感管理对课堂教学有着积极的影响,充分发挥它的作用,可使教学事半功倍。师生"只有在认识、发展和认可自身情感的前提下,才能有效开展教育活动"②。

在课堂教学实践中,大凡教学成效不佳的师生,多与自身的情感管理相关。或意志不坚,畏难退缩;或心境不佳,怨天尤人;或心浮气躁,急于求成等。这从反面说明,师生重视情感管理,在课堂教学中始终保持"四心"是获得良好教学质量的重要前提③:一是热心,无论课堂教学顺畅还是艰难,热情不衰,一如既往;二是耐心,循循诱导,由微而巨,遇挫不慌;三是诚心,真诚待生,推心置腹,力戒嘲讽;四是恒心,持之以恒,锲而不舍,笃行不懈。

其实,这"四心"的统一体,乃是师生心平如镜的最佳情感状态。为此,教师的身心可以得到必要的放松,能审时度势,把握全局,寻觅教学活动的

---

① 江玲等:《论教师的全面敬业》,载《华东师范大学学报(教育科学版)》2008年第1期。
② Harris, B. *Supporting the Emotional Work of School Leaders*. London: Paul Chapman Publishing. 2007, x.
③ 熊川武主编:《教学通论》,人民教育出版社,2010年,第96页。

较佳时机与策略。同时，对于学生来说，这种心境本身就是榜样、力量与智慧，他们的焦躁、气馁、不满都会因之而烟消云散，形成课堂教学中积极的情感氛围。可见，情感管理不仅会因学生发展而表现出显著的教学质量，而且教师和学生保持良好的心态本身就是一种教学质量。课堂教学的根本目的是促进学生的全面发展，具体包括认知、情感、生理、心理等多方面的发展，而不仅仅是认知与智力的发展。在美国教育家布卢姆（B. Bloom）提出《教育目标分类学（认知领域）》之后，克拉斯沃尔（D. Krathwohl）等随后出版了《教育目标分类学（情感领域）》，构成了教育目标的完整体系。而当前的课堂教学往往只强调达到认知领域的目标而忽略了情感领域目标的实现，这是对完整教育目标的曲解。情感及其管理本身也是课堂教学应达成的目标之一。联合国教科文组织在《学会生存》一书中明确提出："把一个人在体力、智力、情绪、伦理多方面的因素综合起来，使他成为一个完善的人，这是对教育基本目的一个广义的界说。""教育的一个特定的目的就是要培养感情方面的品质，特别是在人与人的关系中的感情品质。"[①]

为了学生的健康成长和全面发展，在课堂教学中不仅要追求认知领域的目标，还要达成情感领域的目标，不能只注重认知能力的发展而忽略情感管理能力的培养，更不能以牺牲情感目标而将认知目标作为教学的唯一指向。可以说，情感管理方面的低能是教学质量低劣的标志，课堂教学如果忽视情感目标的实现，人的全面发展将会成为空谈，更谈不上师生整体素质的优化和提高。

二、开展教学活动的主动力

关于情感对人类生存活动的动力性质，早已被东西方哲学家所公认。作为理性主义哲学流派的代言人，黑格尔同样肯定情感的作用，认为"冲动和

[①] 联合国教科文组织著，华东师范大学外国教育研究室译：《学会生存》，上海译文出版社，1979年，第212—213页。

热情是一切行动的生命线"[1],"没有热情,任何一个伟大的事业都不曾完成,也不能完成"[2]。正是在这一意义上,现代情感心理学倾向于将情感视为第一性动机。情感的动力功能主要是指情感对一个人的行为活动具有增力或减力的效能。换言之,在由需要引起个体动机行为的过程中,情感起着重要的调节作用。这种调节作用主要表现在对动机所发动的行为的强度影响上。例如,同一个人,在同一需要—动机系统支配下活动,在情绪高涨和低落两种情况下,其活动的动力强度有着明显的差别。情绪高涨时,他会全力以赴、努力奋进,克服重重困难去达成预定目标。情绪低落时,则缺乏冲劲和拼劲,稍遇阻力,便会畏缩不前,半途而废。[3]

对于教师和学生而言,没有情感管理的支持,同样难以完成其教学使命。因为情感管理不仅是师生自身人格完善内在要求的动力源,也是激发他们投入和开展课堂教学活动的欲望、动机的关键力量。个体具有先天性的趋向积极情感体验而回避消极情感体验的倾向。正是由于这种先天性的倾向,才使情感具有调节人的行为的功能。师生在不断积累了一些积极情感体验之后,会在教学行为上产生某种偏爱的立场和一定的价值取向。这样,一旦外界的教学信息输入个体感官,师生原有心理准备状态的心理基质便立即活跃起来,按照一定方向选择、肯定、发扬给他带来积极情感体验的教学行为,而排斥、压制和否定给他带来消极情感体验的教学行为。这种情感动力—选择机制充分体现在师生的课堂教学中。在课堂教学中,当学生的言行纳入教师的感官时,教师原有的情感机制立即活跃起来,加工输入的信息。当学生的言行给教师情感带来积极的体验时,教师会对这种言行加以肯定、表扬和支持;反之,当学生的言行给教师带来消极的情感体验时,教师将对这类言行给予否定或排斥。教师对学生的影响亦然。虽然当中含有双方观念、价值的背离,但值得注意的是,如果这种背离没有造成彼此情感上的消极体验,师生不一

---

[1] [德]黑格尔著,杨祖陶译:《精神哲学》,人民出版社,2006年,第475页。
[2] 同上,第474页。
[3] 卢家楣著:《情感教学心理学》,上海教育出版社,2000年,第88—91页。

定会采取相应的教学行为。正是由于这种背离给对方在情感上带来了"失意的"体验，才促使师生采取相应的行动。在课堂教学活动中，情感渗透并直接成为认知、意志、行为的依托。正是这种情感需要激发了师生一系列的教学意识、教学行为，成为师生积极进取和创造的巨大力量。

【案例 4-1】

豆豆是重庆市某中学初三学生。从初一起，教师经常饶有兴致地向豆豆等学生介绍祖国的大好山河、风俗人情、天文地理等，并经常组织他们进行社会实践和调研活动。豆豆看到、学到了课本上根本没有的知识，对外出参加社会活动产生了浓厚的兴趣，成为"旅游迷"、"考察迷"。他产生了一个大胆的设想，在2011年暑期对中国的大西北进行考察。于是他从重庆只身前往新疆、青海、甘肃三地，到20多个家庭做客，学到了许多书本上学不到的知识，同时还锻炼了自己的交往能力和独立生存的能力。他深入实际，了解当地的风土人情，领略当地的自然风光，并赢得了众多友情。豆豆表示，明年还要到祖国的东北去考察。

正是教师当初的"情感引导"以及相应的积极情感推动，才使这位学生产生了强烈的求知欲。[①]

三、增强师生交往的润滑剂

情感管理是人际关系中的重要因素，它通过影响人的认知和行为对人际交往产生作用。

首先，情感管理影响师生的人际认知。人际认知是个体在与周围人事的交往中，对自己、对他人以及自身与他人相互关系的认识。它是交往的基础和前提，在一定程度上决定着交往的对象、方式和策略，从而影响交往的效果。在教学实践中，许多教师和学生都有这样的体验，即如果情绪高涨、心情愉悦，则往往看什么都顺眼、悦目，对自己和他人就容易做出积极肯定的

---

① 来源于实验学校调研访谈材料。

认知和评价；反之，如果情绪低落、心情不佳，常常看什么都别扭。此外，师生总是对自己所喜爱的对象做出积极的评价，而对于自己不太喜欢的交往对象，做出消极的评价。情感使师生的人际认识融入了浓厚的主观色彩。

其次，情感管理左右着师生的人际行为。情感的动机—唤醒理论认为，情感属于唤醒、激活的一种持续状态，它产生动机作用并影响行为，成为行为的动力，情感过程具有四种主要作用：激活诱发行为、维持行为、调控行为和组织行为。在人际交往中，人们对自身肯定的对象往往抱有较为强烈的交往动机，在交往中也会表现得更为积极主动。而对自己否定的对象，人们往往避而远之，表现得消极被动。每当人们处于愉悦的情感状态时，在交往中可能会更有耐心倾听他人的谈话，更有心情与别人交流自己的思想和观点，更有可能在别人需要帮助时给予援助。相反，当人们处于消极的情感状态时，在交往中对他人的谈话就可能失去兴趣，给交往带来障碍，出现人际危机。

师生交往是课堂教学过程中最常见、最重要的人际交往。雅斯贝尔斯（K. Jaspers）认为师生交往是教师和学生的一种存在方式，具有教育性。无论是知识的传授、行为的规范，还是品格的塑造，都是在师生交往中发生和实现的。"所谓教育，不过是人对人的主体间灵肉交流活动（尤其是老一代对新一代），包括知识内容的传授、生命内涵的领悟、意志行为的规范，并通过文化传递功能，将文化遗产教给年轻一代，使他们自由地生成，并启迪其自由天性"[①]。师生交往本身就是富有意义的教育活动，具有对个体精神的陶冶性和培育性。因此，从这一意义上而言，师生交往关系就是教育本身表现的一种方式。而且，在师生交往过程中，情感互动发挥着重要的作用。但在当前课堂教学中，由于师生关系越来越淡薄，师生之间的情感联系也逐渐淡化了，教师成为贩卖知识者，学生只是被动地吸收知识，上课只是为知识而来，下了课师生几乎成为路人。渐渐地，学校成为"知识的交易所"[②]。越来越严

---

① ［德］雅斯贝尔斯著，邹进译：《什么是教育》，三联书店，1991年，第3页。
② 詹栋梁著：《现代教育哲学》，台湾五南图书出版公司，1993年，第398—399页。

重的师生关系恶化现象,造成教学效率的低下,并直接威胁到了师生的发展。在这一背景下,师生情感管理显得尤为必要。

师生情感管理的重要意义是具有在师生关系中搭桥的功能,也就是它架起了师生关系中的一座桥梁,可以达到教育沟通的目的。尤其是"教育的意向性"[1] 可通过桥梁来沟通,以实现并达成教学的目标。师生情感管理是在交往中特别是在师生的直接交往中进行的。一般情况下,人的情感与交往频率成正比。教师与学生交往的次数越多,获得的积极体验越丰富,相互之间的情感就越深厚。因为交往的本意是思想、情感的沟通,而沟通就是避免阻塞,使之畅通。可见,教师和学生重视情感管理,彼此满怀热情地对话、游戏,相互之间的隔阂会自然消溶。而没有隔阂意味着同心同德、配合默契。对于那些原本没有隔阂的师生来说,情感管理会使他们的关系锦上添花。[2]

四、促进师生幸福的守护者

情感对人们的幸福感具有直接的作用,可以说情感在一定程度上主宰着人们的幸福体验。合意、积极的情感,诸如快乐、和悦等,可使师生身心保持平衡,保持稳定的心境。相反,忧郁、失望等失意、消极的情感会破坏师生的集体平衡,影响身体健康,并对师生的心理产生不良影响。诸如分散和阻断注意过程;干扰记忆的过程;对思维过程具有瓦解作用,使人们的思维范围窄化,形成心胸狭隘、意志脆弱、过于争强好胜、个人中心、自我封闭、过于敏感、退缩和胆怯等消极的个性特征,幸福感无从谈起。

随着人文关怀的阳光在教育中日益灿烂,越来越多的学者将目标投向师生的幸福。情感管理则是师生在课堂教学中幸福体验的重要保障,情感中的"感"是指"感觉、感受",有"感"才有"情",而幸福作为一种肯定的体验,是"由于感受或意识到自己预定的目标和理想的实现或接近而引起的一

---

[1] 詹栋梁著:《现代教育哲学》,台湾五南图书出版公司,1993年,第411页。
[2] 赵鑫:《论教师的感情修养》,载《教育学术月刊》2012年第4期。

种内心满足"①，从本质上而言，"幸福即当一系列情感呈现时所具备的一种整体、主观状态，包括充满活力、自信、开放、享受、快乐、镇静、关爱等的整合与平衡"②。一般而言，师生在课堂教学中的幸福感主要由师生相互之间的爱戴程度、自身对课堂教学的胜任感、探究的新鲜感、成功的愉悦感等组成③。其中，教师在教学工作体验的胜任感、愉悦感等主要来源于学生的发展，获得学生的情感反馈，当教师以自己高尚的情感换得了青少年那发自内心的纯真的友谊时，教师自己的内心也产生了积极的情绪体验：他感到学生理解和接受了自己的心意；他仿佛从中得到一种保证，确知自己是学生所需要的，他是自己团体中受欢迎的人，因而产生愉快、自信、充实等情绪，得到情感上的满足。④ 同时，学生发展既是师生幸福感的来源之一，也是师生情感管理的目的之一，而学生发展又离不开教师和自身的情感管理。可以说，情感管理与师生发展同他们自身的幸福感是相辅相成的，是教师和学生在课堂教学活动中幸福体验的重要保障。

第三节 师生情感管理的操作策略

师生情感管理既是调节已有情感又是培育新的情感，核心是保持师生情感与教学情境的适宜性，实现情感的合理性。它不仅包括个体管理，而且还有群体管理；不仅涉及管理的内容，还涉及管理的方法。本书主要从管理的内容和方法两个维度展开师生情感管理的策略。

---

① 冯契主编：《哲学大辞典》，上海辞书出版社，2001年，第1712页。
② Weare, K. *Developing the Emotionally Literate School*. Paul Chapman Publishing. 2004, 7.
③ 熊川武等著：《理解教育论》，教育科学出版社，2005年，序言。
④ 瞿葆奎主编：《教育学文集：教师》，人民教育出版社，1991年，第178页。

一、师生情感的内容管理

师生情感的内容管理涉及情感管理的观念、性质和强度。[①]

(一) 增强情感管理的观念

首先,引导师生树立正确的情感管理观,提高他们对自身情感的觉察能力。认识到善于管理自身情感是课堂教学顺利开展的关键所在。在此主要以教师情感的规范观念为例[②]。在课堂教学中,存在两种截然不同的观点:一是强调教师情感的客观性,主张"以事为本"(对事不对人);二是强调教师情感的主观性,主张情因人异。持前者可能因教学行为的客观性强或弱而引发喜悦或烦恼;而持后者可能因教学行为的人性化强或弱而惬意或失意。其实,这两种观念各有其理,合之似乎更切实际。因为教师情感不是无缘无故的,需要客观基础;同时它又是人为的并且是为人的,完全"对事不对人"便没有或减少了积极意义。

其次,倡导关心师生情感管理的理念,使之转化为学校管理者的自觉行为。在传统的课堂教学管理中,几乎不存在"情感管理"这样的概念。而这类管理一旦提上日程,便有许多新的问题出现。例如,当师生的情感管理得不到学校管理者或家长的理解和支持时,厌倦感便会出现。厌倦感通常表现在三个方面:一是情感枯竭,心灰意冷,内心一潭死水,外表麻木不仁;二是去人性化,用消极、冷漠、嘲讽和刻薄的态度对待他人;三是成就感降低,几乎感觉不到顺心如意之事。当教师坚持用积极情感引导学生而学生总是做出消极反应时,教师就会怀疑教育中的情感规则,于是厌倦感袭上心头。福柯(M. Foucault)学派的研究表明,情感管理的"消极方面与'真实自我'

[①] [美] P. A. Schutz 等著,赵鑫等译:《教育的感情世界》,华东师范大学出版社,2010年,第7—8页。

[②] Zembylas, M. *Teaching with Emotion: A Postmodern Enactment*. Information Age Publishing. 2005,53.

联系不大，而与纪律的力量和情感规则的约束以及生产身份的环境有更大关系"①。因此，学校管理者要及时对师生的情感管理予以引导和支持。

再次，宣传情感管理既要遵循情感规则又要自我调节的思想，使教师和学生真正成为自身情感的主人。在这方面，他们至少要做到：一是有意释放课堂教学中过度的消极情感；二是不逃避情感责任，敢于反思并纠正失意的情感；三是强化自我幸福感，大胆面对并抛弃烦恼。可以说，情感规则只给他们提供广袤的情感舞台，所有具体而生动的情感剧目都靠他们自己创作和表演。这需要高水平的情感管理方法，以使他们能在"适当的场合"，面对"适当的人或事"恰到好处地管理情感。因此，要鼓励师生将表达与管理情感相整合，在合理范围内管理自己富有个性的情感的同时，尊重和发展获得社会认可的情感规则。

（二）理解情感管理的性质

在不同性质的情感之间做选择或转化，使师生情感的性质符合具体课堂教学情境的要求。从所含师生情感性质的角度，可将教学实践大致分为三类：一是积极型，师生关系密切，无论使用奖励还是惩罚手段，教师总是尽量让自身和学生都获得良好感受。这种教学以师生合理管理自己的情感为特征。二是随意型，师生对情感活动缺乏必要的规划，任凭情感自由流露。这种情境中一般教师情感管理能力较弱，往往让学生放任自流。三是消极型，教师对学生凶狠、严厉或冷漠，使之感到自卑或恐惧，以至于逆来顺受。

显然，师生情感管理就是要尽量减少后两类教学实践。这至少要改变师生尤其是教师中可能存在的两种观念：其一，"情感绝对自由观"，认为情感体验和表达可以无所顾忌，随欲而发。应该说，师生情感体验和表达的自由确实有生理基础和相应的社会语境，他们可以在适宜的教学情境中有感而发。

---

① Zembylas, M. *Teaching with Emotion: A Postmodern Enactment*. Information Age Publishing. 2005, 53.

但自由不是无限的,"并不存在不受情感规则影响的纯粹的'自由'"①。过分自由的体验和表达,意味着不计场合,不思分寸,势必使人难受,甚至引发误解。这就是教育中客观存在的有时教师和学生"有感不能发"的现象,标示着在师生情感管理日益受到重视的当代,其代价之一就是在一定程度上抑制"真实感受",使他们不得不按照社会的文化脚本(即情感规则的要求)表达自己的情感,这也是师生情感表达表演性这一特征的主要表现。当所表达的情感一而再、再而三地与内在感受分离时,自我疏远、异化和不真诚感将产生。② 不过,若与教育人事建立了深厚的情感,师生个人的感受可能在情感观念的调节下改变。比如同情心会使人欣然接受原本无法接受之物,而不感到丝毫别扭与难受。研究证明,当人们机械地无意识地在面部呈现出一种神态,就会随即产生一种与此相适应的情绪反应。③ 换句话说,如果总把微笑挂在脸上,师生会真的感到快乐。正如美国心理学家詹姆士(W. James)所言④,我们不是因为伤心而哭泣,而是因为哭泣而伤心。外部物体(激发因)产生躯体神经系统效应和自主神经系统效应,而这些引起了双重作用:它们使身体准备行为反应,而它们自身则被自感作用(由自己身体的部分的位置和状况得到的反馈)的某些东西所接受。这个特殊的自感作用,构成了被称为情感的意识状态,即如果人们要控制自身的情感状态,可以通过改变生理状态来实现。其二,"严厉造就高徒观",过分相信批评与惩罚的力量,甚至不惜侵犯学生的人格与尊严,不择手段地苛求学生以至严而出格。在这方面,教师情感管理的主要任务就是把握严宽的辩证关系,做到严宽相济。应该说,无论是严还是宽,在合理的范围内,都有一定的教育作用。而逾越其界,便

---

① Zembylas, M. *Teaching with Emotion: A Postmodern Enactment*. Information Age Publishing. 2005, 59.
② [美]特纳等著,孙俊才等译:《情感社会学》,上海人民出版社,2007年,第33页。
③ [美]时代生活图书荷兰责任有限公司主编,孙红玫等译:《情感的力量》,中国青年出版社,2002年,第39页。
④ 冯观富著:《情绪心理学》,台湾心理出版社股份有限公司,2005年,第8—9页。

会走向反面。

（三）把握情感管理的强度

师生要尽量减少过之或不及的情感体验，无论是积极还是消极的情感，体验和管理得当，都可能产生课堂教学情境所需要的增力或减力作用。当需要增力时，一般使用奖励方式；需要减力时，一般使用惩罚方式。但奖惩需适度，若奖励过度，不仅会使有的获得者滋生骄傲自满之情，还会导致教学活动的松懈，出现积极情感引起行为减力的现象；特定情况下的适度惩罚，不仅不会减力，反而会增力，出现"知耻而勇"的现象。因此，教师应审时度势，巧用增力与减力策略，使情感管理逐至恰到好处之境。

二、教师情感的方法管理

当已有的情感同课堂教学情境和教学目标不符时，必须以情感合理性为目标，迅速回应情感体验，以下介绍一些可供师生选择和运用的管理情感的具体方法。

（一）培养和保持合意、积极情感的方法

合意、积极的情感有利于师生身心的健康发展，对于课堂教学有着重要作用。学会培养并保持合意、积极的情感是师生情感管理的首要议题。

1. 增强自信

教师和学生在学校教育中悦纳自己，不自卑、不自怜、不自责。合理、充分的自信是保持合意、积极情感的重要条件，而充分的自信则来自于对自我的正确评价。此外，师生适当地赞美自己也有助于增强自信，增添愉悦之情。如国外近年流行的"60秒PR法"（PR为英文Pride"自豪"、Praise"赞扬"和Prospect"期望"的缩写）[1]，是指每天用一分钟时间以演讲的形式简洁地描述自己的天赋与能力，以及努力达成的目标，并对着镜子表扬自己，以增强自信。

---

[1] 参见 http://221.204.254.28/resource/EBOOKS/NEWBOOKS/01121829.pdf。

2. 追寻快乐

快乐是一种主观体验,由需要的满足程度引发。而需要的满足程度只是一个相对的概念,并没有一个绝对的标准。教师和学生在课堂教学中追寻快乐要努力做到以下三点[①]:一是知足常乐。人生在世能否体验到需要满足时的快乐,关键不在于他得到了多少、拥有了多少,而在于他是否明白自己真正需要的是什么,是否珍惜现实中已得到的东西。"风物长宜放眼量,牢骚太多防断肠",就是这个道理。当然,这绝不是鼓励师生消极怠工、安于现状,而是强调把自己的抱负定得切合实际,就会有成功的体验,就会因自己的成绩和进步而快乐。二是自得其乐。对课堂教学中的各种教育人事保持兴趣,具有一颗童心,对教学情境中的色彩、声、光、美景等持一种欣赏和赞美的态度,倾注热情,积极参与各项教育活动、享受教育生活的乐趣。三是创造快乐。树立乐观的人生态度,挖掘教育人事的积极方面,养成乐天愉快的习惯,学会幽默地面对教育工作中的挫折,微笑着迎接困难,由此保持和创造愉悦的心境。

(二)缓和与消除失意、消极情感的方法

对失意、消极情感的管理并非强行抑制师生对这类情感的体验,而是在课堂教学情境中使自己尽量体验和表达适时、适度的情感,减少消极情感可能对自身产生的不良影响。此外,当师生在教学活动中遇到情感问题时,可以采取缓和失意、消极、过激情感的方法来避免或制止这些情感的进一步恶化,确保课堂教学的正常进行。

1. 压抑、悬置

当教师和学生意识到有可能产生消极、失意的情感,或这些情感处于萌芽状态时,他们可以直接压制自身的情感,使其终结于初始、酝酿状态。实际上,压抑践行起来并不容易,师生为此要付出较多情感劳动,且并不是所

---

① 李建芹著:《现代教师心理素质及其培养》,黑龙江人民出版社,2006年,第163页。

有教师和学生都能做到这一点，因为这样会使许多师生感到教育教学是一件"受罪的工作"。因此，一旦失意、消极的情感已经形成，而师生又难以压制这些情感时，悬置便成为防止这些消极情感恶化的常用方法。所谓悬置，是指维持引发消极情感的情境的现状，等待现有冲突结构变化或消解。在这种状况下，教师和学生会通过从事其它活动暂时搁置现有的消极、失意情感，避免"招惹"它们。师生采用悬置这种避免情感冲突的做法，其道理在于，矛盾和问题总是发展变化的，矛盾双方的力量也会不断消长，所以，悬置为矛盾弱化、消解所赢得的时间可能会带来问题的缓和，从而消除这些矛盾、问题情境中产生的消极情感。

2. 边缘化

师生从意识上或行动上限制消极、失意情感的影响范围，使之成为一个无伤课堂教学大局的边缘现象。由此，原本干扰教学活动的消极情感被边缘化后，成为可以被视而不见的次要问题。[①] 在将消极、失意情感边缘化的过程中，师生需要开展个别处理、转移注意力或有意忽视等具有内在联系的活动。在应对和处理教育中的突发事件时，个别处理是减少事件消极影响的常用方法。例如，针对引发事件的学生，教师可以在课后单独找他们解决，从而使课堂中的"集体问题"转化为某位学生的"个人问题"，对教师而言，这也是为自身"解围"的一种策略。教师采取个别处理是因为他们从仪式上对事件的有意忽略。在自身即将陷入突发事件的困境之际，转移自己的注意力。在课堂教学中，相对于那些可以在课后解决的个别学生的问题，与其他学生积极互动、完成教学任务更为重要。当注意力转移到这些更为重要的教育人事上时，消极、失意情感对教师的困扰自然可以被边缘化。同时，根据巴甫洛夫（Paviov）的条件反射学说，人在发愁、发怒时，会在大脑皮层上出现一个强烈的兴奋中心。这时，如果另找一些新的刺激，引起新的兴奋中心，便

---

① 刘晓明主编：《关注教师的心理成长》，东北师范大学出版社，2006年，第73页。

可以抵消或冲淡原有的兴奋中心。① 如在苦闷、烦恼时去听听音乐，看看喜剧；初次登台授课，心情过于紧张，刻意把注意力集中到讲授的内容上；睡觉时头脑兴奋、失眠，便把注意力集中到默数单调的数字上等。这些方法如运用恰当，都能起到转移注意力，稳定情感的作用。换一项活动，也换了一种心情，反而可能起到茅塞顿开的效果。实际上，师生即使在课堂教学中有再多的消极情感困扰，只要能努力将它们忽略为"仅仅增添了自身教育生活的几分色彩"，保持平和的心态，消极情感就显得微不足道，对自身的影响也会有所减弱。

3. 恰当宣泄

从心理卫生的角度讲，过分压抑自己的情感，只会使情感问题加重，甚至由于情感淤塞而使自己的心理崩溃，不利于身心健康。而适度的宣泄可以把失意、消极的情感释放出来，从而使紧张感得以放松、缓和。② 所谓恰当宣泄，是在不妨碍或伤害他人的前提下，以自己和他人能接受的方式达到发泄的目的。情感宣泄通常有直接和间接两种方式。直接的情感宣泄是直接针对引发情感的刺激源来表达的宣泄方式，充分表达自己的真实情感，但不采用攻击性的言行，不至于对他人或事物构成伤害。因此，建立个人的支持网络，在师生需要的时候，有朋友、家人可以倾诉，这是非常重要的。③ 但在找人倾诉的时候，不要一味抱怨他人，而应该道出自己真实的想法与感受，这样才有助于明确问题，找出解决的方法，缓和消极情感。间接的方法一般包括④：①情感日记法。如果教师或学生是一个性格内向的人，身边又无可倾诉的对象，可以将自身的烦恼写出来，写的过程就是发泄消极情感的过程。②大声呼喊或歌唱。这是排遣心中久积的烦闷、慵怠的消极情感体验的方法。③放

---

① 林崇德等主编：《心理学大辞典》，上海教育出版社，2003年，第1237页。
② 俞国良等著：《现代教师心理健康教育》，教育科学出版社，2008年，第88页。
③ 金马著：《创新智慧论》，中国青年出版社，1991年，第193页。
④ 刘晓明主编：《关注教师的心理成长》，东北师范大学出版社，2006年，第72—74页。

声痛哭。在师生过度悲伤时，痛哭作为一种情感爆发，是一种合理的保护性反应，也是释放体内积聚能量、排除毒素、调整机体平衡的方式。④运动纾解法，如处于暴怒、愤慨等过激情感时，在身体可以承受的范围内，猛干一阵体力活或进行剧烈的体育活动，也有助于释放激动的情感。身体练习把有机体的活动转移到另外的系统上去，可排遣消极情感，使自身恢复正常状态。

4. 情感换位

情感换位是指当师生产生失意、消极的情感时，尝试从对方的角度考虑问题，使过激的情感得以平静的方法。教师在课堂教学中难免会与学生、同事或领导等产生矛盾。人际间的矛盾、冲突会使人伤心或气愤，若不及时消解，会导致过激的言行，使人际关系更加恶化。要消解这种失意的情感，最合理的方式就是情感换位——试着把自己置于对方的情感立场上去思考，就会易于发现和体验对方的感受。各执己见是人与人之间矛盾冲突的原因。教师在教育过程中经常会与学生发生一些本可避免的矛盾与冲突。例如，一个处于青春期的中学生，花一些时间来打扮自己，但教师认为这没有必要，是在浪费时间、干扰学习，便会训斥学生。而学生不仅听不进教师苦口婆心的教诲，反而可能顶撞教师。如果教师能从学生的感受思考这件事，将心比心，就会发现自己在他们那个年龄时也一样，在这样的特定年龄段关注自己的形象是很自然的，这是青少年成长的必经之路。在不影响学生学业和健康发展的前提下，教师的担心和忧虑有时是不必要的。

5. 角色剥离

角色剥离主要是指教师将那些与自身角色和教育工作无关的情感从自身情感整体中剥离出来，将情感划分为"职业情感"与"个人情感"两种类型，使两者不会相互干扰。教师通常将自我投入教学工作，将个人身份与专业角色融为一体。但是，情感与自我之间的密切关系常常使教师在教学工作中时刻面临着情感冲突的威胁，因为对教师而言，来自他人对教育工作的任何指责和批评都意味着对自我的否定。为减低风险，教师需要发展一套"去个人化"的能力①,将投入工作的那部分自我与个人身份相剥离,使自己不会因为教学工作而受到太多消极情感的影响,同时也使教育实践避免"个人情感"的干扰。因此,就其实质,角色剥离的关键在于教师能否把原本投入工作的"自我"逐渐剥离开来,从而分清个人身份与专业角色之间的界限,勿使日常生活中的个人情感影响教学工作。在课堂教学中,在工作情感和生活情感、教师角色和个人情感之间划清界限是教师可以常用的一种方法。当然,划分、剥离个人情感并不是任何教师都能够做到。对于预备教师和刚入职的教师而言,这种界限似乎并不明显。他们会把自身投入教学工作,将自身与学生以及教学工作视为一个整体,实际上,这也是教师发展必经的一个阶段。但正因为在教学工作中投入了自我,教师会将他人对教学工作的评价视为对自身的评价,因此当听到负面评价时,很容易产生消极、失意的情感。对那些难以辨别工作角色与个人身份之间差异的教师来说,课堂教学中的一举一动都会强烈影响自身的情感,自然在情感上显得较为脆弱。对经验丰富的教师而言,年轻教师的这种反应可以算作一种功利性的表现,因为他们真正关心的并非教育工作而是自身。当教师能够将工作角色和个人身份剥离开时,他们在工作中就不会过于顾及个人情感。从而他人对其工作的负面评价不会对教师情感产生激烈影响,个人情感不再轻易干涉工作情感。

6. 身心松弛

身心松弛是利用生理和心理彼此交互影响,使生理和心理两方面同时达到松弛的效果。这个方法的目的在于帮助教师放松精神,使情感处于一个平静、舒适的境界,从而有利于进一步觉察自己的情感状态,决定如何表达自身的情感。该方法大致可分为如下三类②:①由身体至心理的放松。此方法先以身体或生理各部位的松弛作为练习的目标,在达到这一目标的同时,师生

---

① Hochschild, A. *The Managed Heart*: *Commercialization of Human Feeling*. Los Angeles: University of California Press. 1983,132.
② 胡洁莹著:《我要放松:实用身心松弛法》,香港明窗出版社,1993年,第5—7页。

的注意力会更集中,而达到身心放松的效果。具体做法为调节呼吸和放松肌肉,来达到心理松弛。②由心理至身体的放松。当师生的精神处于紧张的状态,便会引发一组相对应的生理反应;反之,如果他们的精神处于松弛的状态,身体也会产生松弛的现象。这种方法是集中精神,思考某种意念或某种美好的场景,从而达到心理的松弛,使身体产生放松的效果。③身心连锁的放松方法。利用教师和学生的意念力,使身体做出松弛的反应,如"意念调节体温法"①,练习时以生理的状态作为目标,不过却是通过心理的意念来达成此目标。

(三)情感转换的方法

师生根据课堂教学和教育情境的要求,常常需要转变自己的情感。情感与认知有着密切的关系,转换情感的方法就是从改变认知这一点切入,具体包括:

1. 理智引导

该方法是指改变已有的情感观念以引起情感的变化,这是理智对情感发挥作用的主要表现。例如进入突发教育事故现场,理智告诉人们要有沉重甚至悲伤的情感。此时,教师和学生必须迅速改变原本无所谓甚至是(由事故前其他人事引起的)喜悦的情感。常用的办法是通过心理暗示,提醒自己与他人一致,也就是改变自己的内部感受,从而引起外部情感表达的变化。人的情感受个人的想法、态度和价值观影响,引起师生产生某种情感的并不是教育人事本身,而是他们对这些人事的想法,因此,教师和学生改变想法就可以改变自身的情感,使情感得到转换。这一方法的基础为情感管理 ABC 理论,该理论不仅阐明了情感与行为困扰的原因,也阐释了解决情感及其行为困扰的方法。其中,A(activating event)代表事件、情境,是指不断变化的环境所引发的事件;B(belief)代表人们对事件的思维、观念,是对于 A 的

---

① 蓝乙琳:《老师您不可不知!教师的"情绪管理"》,载《研习资讯》1997 年第 8 期。

内在表述和判断；C（affective/emotional consequence）代表情感结果，即对A的情感反应[①]。影响人们情感（C）的不是事件（A）本身，而是人们对事件的思维和观念（B）。换言之，不同的思维会引发相应的情感。因此，要改变不合理的思维，就要对其加以质问、反驳，找出其中的错误所在，之后探寻正确的合理的思维，这样就可以使情感得到改变和好转[②]。例如，学生在学校大扫除时不小心打破了橱窗的玻璃，教师可能会大声斥责学生："你为什么这么笨"、"你为什么这么不小心"等。事件（A）的本身是"打破玻璃"，教师对"打破玻璃"这件事产生愤怒的情感（C），但教师如果改变对事件的认识、适度调整对事件的看法（B）（诸如，学生是不小心打破的，学生是在积极参加学校劳动等），便容易改变自己的情感。所以，越是以正面的、乐观的想法面对问题，越容易跳出消极情感的影响。根据情感 ABC 理论，师生的情感问题发端于不合理的认知或认知方式，情感管理的核心就是改变其不合理的认知或认知方式，并代之以合理的认知或认识方式。因此，要改变不合理的认知，就要质问、反驳不合理的想法，找出其中的错误所在，然后建立正确的、合理的认知，从而使心情得以改变，情感状态也会逐渐合意。

【案例 4—2】

设想这样一个情境，当教师下课走进办公室，经过一群同事身旁的时候，她们突然哈哈大笑。如果这位教师心想"她们一定是在笑我"，"我一定是哪里出错了"，"她们真没有教养和礼貌"，那么她的情感体验可能是"自卑、生气或厌恶"。如果心想"她们一定是在谈论什么有趣的事情"，"她们真开朗、真是一群快乐的人"，"她们关系真融洽"，那么这位教师的情感体验就会是"羡慕、愉快或喜欢"。[③]

2. 正确归因

[①] [德]多丽丝·沃尔夫等著，滕奕丹译：《自我情绪控制ABC》，广东教育出版社 2007 年，第 15 页。

[②] 俞国良等著：《现代教师心理健康教育》，教育科学出版社，2008 年，第 86 页。

[③] 资料来源于 http://res.hersp.com/content/1699071。

有关归因的例子，有一个广为人知的"半杯水"故事：两个人同样面对半杯水，一个人欣喜地说："还有一半呢！"另一个人却不满地说："只剩一半了……"在此，同样一个刺激情境产生了一位悲观主义者和一位乐观主义者。面对同一事物，人们看到自己拥有的与看到自己失去的所产生的体验完全不同。如前所述，师生的情感体验并不完全取决于教育人事本身，而取决于如何看待它们。认识教育人事的角度决定了师生能看到什么，也决定了他们看不到什么，从教育人事的多个侧面，变换各种角度思考问题，才会得出更为合理的认识，从而产生较稳定的情感。片面地、目光短浅地看待教育人事，是师生患得患失、悲观失望的根本原因。当教师或学生在课堂教学中遇到挫折和不幸时，正确归因，找到问题的症结所在，改变错误观念，是转变失意、消极情感的关键。事实上，每个人都应对自己的情感负责，所谓"天下本无事，庸人自扰之"。如果能主动调整自己的看法和态度，纠正认识上的偏差，多从积极的方面看问题，便有助于减弱或消除失意、消极的情感。

3. PAC自我写照

1959年，美国医生E. Berne创立了PAC情感调节法[1]。其中，P、A、C分别为"父母"（parents）、"成人"（adult）、"儿童"（child）的英文首字母。师生要达成情感的合理性，要保持这样三个心理："P"是指保持善心。像父母关心子女那样相互体谅、相互关心，有一颗慈善的心；"A"是指保持理智。要具有成人应该具备的成熟心理，遇事冷静，能够理智地、正确地观察现实，适应教学生活；"C"是指保持"童心"。不要强行压抑自己的本能需要，人的一生要有孩子般自然、朴素的情感。尤其是教师，要保持心理健康，拥有良好的情感状态，就应该适当保持儿童般的天真、自然和热情，成人般的理智和父母对子女般的慈善。教师可以根据自己的个性特征运用这个方法，调节自己的心理，改变自己的情感，本着缺什么学什么的原则开展情感修养，不断完善自我。

---

[1] 参见http://www.psyczx.com/old/update/2006/11/5/emotion.htm。

4. 文饰法

文饰又叫"合理化",这是一种援引合理的理由和事实来解释所遭受的挫折,以转变或消除心理困扰的方式。它的表现形式可概括为"找借口"、"酸葡萄效应"、"甜柠檬效应"等。当师生暂时无法达到自己追求的目标,吃不到葡萄就说葡萄是酸的,以冲淡内心的欲望,减少失意、消极的情感。与此同时,又以"甜柠檬心理"来肯定自己的成绩和价值,认为凡是自己所拥有的东西都是最好的,最重要的,以减轻内心"求而未果"的痛苦[①],从而转换情感的性质。

5. 自我解脱

自我解脱实际上是文饰法的一种变化。师生遇事要想得开,心胸开阔。发生了的事毕竟已成为过去,再追悔也无济于事,因此不必总是拘泥于过去,将自己笼罩在过去错误或失败的阴影里。"留得青山在,不怕没柴烧",要面向"下一次",重新开始,充分相信自己光明、美好的未来,在把握当下教学活动的同时,使自己成为一个积极面向未来的人。

总而言之,教师和学生要根据自身的具体情况和课堂教学情境选择通过何种方法来管理自身的情感。这些策略都是在情感管理的过程中逐渐形成的,具有较强的针对性。但在具体的使用过程中,它们往往不是单一的而是结合起来使用的。同时,师生在管理情感过程中,应把握好分寸,避免情感管理的失当。一般而言,师生的情感管理不当主要存有以下几种情况[②]:一是情感失控。例如,教师面对所谓"屡教不改"的学生,面对与自己教育措施"针锋相对"的学生,容易情感失控,造成对自己和学生的伤害。很多"情感暴力"事件其实并不是教师的本意,大多是由于教师情感失控所致。过激的情感或许会吓住学生一时,但对于学生的长远发展和教师今后的教育工作而言,有百害而无一利。学生往往把教师的一时冲动当作是真情流露,无法理解教

[①] 凌宇、凌云:《浅析教师的情绪管理》,载《教书育人》2005年第12期。
[②] 李建芹著:《现代教师心理素质及其培养》,黑龙江人民出版社,2006年,第153—154页。

师某些消极情感的爆发是源于对学生的一种关爱。二是情感控制过度。部分师生在交往过程中，对自己的情感控制过于严厉，造成师生交流中的鸿沟。三是缺乏热情。有的教师和学生对课堂教学缺乏应有的热情，彼此之间厌倦，严重影响了教学活动的正常开展。在师生的情感管理过程中，教师的情感对学生有潜移默化的影响。对教学工作的热情和对学生的热情是相辅相成的，教师只有对教育工作和学生有了足够的热情，多一些对话疏导，才能真正将教育工作有效落实。

　　随着课堂教学改革的不断深化，师生情感管理策略的发展是无止境的。师生情感与教学成效的关系不是机械对应的，适宜的师生情感可因情境需要发挥增力或减力作用。因此，教师和学生要对自身情感进行合理管理，既调节已有情感又培育新的情感，在内容和方法两个方面做文章。

第五章　课堂教学媒体管理策略

　　媒体是传递信息的工具、技术、手段，是信息的载体。自从媒体引入到教学之中后，所赋予的内涵、特征和作用均在发生变化。而伴随科技与时代的发展，教学媒体的形式、特征、手段都在发生着较大的变化，对课堂教学的影响及产生的作用也越来越明显。尤其是随着信息社会的高速发展，教育信息化被视为教育发展的新的突破口，对现代教学媒体的依赖将更加加强，将促进教育理念和教学模式的深刻变革，是促进教育公平、提高教育质量的有效手段，是实现终身教育、构建学习型社会的必由之路。

　　随着教学媒体的日益丰富和完善，课堂教学中的"媒体堆砌"、"电灌"、"媒体滥用"等现象也伴随而生，对教学媒体的科学合理管理的诉求也显得越来越重要。不少课堂由于缺乏教学媒体的支持而存在形式呆板，效率低下，内容单一，评价片面等问题，进而影响课堂教学的实施；但同样也有不少课堂教学，片面追求媒体的使用，为达到形式上的精彩而失去课堂教学的本质。课堂教学讲究形式多样，因材施教，无统一的定式。影响教学过程的变量很多，如不同的学科、不同的教学内容、不同的教学对象、不同的教学组织者、不同的教学模式、不同的课堂价值取向等等，因而没有统一的课堂教学媒体管理策略。本节将课堂教学模式分为六种类型，即情景构造模式、交互式教学模式、合作学习模式、探究式学习模式、远程教学模式、不同学科背景教学模式，并针对每一种教学类型的课堂模式，提出了不同的教学媒体管理方式，同时给出了相应的案例分析。六种模式无法全部涵盖课堂教学的特征，但为课堂教学的实施者提供了使用和管理媒体的思想与方法，进而帮助师生探究更丰富、更有适应性和针对性的教学媒体管理策略。

第一节 课堂教学媒体的内涵及特征

自古以来，教育活动都要借助媒体才能更好地传承文化。最常见的媒体有声音、文字符号等，现代媒体是以计算机为代表的数字化影视网络系统。无论哪种媒体，都具备最原始的特性，即信息的载体。

一、媒体的内涵和类型

媒体是信息的传递者，是信息的储存者。无论哪种媒体，都是围绕信息传输、存储和加工服务的。

（一）什么是媒体

媒体一词来源于拉丁语"Medium"，音译为媒介（指传播信息的媒介），意为两者之间。它是指信息在传递的过程中，从信息源到受信者之间承载并传递信息的载体或工具；也可以指实现信息从信息源传递到受信者的一切技术手段。

媒体是指载有信息的物体。不载有信息的物体不能称之为媒体，例如，一张白纸，一盒空白的磁带，一张空白的光盘，只能称之为书写或录制用的材料。载有信息的纸张、磁带、光盘，才能称之为媒体。白纸印上新闻消息的文字或图片才能成为报纸，磁带录上音乐信息才能成为音乐带，光盘录上影像信息才能成为 VCD，才能成为媒体。

（二）媒体的分类

按介质（信息载体材料）的特性，媒体通常分为硬件和软件两大类。硬件媒体是指读取、记录、播放媒体的硬件设备，如录音机、照相机、录像机、幻灯机、投影仪、电视机、手机和计算机等。软件媒体是指那些能存储和传递信息的载体，如纸张、胶片、磁带和光盘等，如载有文字信息的书本、幻灯片、录音带、录像带、VCD 及计算机软件媒体等。硬件和软件是不可分割

119

的统一体，只有配套使用才能发挥存储与传递信息的功能。

按信息的表现形式，媒体可以分为平面媒体、电波媒体和网络媒体三大类。平面媒体主要包括印刷类、非印刷类、光电类等；电波媒体主要包括广播、电视广告（字幕、标版、影视）等；网络媒体主要包括网络、平面、动画、论坛等。

按媒体的应用范围，媒体可以分为：新闻媒体、娱乐媒体、教学媒体等等。

二、教学媒体的内涵、特征及其影响因素

任何一段语音、一幅图画、一行文字、一段视频都是媒体。但根据其用途的不同，我们将用于某些特定场合的媒体赋予了不同的特性，教学媒体就是其中之一。

（一）什么是教学媒体

教学媒体是指在教和学的活动过程中所用到的媒体，它包括教和学活动过程中获取、加工、处理和利用事物信息过程中所使用的作为存储和传递信息的媒体。因而我们在界定一种媒体是不是"教学媒体"时，应把握两个基本原则：首先存储和传递的信息用于教学的内容体系；其次是存储和传递信息的功能适用于教与学的活动过程。符合上述两个条件，可称之为"教学媒体"。[1]

（二）教学媒体的特征

各类媒体运用了不同的符号记录信息，呈现出的特征和功能各不相同，通过不同的形式刺激接受者的感官，丰富呈现方式，扩大知识视野，加深学习者印象。我们在教学活动中使用多种教学媒体时，应注意每种媒体的教学功能与特点，根据需要，取长补短，综合运用。

1. 丰富的呈现力

---

[1] 涂涛、瞿堃、刘革平主编：《教育技术应用教程》，重庆出版社，2006年。

各类媒体呈现事物的空间、时间、运动、颜色、声音等特征的能力是不同的，表明各类媒体表征事物运动状态与规律的能力是不同的。例如，视频媒体能够以活动的、彩色的图像和同步的声音去呈现事物的运动状态与规律，它能全面呈现事物的空间、时间、运动、颜色与声音特征，因此，它具有极强的信息呈现力。

2. 强大的再现力

媒体的另一重要特性就是对信息的再现能力。现实中的声音信息是稍纵即逝的，难以重现。而声音及视频媒体能通过适当的媒介把信息高保真地记录储存，反复重放。多媒体课件正是利用这一媒体特点，延伸与扩展了人们的视听功能，所传达的信息可以按学习者需求再现。

3. 广泛的传送力

这里的传送能力是指媒体把信息同时传送到接受者的空间范围。现代媒体以数字编码的形式，能够通过有线和无线的方式，将各类信息以数字信号的形式传送到无限广阔的空间；教学活动过程中，所有的幻灯、投影、视频、声音等教学媒体，能通过复制的形式应用于多种教学场合，能够按教学设计的要求，较好地传达各种媒体信息。

4. 便捷的可控性

媒体在教学过程中，始终处于辅助地位，是在适当的场合，以适当的方式呈现适当的内容。因而，教学媒体必须具备可操控性，能方便灵活地将音频、视频、图像、动画等各类媒体整合在一起，在适当的时候为突出重点、突破难点发挥作用。现代教学媒体越来越多地用到了高科技产品，对媒体的再现、重复、细化、强调的要求越来越高，其可控性也体现得越来越突出。

5. 友好的参与性

参与性是指利用媒体开展教学活动时，学习者参与媒体活动的机会与可能性，它可分为行为参与和感情参与。视频、声音，有较强的表现力与感染力，容易引起学生情感上的反应，引起兴趣和注意力，激发学生感情上的参与。尤其是以数字技术为代表的现代媒体，更强调教学内容与学习主体、教学主体的互动和交流,将学习者、教学者在不同背景、不同环境、不同要求中的各类需求充分体现,实现教与学过程的动态化进展,体现了良好的参与性。

(三) 影响教学媒体选择的因素

教学媒体是为达成教学目标服务的,只有在了解影响教学媒体选择的因素后,我们才能更好地把握基本原则,使教学媒体最大限度地服务于教学。根据教学媒体的内涵和特征,结合课堂教学实际,我们认为影响教学媒体选择的因素主要有下列几方面。

1. 学生

教育心理学认为,学生的学习不是对知识的被动接受,而是一个主动选择的过程。在学习的过程中,注意和知觉的选择起着重要的作用。如何更好地做到将学生的注意力和教学媒体有机结合在一起是每个教师在选择教学媒体时应当考虑的。教学媒体是为教学目标服务的,它所参与的教学活动都是为了学习者的学习,而学习者都是依照自己的接受水平和心理特点学习的。很多研究发现,图片和动画效果对低年级学生和高年级学生所产生的效果不一样,使用现代媒体需要更多地考虑学生因素。因此,掌握学生的心理特征对于正确选择教学媒体具有重要意义。

2. 教师

教师是教学媒体重要的执行者。因此,教师在选择教学媒体时,首先应当考虑教学内容的需要,同时结合自身的教学能力、对教学媒体的认知和掌握情况等作出选择。教师必须充分了解教学媒体的特点,才能使课堂教学达到最佳效果,这也对教师的课堂组织能力提出了更高的要求。教师不仅要进行教学,还要将教学内容和教学媒体、学生有机地结合起来。因此,不应该一味选择高科技的教学媒体,传统的黑板、粉笔等在某些场合同样具备优势。如何做好现代教学媒体和传统教学媒体的互补,也是教学组织者需要重点思考的问题。

3. 教学内容

教学的主要任务是按照教学计划让学生在获取知识的同时，在德育、智育、体育、美育等方面得到全面发展。任何形式的教学，教学内容都是核心，媒体是帮助完成教学任务的辅助工具。因此，应该根据不同的教学内容选择合适的媒体。不同的学科、不同的学段，不同的章节，不同的内容，对媒体的依赖程度各不相同，从来没有一种万能的教学媒体，适合不同背景下的教学。因此，应以教学内容为核心，合理选择为核心服务的媒体。

4. 媒体特征

教学媒体是服务于教学目的的，教学媒体的选择也应当考虑媒体自身的特征，教师应掌握每一种媒体的特点，作出适当的选择。传统教学媒体的特点是简单便利，真实呈现事物的本来特征，方便直观，易于教师掌握。而现代教学媒体呈现的方式特征又不一样，主要体现在以虚拟的方式将事物再现和模拟。因此，在选择此类教学媒体时，需要根据不同的媒体自身特征作出选择，现代教学媒体不一定在每个场合都优于传统教学媒体。

5. 媒体效益

如何选择最适合的教学媒体获得最好的教学效果，这是教师在选择教学媒体时应当考虑的问题。媒体的效益体现一个原则：在教学实施过程中，在充分辅助教学目标的实现、教学内容的传承、教学过程的实施、教学评价的实现的情况下，越直观、使用越简单、呈现越方便、成本越低廉的媒体效益就越高。传统教学媒体简单、易行；现代教学媒体需要的人力、财力相对较大。因此，效益因素对教学媒体的选择有较大影响。比如，能用粉笔、黑板和挂图完成的教学任务，就不一定非使用多媒体系统不可，这样既省时又省力，可以获得比较高的效益。

传统教学媒体和现代教学媒体的影响因素侧重点差异见表5-1。[1]

---

[1] 李妍红：《现代教学媒体与传统教学媒体选择原则之异同》，载《中国农业教育》2010年第3期。

表 5-1 传统教学媒体与现代教学媒体影响因素的侧重点

对影响因素的考虑 媒体的类型	学生	教师	教学目标	教学内容	教学条件	媒体特征	媒体效益
传统教学媒体	较少	较少	同等重要	同等重要	较少	相关性较小	较少
现代教学媒体	较多	较多	同等重要	同等重要	较多	相关性较大	较多

通过表 5-1 可以发现，选择传统教学媒体时，对学生、教师、教学条件、媒体特征、媒体效益等因素考虑较少，而选用现代教学媒体时，应对上述因素作充分考虑。

第二节 课堂教学媒体管理策略

在教学活动中，媒体所起的作用已不容置疑。但是，在不同的教学方法、教学模式、教学对象、教学背景、教学目标下，媒体所起的作用是不同的，同一种方法或媒体不能够适用于所有学科、所有学段、所有的教学对象。一般说来，教师是教学媒体使用者的主体，那么不同的教学模式，对不同媒体的使用，侧重不同。

一、情景构造模式下的课堂教学媒体管理策略

任何知识均有背景，没有脱离环境而存在的纯粹的知识和文化。情景是知识呈现最好的烘托形式，是知识生存、发展、延伸和传承的生活与现实基础。

（一）什么是情景构造模式

情景构造模式就是指教师根据教学内容所描绘的情景，通过多媒体运用、实物演示、角色扮演、实验操作等多种手段创设出的形象鲜明的投影画片，生动的文学语言，并借助音效的艺术感染力，再现知识所描绘的情景表象。创设课堂教学情景，使学生如见其人，如闻其声，仿佛置身其间，抽象知识

形象化。

情景构造模式是教师教学进行中的一种情景交融的教学方式，在一定程度上充分发挥课堂教学中学生的积极性、主动性和创造性，改变学生单纯被动接受知识的一种教学方法。把单纯的知识转化为鲜活的情景再现于学生面前，使学生身临其境，还可培养学生情感，启迪思维，发挥想象。它注重直观、形象、生动的知识表现和丰富、深刻、具体的体验，有利于激发学生积极的情感体验和学习主体作用，有利于培养学生主动的学习态度。[①] 把看到的情景和当前的学习状态自然地联系起来，从而帮助学生理解和获取知识或技能，并使学生的心理机能得到发展。情景教学模式是以案例或情景为载体引导学生自主探究学习，以提高学生分析和解决实际问题的能力。

（二）情景构造模式下如何进行教学媒体管理

教学媒体作为现代教学中不可或缺的辅助手段，它的恰当使用决定着情景构造模式的有效性。而教学的过程是动态生成的，在情景教学的课堂中有多种因素可能会直接影响着教学媒体的选用。比如教学内容的需要、学生认知水平的发展、师生情感互动的状态等。总体来说在特定的时间节点，我们可以将教学媒体适时地应用于教学过程。先进的教学媒体必须要合理地使用才能发挥出它的作用。

1. 媒体的内容与教学主题要紧密相关

选用正确的媒体，并使之合理地运用，关系着教学内容情景构造的成败。教学内容是核心，媒体内容应该全力围绕其服务，而不能漫无边际地畅游于无关的知识海洋里。如果出现了此现象，应尽快回归主题。媒体脱离了教学主题的轨道，就会使教学目标发生偏离，不仅浪费了媒体资源，还增加了课堂教学的繁琐性，最终无法达到教学目标，完成教学任务。

要做到媒体内容与教学主题紧密相关，教师应从教材分析入手，紧扣教学目标，选择生活中的实例，从学生能经常接触的事物中进行选择，不创设

---

① 郝怀芳：《语文交互式教学的理论及应用》，山东师范大学2007年硕士学位论文。

形式化的情景，不提倡缺乏情感、虚假问题的情景构造。最主要的是在构造情景时，结合教学主题，引入课堂任务，调动学生的积极性，激发学生求知欲。

要做到媒体与主题紧密相关，教师应该了解各种教学媒体的利弊，取长补短，形成一套对教学媒体行之有效的管理办法。当然，教师还必须对教学主题有深刻的掌握和了解，配合自己熟悉的教学媒体，才可能创设出优质的情景模式。现代教学媒体日新月异，需要教师不断学习新的媒体技术，创设出更加生动的课堂教学情境。教学的主体是学生，所以教师应尽可能从学生的学情考虑，构造学生易理解的情景。

2. 多种媒体联合运用，尽量营造仿真的氛围

多媒体作为信息的载体，有着共同的基础功能。但不同媒体也有其独有的功能，是其他媒体不可取代的。教师在教学情景构造中，为了备课简单省时，多采用单一媒体或者简化使用媒体。各种媒体特点联合运用，充分挖掘其特点功能，在不同的情景中利用不同媒体进行构造，可以让知识的呈现变得更形象生动，学生也能随之进入情景中快乐轻松地学习。

整合各种多媒体资源要注意以下事项：①熟悉掌握常用教学媒体基本操作，了解传统教学媒体与现代教学媒体的区别和利弊，以促进媒体功能互补；②教学媒体分为不同种类，教师可根据自己的个性、教学班情、方便使用等情况加以归类，便于各种媒体的作用得到最大限度的发挥；③与学校引进的先进媒体链接，索取资源，教师之间也可媒体互换，资源共享，丰富自己的多媒体库。

整理好各种多媒体资源是前提，提高情景构造的仿真氛围才是目的。多媒体联合运用，不等同于非得一起使用。对于难以理解的知识概念的情景构造，可适当偏重于交互性较强的媒体。根据不同课偏重选择，共同运用，情景构造才能达到更好的效果。

3. 媒体的运用要恰到好处，不能喧宾夺主

媒体只是传播知识的载体，教师才是教学活动中最为关键的因素。媒体

不具备生命力，只有通过教师的运用才会焕发生机。教学中可以没有多媒体，但不可没有教师，媒体的运用要适当切合课堂，不能过度使用。学生是学习的主体，师生交流比人机交流更加重要，媒体喧宾夺主不可取。有些简单的问题用文字、语言能描述清楚，有些问题利用黑板粉笔能呈现明白，我们就不一定非要用热闹的媒体来展示。否则反而将学生的注意力分散。因此，选用媒体时，恰到好处的投入才会收获较好的效果。

如过度运用多媒体进行教学，课堂会呈现出由"电教"变成"电灌"的局面，导致师生情感交流匮乏，甚至忽略教学主题。教师要将媒体运用到恰好的点和适当的量，把握教材核心内容，建立媒体辅助教学的思想，参照知识情景构造所需的点进行媒体选用。

（三）情景构造模式下的教学媒体管理的案例分析

【案例5—1】小学语文《燕子》教学片断

教师问学生：同学们，你们见过燕子吗？对燕子了解多少呢？你心目中的燕子是什么样子的呢？教师播放事先利用计算机多媒体制作的关于燕子的课件，由于多数小学生从来没有看见过燕子，教师可先通过网络搜索出燕子的图像、视频等，使学生对燕子初步了解，提起后续的学习兴趣。

教师组织学生自展双臂，模仿燕子展翅飞翔的情形。并通过电子白板链接大屏幕，呈现燕子在绿树成荫的春天里飞翔的场景，用电扇替代飞翔时的风，用音频设备播放鸟叫声和大自然的水声，构造出一幅优美的场景，让学生亲身感受燕子的生活环境。

教师通过控制器暂停画面，手触放大画面，突出燕子的尾部，问学生："像个什么？""像一把剪刀"，学生回答。再播放课件，问：燕子喜欢什么季节啊？为什么？学生回答：春天，因为有绿树、花儿、小草。紧接着课件展示描绘春天的词语，引出"二月春风似剪刀"的诗句，拓展学生知识。

燕子飞到了屋檐下筑巢，学生感到好奇有趣。为了突出燕子这一习性，教师暂停课件，马上连接网络，搜索燕子筑巢视频，查找关于燕子筑巢的知识，引申燕子哺育后代的可贵精神，最后得出燕子又称家燕的知识点，然后课件呈现关于描写燕子的词语。

案例分析：媒体交互使用，构造了燕子飞翔情景，引导学生进入燕子的角色，激发新奇感、求知欲，顺着学生的情感，依次再呈现出知识点、生字词，学生学习的效果才最佳。

【案例5-2】高中物理《物体内能的变化》教学片断

教师在课前提问：可乐瓶摇晃后打开，可乐会冒出，瓶盖会弹出，这是为什么？夏天自行车车胎易爆胎，这是为什么？氢气球为什么会上升，上升一定高度后为什么会爆炸？设置问题情境，配上事先做好的多媒体课件。引出物体内能的变化这一主题。

教师展示实验仪器：厚玻璃筒、压缩推进器、易燃物。教师亲手操作实验，推进压缩器、压缩玻璃筒中的空气，使空气内能增加，温度升高，导致易燃物燃烧着火，实验中易燃物着火，给学生呈现印象深刻的场景，此场景引发学生思考。紧接着教师引导出一系列问题：实验的研究对象是什么？空气温度是否真的有升高？如何判断空气有变化？易燃物自燃可直接说明空气内能变化吗？这些问题情境，以课件形式呈现，同时展示此实验的视频，同学观看后，可能会提出疑问：空气内能增加与否怎样看得见？通过怎样的方法判断空气压缩后的确有变化？学生急于解决这些问题，教师顺着其思路发展的过程，运用交互式电子白板组织学生进行网上模拟实验，学生将实验时遗留的困惑问题，反馈到电子白板上，查询资源库，自己得出空气被压缩内能是会增加的结论。

案例分析：运用学生生活中经常碰到的实例，构造问题情境，引出主题，激发学生的求知欲。课件用以呈现板书文字，加上师生一问一答，构造物体内能在生活中产生影响的情景。运用多媒体模拟实验情景，自己动手实验，加强学生对压缩空气使易燃物着火的实验场景理解，多种媒体联合运用，最后由电子白板反馈学生结论，把主动权归还于学生手上，自主探索并得出结论，教师和媒体起到引导的作用，尽显学生为主体的理念。

【案例 5—3】小学语文《乌鸦喝水》教学片断

课件图片展示"乌鸦",教师问同学们知道关于乌鸦的哪些知识,学生回答。然后教师板书——乌鸦喝水。师问:同学们口渴吗?出示课件上半瓶水,说:乌鸦也口渴了,现在找到了这半瓶水,但瓶口太小,无法直接喝到水。如果你是这只小乌鸦,你会怎么想办法喝水呢?

连接电子白板,模拟呈现乌鸦喝水场景,教师叫学生利用画面上提供的材料想办法,帮助乌鸦喝到水,比一比谁想出的办法更好,然后回馈到白板记录器上。老师通过搜集器整理学生的想法,将学生的思维置于乌鸦怎样喝水的情景之中,然后引导学生得出用石子填水的方法。为了加深此场景的印象,在教师黑板上用粉笔写上板书:石子—叼起—水面升高—喝到水,再在网上搜索乌鸦喝水的视频,播放给学生观看。

教师通过白板资源库调动该节课问题:乌鸦此举证明了什么?本文都学习了哪些生字词?呈现于大屏幕上,教师回放乌鸦喝水的视频,瓶子出现时,暂停画面,马上书写板书:瓶。继续开始画面,乌鸦出现,叼石子喝水,暂停画面,提问学生乌鸦是怎样喝到水的,用了哪些动词。教师再在黑板上书写"渴、办、法、终、于"等生字,然后组织学生齐读练习。教师总结乌鸦喝水时的聪明之举,让学生多向乌鸦学习这种爱思考的习惯。

案例分析:教学开始,教师引导学生进入乌鸦的角色场景,帮助乌鸦想办法喝水,通过不同的喝水场景,运用传统教学媒体——黑板,板书生字词,有利于学生观察笔画书写方法。视频呈现真实场景,让学生感受更加深刻,引起学习兴趣,最后教导学生爱思考的精神。

二、交互式教学模式下的媒体管理

现代的课堂教学不再是教师的一言堂,更加注重知识的构建、情感的交流,因而师生互动是现代课堂教学中一个重要的特征。在这种要求下,交互式教学就显得尤为重要。

（一）什么是交互式教学模式

"交互式教学"是指在教学活动中合理地运用多样化的教学方法，在教师与学生之间以及学生与学生之间形成交流互动的合作关系，使学生完成由"乐学"、"好学"到"会学"、"学会"的转变。交互式教学是在宏观教学情景下，在多点自由切入教学平台上教师的教与学生的学围绕某一个问题或课题进行平等交流和自主互动的一种教学方法。①

交互式教学模式的交互性体现在三个方面：①教师与教师之间的交互，②教师与学生之间的交互，③学生与学生之间的交互。

交互式教学模式与传统教学模式相比，有如下显著突出功能：①给予学生更多的自主思维空间，充分体现学生为学习主体的教育理念；②该模式下学生课堂进行小组讨论、分组学习等活动更为容易、有效，交流变得频繁；③该模式下教师更易与学生对话，了解学情，因材施教，利于学生个性发展。

（二）交互式教学模式下如何进行教学媒体管理

交互式课堂教学，主要体现课堂的开放性，需要师生教与学信息的及时反馈，同时也需要学生之间进行交流与合作。应这种特性的教学需要，交互式教学模式下的教学媒体管理有不同的要求。

1. 利用网络技术，提供便于交流的平台

网络技术的发展，已深刻渗透到现代教学之中，网络资源的丰富性也大大促进了交互式教学。教学中出现资源短缺时，可利用计算机网络搜索相关知识，拓展视野。学校在有条件的情况下可建立网络交流平台，利用先进的网络媒体和传统式教学媒体综合作用于学生的整个教学系统中，借助课堂以外的资源加以强化，学生的综合素质才能保障质的提高。

网络交流平台最主要是起到本区域与外界教学资源交流沟通的作用，网络媒体的选用关系着交流的广度和深度。利用网络讨论和交流平台（如博客、

---

① 毛霞、陈健：《以学生为主体交互式学习方法的初探》，载《经济师》2003年第8期。

论坛、QQ、MSN等），加强平台讨论功能。学生在网络上如需进行知识讨论、问题探讨时，可通过文字、语音或视频进行沟通，实时交流，还可留言课后解决。

学生单独进行网络查询学习时，需要一对一的辅导教学，学校需建立CAI软件以及相应的软件资料库，存放于网上，供学生下载，以帮助其自由学习，自主学习。

2. 在线交互的媒体运用策略

在线交互是指学习者之间的一种即时教学方式，主要体现在即时性上。在线交互的教学模式，依赖于畅通的网络平台，一般有数据网络、视频网络或语音网络等。在线交流可以是文字交流，不一定非得有音频或视频。在线交流的形式可以是一对一的模式，也可以一对多。

在线交互教学强调现场实时交互性，学生在学习中遇到的问题，可立即通过交流互动平台获得解决，保障交互的有效性，需媒体的合理运用与正确的管理，不同的交互对象也有不同的管理方法。在线交互可以在学习团体内部，也可与外区域的学习者或教师进行交互。

教学组织者也可选用与其他区域的教学课堂班级连线进行交流，形成友好互动学习模式，与其他互动班级课堂的师生一起进行探讨式的讨论学习。用电子白板交流教学信息，分组讨论则可选用电子公告系统；图像展示或者肢体互动，就选用云台功能摄像机，多角度拍摄，真正实现多媒体运用于课堂在线互动，师生交互、生生交互、教师之间交互的教学情景。

也可通过预约，建立网络与校外专家连线，构建与专家之间的交流平台，进行在线教学或者在线答疑等活动。教学组织者可运用摄像机、电子白板、录音机等记录设备，储存记录下专家的教学内容，课后学生可拷贝自学。如时间有限，学生可选择邮件留言、下载CAI软件进行课后自学等。

教学过程中设计引申、拓展的环节，在教师资源不足的情况下，可建立网络资源连线，搜索相关的课内知识及课外知识，还可与其他远程课堂现场互通，参照学习，加强学生与网络的互动，为课堂教学的交互带来便捷。

3. 离线交互的媒体运用策略

和在线交互相比较，离线交互不需要即时性，不要求现场互动和对相应的诉求进行即时的反馈。

离线交互的形式有上交作业本和批改作业、电子邮件提问和解答问题、语音信箱留言、课件下载、本地资源共享等。

除了记录课堂教学外，教学者可以搭建网络离线交流平台，学生随时随地通过回帖等方式与他人一起探讨课堂疑难问题。将计算机与电子白板连接，储存交互信息，下次在线教学时再总结呈现。还可通过交互式电子白板的资源库提取课后作业，学生在离线情况下通过网络查询、平台探讨等方式得出答案。教育者可适当放置相关内容模块，以视频、音频、文档等形式，供学生作业时参考，避免学生网上盲目搜索等现象。

学生还可以通过留存专家邮箱，提出问题并投递邮件，也可以将自我课堂上的总结心得，发给专家进行评价、回复，专家认为好的经验信息，可随时通过平台系统发布于网上，形成离线师生互动和生生互动。专家认为有特殊需要的，则可通过个人邮件的方式对单个学生进行答疑。

（三）交互式教学模式下如何进行教学媒体管理案例分析

【案例5—4】高一物理《滑动摩擦力》教学片断

课堂上，教师通过多媒体展示生活中各种滑动摩擦画面，创设小孩滑冰、货车通行，传送带等情景，引出滑动摩擦力概念。学生通过上网自主搜索相关知识，大致了解滑动摩擦力。而后教师提问学生：影响滑动摩擦力大小的因素有哪些？然后选用不同木板，不同重量的小车进行滑块滑动实验，并总结实验细节、记录方法。学生分组合作进行，实验时可进行录像，得出数据记录在交互式电子白板上的表格中。

实验完毕，教师不急于总结结论，可先建立在线连接，与异地同步教学团队搭建教学沟通平台，运用交互式电子白板的局域连接功能，探讨各小组实验得出的结论，记录探讨的结果，分享课外资源。教师接着提问：滑动摩擦力大小的影响因素有正压力、接触面粗糙程度、接触面积这三种当中的哪两种？学生通过网络投票进行统计，以白板统计记录器投票柱的方式呈现，教师总结投票结果，得出正压力、接触面粗糙程度投票比例最多。最终才得出结论：影响滑动摩擦大小的因素是正压力、接触面粗糙程度。

案例分析：在教学过程中，教师始终起到引导、指导的作用，充分体现交互式教学模式下以学生为主体的教学理念。先引出问题，然后学生通过网络自学，建立局域沟通平台，分享课外资源，琢磨自己的实验结论。教学中不盲目地追求结果，充分运用现代教学媒体进行师生、生生交互性学习，学生的个性得到充分发挥。最后以大家的学习投票结果作为结论引出，更是对学生自主学习的肯定，学生也会更加自信。

【案例5—5】小学科学《寻访小动物》教学片断

课堂开始，教师通过制作的课件展示各种小动物的动画、图片，创造小动物游戏花丛的情景。提问学生：你们都认识这些小动物吗？然后分小组，组织学生走出教室，在附近的花台、草丛中搜寻小动物，十分钟后回到教室，将看到的小动物的名称汇总，各小组综合的答案呈现在大屏幕上。

教师通过电子白板板书各种常见的小动物的名称，教学生跟着老师一起在纸上规范书写。为了了解各种小动物的习性，运用CAI多媒体技术，以计算机为载体，通过人际交互，把小动物按照种类分组，通过媒体可自主讨论学习，上网搜索，将问题总结记录、反馈、判断、评价、补充等。再使用计算机进行仿真模拟，实现真实情境模仿再现，让学生充分感受小动物生活的世界，达到爱护小动物，爱护周围环境的目的。

案例分析：生动的图片导入，激发兴趣，组织户外活动，现代媒体交互使用，生生互动非常明显，充分体现交互式教学模式下以学生为主体的思想理念。

三、合作学习模式下的课堂教学媒体管理策略

第八次基础教育课程改革中的一个亮点就是提倡合作学习。在现代课堂教学中，学习不再是某个学生独自的追求。尤其是面临综合性的学习任务时，

合作学习显得更加有必要。

（一）什么是合作学习模式

合作学习（cooperative learning）是 20 世纪 70 年代中期至 80 年代中期由美国著名教育家 David Koonts 首先倡导并实施的，它实际上是一种教学理论与策略体系，以教学中的人际合作与互动为基本特征，是取得实质性进展的一种富有创意和实效的教学理论与策略。很快引起了世界各国的关注，并成为当代主流教学理论与策略之一，被人们誉为"近十几年来最重要和最成功的教学改革"。自 20 世纪 80 年代末、90 年代初开始，我国也出现了合作学习的研究与实验，并取得了较好的效果。《国务院关于基础教育改革与发展的决定》中专门提及合作学习，指出："鼓励合作学习，促进学生之间的相互交流、共同发展，促进师生教学相长。"

（二）合作学习模式下的教学媒体管理

合作学习体现了团队协作的学习形式和项目式学习的管理思想。这种学习方式要求教学媒体能充分整合学习单元的智能资源和学习对象的知识资源，为协作学习搭建起沟通和交流平台。

1. 提供丰富的资源供学生查询

要使得合作学习有效进行，提供给学生的合作学习内容必须得有一定的可探索性、可合作性。对于太过简单，一目了然的内容，学生不会产生兴趣，也无合作的必要。所以，合作学习选取的内容要么具有挑战性，要集大家的智慧才能解决；要么资源繁多，要很多同学分工合作才能快速完成。这里的资源不仅包括仪器，设备等物质形态的资源，也包括思想，观念，信息等意识形态的资源。有关团体决策的研究表明，信息与知识的共享程度会显著地影响到群体信息的加工深度与群体的决策转移。[1] 因此，就课堂教学而言，要想发挥合作学习应有的效果，就必须在资源共享的前提下进行，就必须给学

---

[1] 王重鸣、严进：《团体问题解决的知识结构转换研究》，载《心理科学》2001 年第 1 期。

生提供具有丰富资源的网络平台，学校的图书馆、电子阅览室、数据库等都能实现这样的功能。

2. 创设合作学习环境

新内容的引入往往决定了学生对这部分内容是否有兴趣，传统的课堂上老师都是对生活中的场景进行口头描述。对于常见的一些场景学生很容易想到，一旦教师设置的情境不常见，学生又难以想象，那么对于后面的教学势必产生影响。可以通过数字媒体技术和设备创设出很多学生们平时不常见的场景，让学生亲眼看到，比如卫星绕地球运转的场景，这无疑会提升同学们对即将学习内容的兴趣，为合作教学奠定基础。

3. 便于学生展示阶段性成果和最终成果

成果展示可分为对内展示和对外展示两种。对内展示是指向本小组或本班级展示等形式，如：制作展、墙报展、调查报告展等。对外展示是指向家长、全校、社会展示等形式。在对家长展示的过程中，教师应鼓励学生把自己的感受、发现、成果呈现出来，小组成员可以录制合作学习的整个过程和结果，与其他人分享快乐体验，交流心得，同时争取社会各界的关心与帮助。

展示的形式可以分为静态的和动态的。静态的展示如调查报告、宣传画等，可以充分发挥墙壁和橱窗的作用，如：把合作探讨得到的结果张贴出来，把倡导的内容在宣传板上贴出来。有的成果展示是动态的，例如：通过校园广播电台进行演讲，通过网站随时跟踪报道研究和学习的阶段性成果等。

(三) 合作学习模式下的教学媒体管理的案例分析

【案例 5-6】

讲解李白的《宣州谢朓楼饯别校书叔云》，可以采用合作学习的模式。按照学生的学习基础，性格特点等因素，将各种不同特质的学生分到同一个小组，每组4~6人。推选小组长，由小组长给每个成员分配任务，一人负责搜集李白的生平事迹，一人负责搜集作者写诗的背景，一人负责查找诗中典故的出处和含义，还可以让小组成员搜索诗中名句适用的场合，翻译全文，寻找描绘诗中意境的图画等。之后同组同学拿出各自搜集到的资料交流学习。

然后每组派一位同学将本组对诗的理解讲出来，会书法的同学还可以将名句或者整首诗写下来，张贴出去，作为本次合作学习的一项成果。教师将学生探讨和分享的过程录制下来，作为班级资料。

案例分析：本次合作学习将有效性的几个方面都体现到了，任务分配到了每个成员，并且对搜集到的资源进行了共享，交流之后也就明白了重难点所在，对学习本诗大有帮助。成果展示和学习过程的录制能让学生更积极地参加到活动中来。

【案例5—7】

在学完《家乡的水资源》这节课后，一位教师组织开展了一次主题为《走进小清河》的综合实践活动。在教师的指导下，学生分组设计了活动方案。第一小组的活动主题是"了解周围水污染状况"，第二小组的活动主题是"了解人们浪费水资源的情况"，第三、第四小组的活动主题均为进行宣传，唤起人们爱护水资源、节约用水的意识。第三阶段的成果汇报，教师引导学生运用信息技术手段收集素材，整理材料。第一、第二小组经常在户外采访、调查，于是他们主动向学校的电教老师和父母请教，初步学会了照相机、摄像机、收录机的使用方法，活动资料中有水污染情况的画面，有对自来水厂调查、访问的画面，有附近河水的画面。学生收集了这些资料后，取其精华进行后期制作。他们体验了当小记者、小主持人、小编辑的快乐。同时，第三小组同学手握鼠标，在电教教师的指导下，设计了一些节水广告：一条小鱼正在伤心哭泣，似乎在乞求人类不要排放污水，乱倒垃圾，还给鱼儿一个美丽而安全的家。第四小组上网搜集资料，了解地球所拥有的淡水资源以及人类对水资源的污染情况，制作成了一张张图文并茂的手抄报。

案例分析：在成果展示阶段，多媒体收集到的资料起到了以事实说话的作用，这些画面的特写、定格、慢动作回放，加上学生在一旁的讲解，确实很具有说服力。尤其是学生用电脑绘制的公益广告，让人耳目一新。媒体与学生直接对话，近距离交流、合作。形式多样的成果展示，让参加的学生和参观作品的学生心灵受到震撼。

四、探究式学习模式下的课堂教学媒体管理策略

常规的学习模式是将已知的通过检验的知识与技能通过多种方式传授给教育对象。但探究式学习模式是对未知领域的探索和研究，同时学习过程和结果也是动态变化的。这种特殊的学习模式更需要丰富的课程以外的资源作支撑。

（一）什么是探究式学习模式

探究式学习也称研究性学习，是指学生从学科领域或现实生活中选择和确立主题，在教学中创设类似学术研究情境的一种学习方式。学生通过独立自主地发现问题，提出解决方案，并通过实验、调查、收集与处理信息等探索活动，获得知识，培养能力，发展情感与态度，特别是培育探索精神与创新能力。它倡导学生的主动参与。探究式学习是一种积极的学习过程，主要指的是学生自己探索问题的学习方式。

（二）探究式学习模式下如何进行教学媒体管理

探究式教学面临的学习对象是未知的，重在研究方法和研究过程的取向，也是一种体验式教和学的方式。这种模式下，学生从兴趣入手，在已掌握的知识体系的基础上，展开对未知领域的探索。

1. 激发学生探索的兴趣

德国教育家第斯多惠说：教学的艺术，不在于本领的传授，而在于激励、唤醒、鼓舞学生的兴趣，创设能激发学生兴趣，启发思维的教学情境，能够使学生的认知和动力系统处于兴奋状态，使学生的认知活动和意向性活动都全身心地参与。引起学生探究兴趣的可以是生活中流传的超乎想象的事情，可以是老师精心设计的一个有趣的场景，也可以是我们平时根本没在意的一个物件，教学媒体给了老师一个展示这些事物的平台。例如高中物理课讲解平抛运动时，可以设置一个情境：一位与猴子在同一水平面的猎人用麻醉枪水平发射子弹射击在树上的猴子，正当他开枪的时候，猴子也开始向树下匀速滑下，问猎人和猴子之间满足什么样的条件才能击中猴子？利用这一生动有趣的教学情境，启迪学生思考，激发学生兴趣，同时也得到了平抛运动的规律。①

2. 提供探究事物的背景知识

当确定好了一个探究课题之后，师生需要的是一个能够了解所探究内容多方面信息的媒体。能够起到这个作用的媒体有很多，最传统的就是书籍，上面记录的信息详细、准确，但是查询稍显费事。现在还可以用到互联网，但是网络上有些信息的准确性不能保证。有条件的学校可以建设自己的数字化图书室，购买维普、万方等数据库资源，给探究性学习提供丰富、准确的背景资料。

3. 便于探究的过程中与外界进行交互学习

在探究的过程中会遇到很多的困难，同时也会有一些阶段性的成果。对于遇到的困难，需要及时和指导老师，或者行业的专家取得联系，通过交流，以获取解决问题的方法。取得的阶段性成果也需要及时公布出去，以得到指导老师和其他同学的检验与评价。因此，在探究的过程中需要能够及时传递信息的媒体。在课堂内的探究学习传递信息最多的可能就是语言了。而对于一些课外的探究性活动，用到现代媒体的就比较多，包括照相机、手机、微博、论坛、网站等。

4. 提供成果及问题展示的平台

一个经过探究的课题，可能会得到很明确的结果，也有可能得到的只是一些不明确的数据，甚至得到的结论与预期恰恰相反。但是，整个研究付出的努力都应该得到认同，对于已经得到明确结论的课题，应该将其结论公布，以便大家验证。没有得到具体结论的应该将搜集到的数据，阶段性成果以及遇到的问题公布，以期得到更多人的帮助。因此，提供一个展示的平台是很有必要的，学校应该在校园网里面设置课题探究专栏，以供教师和学生公布

---

① 桂荣，陈义成，程正则：《利用多媒体教学激发学生学习物理的兴趣》，载《高等函授学报》（自然科学版）2005 年第 1 期。

探究成果以及遇到的问题，可供日后查阅，便于提升学校师生的科学素养。

(三) 探究式学习模式下的教学媒体管理的案例分析

【案例 5—8】

有位教师设计了这样一个探究课题，课堂上播放了 2004 年美国推出的大片——《后天》，影片一开始，一连串的灾难：冰雹、洪水、冰川、地震、海啸、火山喷发……使学生目瞪口呆。像足球那么大的冰雹在东京上空降落；巨型的龙卷风横扫洛杉矶；高涨的海水涌进了纽约；连大货轮都飘进了大街；人们无处可逃，遍地是冻僵了的尸体……全球面临一万年前冰河世纪的危机。正当学生被这些场景震撼住的时候，老师顺利地引入了研究的课题：××城市近年气象要素的研究。由学生自由分组并推选一名小组长。给出的参考方向包括：旅游与天气，农作物的引种与天气，宠物饲养与天气，花卉的种植与天气等。由组长确定每位成员所需负责的任务，搜集相关的数据信息填入自制的表格，并且完善网页和演示文稿用以展示研究成果，插入了能够反映研究成果的数据表格和图表。同时，推选解说人通过校园电视台演讲研究成果，并通过多种媒体倡议大家节约资源，爱护环境。

案例分析：教师通过影片让学生切身感受到了气象灾害对人类造成的危害，让学生自己感觉身兼"拯救地球"的使命，于是学生很积极地参加到探究活动中来。活动过程还让学生从多个与生活相关的层面探究气象的变化，让他们感受到自己的研究是很有意义的。展示成果的过程其实也就是宣传的过程，通过调查得到的可信的数据用以说服人们爱护环境。

【案例 5—9】

教师用多媒体向同学们展示一段视频：一位教师将铜片、锌片由导线连接在一个去掉电池的生日贺卡上，另一端插入到水果中，结果神奇的一幕出现了，生日贺卡上的蜂鸣器响了。正当学生兴趣盎然的时候，教师开始提问：我们也来试一下怎么样？同学们都很激动地等待开始。教师将 6 人分成一组，每组准备生日贺卡一张，导线若干，铜片、锌片各 4 个，柠檬、西红柿、李子、葡萄等多种水果，由同学们来探究是否所有水果都能使蜂鸣器发声，哪些水果能使得声音更大,串联起来是否可以使声音更大,不同水果串联起来可以发声吗?学生带着这一系列的问题进行探究。最后得出自己的结论,并且探讨原因。当然这是一个比较新奇的发现,学生可以将探究过程的图片或者录像保存起来,回家给父母看,也可以在家重新做一遍该实验。教师将每个组得出的结论进行展示,然后班上所有的同学来寻找他们得出的结论哪些是一样的,哪些是矛盾的。矛盾的可以重新做一遍,找出出现矛盾的原因。

案例分析:本案例的新奇之处在于将生活中天天见到的东西加入到探究阵营中,还可以发生这么不可思议的事情,极大地提高了学生的兴趣。但是对于发声大小的判断都是学生主观的看法,得出的结论也容易千差万别,老师对于公布的结果不用去纠正,只需讲明原理即可,留给学生自己去思考。

五、不同学科背景下的课堂教学媒体管理策略

任何教学活动中,媒体的角色只能是辅助性的,学生和教师才是活动的主体。但不同的学科,由于学科背景不同,特性也各异,因此教学媒体的运用方式也有明显的区别。

(一)什么是学科

学科是学术的分类。指一定科学领域或一门科学的分支。如自然科学中的化学、生物学、物理学;社会科学中的法学、社会学等。学科是与知识相联系的一个学术概念,是自然科学、社会科学两大知识系统(也有自然、社会、人文之三分说)内的知识子系统的集合概念,学科是分化的科学领域,是自然科学、社会科学概念的下位概念。这里讲到的学科主要是指我国基础教育阶段的各学科,研究的是针对中学不同学科的特点如何进行媒体教学。

中学的各科各具特点,因此,对于教学过程中教学媒体的使用不可一概而论,应该结合它们各自的特点。例如:语文学科应该注意人文素质的培养,数学要注重逻辑思维的训练,物理要联系生活中的现象并注重实践,历史则要掌握相关的背景知识等。

(二) 不同学科背景下如何进行教学媒体管理

不同的学科背景,反映出的是知识的内涵和特性上的不同,因此对媒体的应用情况也有差异,但不管什么学科,媒体的作用是辅助知识和文化得到最好的呈现和传承。

1. 善于还原课文情景

文科教学追求的不是严密的逻辑推理,很多时候只是感性的认识。提供丰富的感性材料对文科教学相当有益。在语文学习中,很多事物离学生的现实生活太遥远,要让学生体会到其中的意境和情感,非常困难。但若用上一幅展现情景的图片,一段恰到好处的音乐,或是一组恰如其分的镜头,往往能唤起学生的共鸣,引起他们的思想认同。做课件的时候教师要注意到多方面的感官刺激,以激发学生学习兴趣,加深记忆。对于一些较难理解的文言文、名家作品,教师应该将声音和图形都融入进来,而对于文学性比较强的内容,就应该运用简单的文字或框架来引导学生自己建构知识。因此,语文教学中可以将各种媒体充分融合起来,比如可以上网搜索课文相关的资料,或者用相机、DV 采集。然后用投影仪、音响等展示出来。

2. 便于推理性知识的呈现

很多的学科运用现代媒体教学可以使得整个过程变得轻松和高效。我们必须得承认现代教学媒体的优势,但是有时候传统教学媒体才是主角。在证明数学定理的时候,现代教学媒体可以很快地将整个推理过程展现出来,但是呈现的细节和推理的过程却稍显不足。这个时候用黑板板书和老师的讲述效果比较好,学生只有跟着老师的分析一步一步地向前推进,他们对问题的认识才会更清楚,才能加深印象。当然,像数学一类需要推理的学科,现代教学媒体也可以发挥它的作用。例如交互式电子白板在数学教学中就是解决立体几何问题的能手。

3. 便于实践性学科教学的实施

物理教学中的实验是相当重要的部分,对于教师来说,也是比较难讲的内容。学生实验可以到实验室做,加深学生的印象。但是对于很多的演示实验,太宏观或太微观了,是不能在教室进行演示的,甚至由于条件限制,一般的中学无法进行此类实验,这个时候就需要借助现代教学媒体,通过虚拟实验的方式,或者通过实验视频的方式,让学生具备感观上的印象和认识;也可装备演示用的数据采集器和传感器,这就能够解决记录数据既费时又不方便展示的问题。对于学生实验,学校应该建设数字化实验室。例如将气垫导轨和传感器、电脑等联合起来,对于完成牛顿第三定律等实验就很有帮助。

4. 便于师生互动

课堂中教师起到了主导作用,但是也不能忽视学生的主体地位。除了教师的讲解,学生的参与也是必不可少的。特别是英语教学,学生英语能力的提升不只是在于阅读,还要注重听和说。现代教学媒体要一改学生哑巴英语的恶习,多发动学生参与到课堂活动中来。传统的收音机只调动了学生的听觉,但是现在的多媒体可以让学生在听的时候看到文字,为学生学习英语和纠正发音起到了很好的作用。要让学生快乐地学习英语,就应该把枯燥的学习变得轻松,用多媒体可以创设很多互动的游戏情境,让学生在互动游戏中学到知识。

5. 便于提供多方面背景材料

学习知识的同时,对该类知识背景的掌握至关重要。一起事件、一种现象、一种观点、一项决议,都是在一定的文化、历史、地理、政治等背景之下产生的。在进行教学时,提供丰富的学科背景知识,让学生主动、自主地学习,就显得尤为重要了。

在政治、历史和部分语文课程教学中,由于篇幅有限,需要学生掌握大量的背景素材,而且此项工作需要在课前完成。此类学科就有必要制作自主学习网站,老师收集相关的文字、图像、音频、视频类资料,做成自主学习网站,让学生从不同的角度、不同的观点进行探索和学习。制作自主学习网站的好处是:集中了学生收集资料的范围,以突出重点和主题,同时一定程度上避免互联网上的垃圾和负面信息。

（三）不同学科背景下的教学媒体管理的案例分析

【案例 5－10】

在教小学语文四年级下册《鸟的天堂》一文时，可以制作一个动画：宽阔清澈的河流，充满生机的大榕树，活泼可爱的小鸟。通过动画让学生观察作者第一次和第二次经过"鸟的天堂"时看到的景象。大榕树的奇特、美丽让学生赞叹，大榕树上众鸟纷飞的壮观景象更让学生惊呼，他们不由自主和作者发出了同样的赞叹：的确是"鸟的天堂"!

案例分析：这样，学生情绪振奋，思维随情境而向四方发散，联想和想象自由而不受束缚，或者曲径通幽，或者触类旁通，或者纵横捭阖，智慧的火花不断引燃，自觉地投入到积极主动的学习中，课堂气氛变得异常活跃，取得了良好的教学效果。

【案例 5－11】

物理教学中探究小灯泡的伏安特性曲线实验，如果用传统的教学方法应该是连好线路之后改变滑动变阻器的阻值，记录下电流电压，再将得到的所有数据在坐标轴上进行描点、连线。如果用数据采集器和传感器来做的话只用改变滑动变阻器阻值，电脑自动记录数据描点和连线，大大节约了实验的时间，再加上投影仪将整个图形投影到屏幕上，使得学生看得更清楚，方便讲解。

案例分析：运用现代教学媒体去做实验不但减少了实验的时间，也使得实验的过程和结果更清晰。

【案例 5－12】

深港版教材小学英语第五册 Unit 6 "Fashion show" 这一节课只有几个关于衣物的生词。若按传统教法去教，教师备课只需五分钟，上课也只需十五分钟的时间即能让学生明白课文内容，并把它从头到尾背下来。但那样学生只要一上英语课，就会把它跟死记硬背、枯燥乏味等字眼联系起来。如果教师改变传统教学方法，让他们像模特一样亲自体验一下在 T 台上的感觉呢？上课时，教师把欢快的音乐播放出来，让学生酝酿如何做一名出色的模特。

这样，学生参与活动的愿望被激发出来了。此时，师生的角色可以互换一下，让学生做主角，教师在一旁做评委。

案例分析：由于是比赛，学生都全身心地投入。此时，他们的思维最活跃，想象力最丰富，记忆力最佳，在他们表演的时候，竟可以脱口说出教师并没有要求他们背诵的内容。教师时而从旁指导，时而给予学生鼓励，随时了解学生掌握的程度。整个课堂的气氛轻松愉快，师生之间的关系自然和谐。一节课，教师与学生互为教学活动主角，互相交流信息和情感。最终提高了学生自如运用英语的能力。

第六章　课堂教学时间管理策略

教学时间是一种重要的教育资源，能否有效利用将直接影响课堂教学的效率和效益的提高。在实际课堂中，由于种种原因，教学时间往往出现管理不当现象，不能被合理、有效地利用。课程教学时间管理到底指什么？有哪些特征？应该遵循什么样的原则？课堂教学时间管理主要是管什么？涉及哪些内容？应该采取哪些行之有效的策略？这些都是探讨课堂时间管理需要思考的问题。

第一节　课堂教学时间管理概述

时间与我们的生活、生命息息相关，任何人都在时间的长河中生长、流逝。课堂教学时间是师生在课堂的双边活动过程中所经历的从开始到结束的一段时间，作为起主导作用的教师，需要对其进行合理的规划和管理。

一、时间管理

时间是一种珍贵且特殊的资源，是一切活动得以进行的前提条件。人人都是时间的消费者，并将在时间之流中得以流传。中国古人对时间的认识，根源于对大自然（尤其是植物）随时间的孕育、生长、繁盛和消亡这一现象的观察和体悟，这一认识随着农耕时代的到来进一步加深和巩固。《说文解字》中"时"的解释便是:"在和煦的阳光下,生命的种子绽出新芽"。① 这正体现了古人对时间本质的认识,时间就是孕育和催生万物的基本力量。在西方,亚里士多德(Aristotle)认为,"时间就是运动"。爱因斯坦(A. Einstein)把一个可变的时间概念引入到物理学中,认为"时间是相对的"。席勒(J. C. F. Schiller)曾经这样说:"时间的步伐有三种:未来姗姗来迟,现在像箭一般飞逝,过去永远静立不动。所以时间分为三种,第一个是未来的时间,第二个是现在的时间,第三个是过去的时间。"② 史蒂芬·霍金(S. W. Hawking)在《时间简史》中这样论述:"在广义相对论中,空间和时间变成为动力:当物体运动,或者力作用时,它影响了空间和时间的曲率;反过来,时空的结构影响了物体运动和力作用的方式。空间和时间不仅去影响、而且被发生在宇宙中的每一件事影响。正如人们没有时间和空间的概念不能谈论宇宙的事件一样,同样地,在广义相对论中,在宇宙界限之外讲空间和时间也是没有意义的"。③ 辩证唯物主义认为,时间是运动着的物质在其中存在的形式,与空间密不可分,是不依赖于人们的意识而客观存在的。

时间具有四个显著的特征:其一,不变性。时间是一个常数,是固定不变的,同时也是公正的,对任何人来说每日均为24小时。其二,不可计量性。时间是无价的,时间的无价并不是因为它不值得定价,而是因为它太珍贵,无法用有价的东西来衡量。人们对时间几乎毫无感觉,既看不到、又摸不着,但它又实实在在地存在着,因此,它最容易被人忽略,甚至被人浪费。其三,不可替代性。对其他资源而言,当某种资源缺少时,可以用另一种资源去替代,而时间资源则不能,无法用另一种物品来代替。其四,不可储存性。资金、物料、能源、人工这些成本都可以采用相应的方式进行储备,而

---

① 刘泽民:《从汉语看汉民族的传统时间观》,载《兰州大学学报(社会科学版)》1996年第1期。
② 转引自贾玉婷:《时间与管理》,载《湖北成人教育学院学报》2006年第5期。
③ [英]史蒂芬·霍金著,许明贤、吴忠超译:《时间简史》,湖南科学技术出版社,2006年,第6页。

时间不能,世界上不存在任何一种可以用来储备或留住时间的工具和设施。

从管理学的角度来看,虽然时间是一个常数,既不能延长,也不能储藏,一去不复返,但是从时间耗用的价值而言,它却是个变数,如果支配不当,安排不好,时间就会白白浪费,精力就会无谓消耗。因此,要对时间进行有效管理。关于时间管理的概念,有多种解释。比如:

J. W. 李认为:时间管理就是对时间的控制,或者说使你的成就和感情、工作和闲暇的追求之间的关系获得平衡,使得生活充满乐趣。[1]

《心理学大辞典》解释为:"个体为有效利用时间资源进行计划和控制活动。也即要在同样的时间消耗下,为提高时间的利用率和有效性而进行的一系列工作。其目标是要使人们从被动地、自然地使用时间转到系统地、集中地、有目的、有计划地主动分配使用时间,从而进行高效的、富有创造性的劳动。"[2]

朱帅认为:时间管理是指以效率、效果、效能为目的,在工作、生活中有目的地利用时间管理规则和技巧,合理有效地利用可以支配的时间,通过计划保证各项事务完成的一系列管理活动。[3]

杨杰认为:时间管理是对时间的运筹与控制,它具有让每一秒、每一分、每一小时、每一天都发挥其最大效益和效能的能力。[4]

李来宏认为:时间管理就是指在同样的时间消耗下,为提高时间的利用率和有效性而进行的一系列控制工作。或者说,时间管理就是克服时间浪费,为时间的消耗而设计的一种系统程序,并选择一切可以利用的科学方法及手段,以使结果向预期目标尽量靠拢。[5]

---

[1] [美]J. W. 李著,夏忠华译:《时间管理的艺术》,世界图书出版公司,1989年,第2页。

[2] 林崇德、杨治良、黄希庭主编:《心理学大辞典》,上海教育出版社,2004年,第1124页。

[3] 朱帅编著:《如何进行时间管理》,北京大学出版社,2004年,第6页。

[4] 杨杰编著:《时间管理》,中国纺织出版社,2003年,第9页。

[5] 李来宏著:《时间管理知识全集》,金城出版社,2007年,第4页。

从以上定义中可以看出，所谓时间管理，就是指运用一定的工作技巧，合理地计划和利用时间，从而高效地完成各项工作任务。

把时间作为一种资源，把时间管理看作一种技术和方法，对时间的管理和对其他的人、财、物的管理，一样重要。从表面上看时间不能存，不能留，不能零存整付，好像只能被安排，但实际上只要能够找出时间管理的一些原则和方法，是能够控制和驾驭时间的。时间管理的实质就是如何面对时间的流动而进行自我管理，其所持的态度是将过去作为现在改善的参考，把未来作为现在努力的方向，而好好地把握现在，立刻去用正确的方法做正确的事。

时间管理一定要采取主动的态度而不是被动的态度，因为等发现时间紧迫再去做时间管理为时已晚。无论是组织的管理者还是个人，当他能够给组织或自己制定一个长期的计划，然后按部就班去逐步实现，让一切目标都属于可控范围之内，便是主动的时间管理。

二、课堂教学时间管理的内涵与特征

相比于管理学界所提倡的时间管理，课堂教学时间管理由于是发生在课堂这个特定的时空中，与通常意义上所说的个人时间管理和企业时间管理有很大的不同，具有自身的特点。

（一）课堂教学时间管理的内涵

时间对于教学或学习过程来讲，其重要性是不言而喻的。任何教学或学习过程都是在有限的时间约束下完成的。因此，教学活动中如何分配和充分利用教学时间成为决定教学效果的关键因素。虽然从事教学研究或实践工作的人都会或多或少考虑到教学过程的时间因素，但一般认为，对教学时间进行较为科学的探究是从美国教育心理学家卡罗尔（J. B. Carroll）开始的。他在1963年发表了里程碑式的论文《学校学习的一种模式》，这篇论文奠定了

40多年来有关教学时间结构模型研究的基调。① 卡罗尔对教学时间的开创性研究使教师注意到了教学中的时间因素,将教师的教和学生的学习时间联系起来,并开始高度重视教的科学性和有效性,以减少学生进行学习的所需时间。后来,一些学者在此模型的基础上对教学时间做了进一步的细化研究。

一般说来,课堂教学时间是一个时间段,是指从课堂教学活动开始到课堂教学活动结束,这期间所花费的时间量。课堂教学活动开始前学生的起点状态与教学活动结束后学生的终点状态之间的差距就是学习的程度或结果,或者说是这一课堂教学时间的价值实现状况。顾名思义,课堂教学时间管理就是对课堂教学活动开始到课堂教学活动结束所花费的时间的管理,包括时间的分配、时间的利用等。由于教师在课堂教学中居于主导地位,是课堂教学的主要设计者,因此课堂教学时间管理主要是指教师对课堂教学时间的管理。

(二)课堂教学时间管理的特征

在整个教学过程中,教师对课堂时间的管理实际上也是有计划、有组织的。面对课堂中的实际变化或突发事件,教师也要根据情况对教学时间进行相应的调整,不断克服各种因素的不稳定性,使其保持在某种稳定状态。因此,在整个动态教学系统中,课堂教学时间管理具有以下几个显著特性:

1. 系统性。从教学过程的本质来看,课堂教学是一个系统的流程。这个过程涉及诸多要素,包括课堂教学目标、内容、主体、环境、评价等。从这个意义上讲,课堂教学时间管理实际上要涉及对这些因素的管理,比如教学内容的讲授时间、学生主体的参与时间、师生的互动时间,等等。同时,教师也要根据实际情况对教学时间进行调整和改变,使整个课堂教学处于一个按照预期目标展开的稳定状态,从而完成预定的教学任务。因此,可以说,课堂教学时间管理是一个持续、动态的活动过程,各环节环环相扣,流程紧

---

① 盛群力、吴文胜:《教学时间研究模式及其特点》,载《课程·教材·教法》2002年第10期。

密,其中任何一个环节的变化都会对其他环节,乃至整个教学过程产生影响。

2. 层次性。课堂教学时间管理不是平面地展开,而是分层次存在的。其内在结构有:课堂教学时间分配的客观规律与师生双方在课堂教学中个性发展之间的协调;两大主体(教师、学生)对同一课堂教学时间进行差异管理;学生对课堂教学时间的管理需要教师系统、顺次的指引;三个基本步骤顺次衔接等不同的子系统。[①] 每个层次的功能不尽相同,层次之间内外联系、相互融通,共同作用于课堂教学时间管理这一活动过程之中。其中,教师对课堂教学时间的管理起着主导作用,要把握整个教学过程的进展,处理不良因素,消除各种阻碍教学过程有序开展的隐患,使教学过程朝着预定方向进行。

3. 情景性。不同学科、同一学科不同的教学内容或不同的课型,其所要求和形成的课堂教学进程、风格等都不尽相同。比如,尽管都是语文课,新课、复习课、作文课等都有不同的教学要求,其教学过程就会出现不同的格局。因此,由于教学过程不同,课堂教学时间管理也没有一个统一的要求或者程式,需要教师根据课的类型与教学目标进行灵活处理。从这个意义上讲,课堂教学时间管理体现了一定的情景性。但是,教学活动在具有特殊性的同时,也有一定的共性。课堂教学时间管理作为一个活动过程,其间也存在着一系列基本的客观规律,人们经过无数次的失败和成功,通过从实践中收集、归纳、检测数据、提出假设、验证假设,总结出一系列反映课堂教学活动规律的时间管理策略,并逐渐完善,形成一套分析和解决课堂教学问题的科学教学时间管理理论。当然,这些理论也需要教师在课堂教学实践中因地制宜地将其与具体课堂情境结合起来,才能艺术性地运用,从而发挥理论的积极作用。

4. 不可回溯性。在教学的诸多要素中,课堂教学时间不像教师、教材、教室等都能够替换或者更新,它是一维的,只能按照过去、现在、未来的方

[①] 王清蕾、关艳:《课堂教学时间管理概念界定及其特性》,载《兰州教育学院学报》2009 年第 1 期。

向流逝，不论愿不愿意，都必须消费它，并且，一旦流逝了就无法追回，也找不到时间的替代品。因此，课堂教学时间是不可储存、不可再生的。由于每一段课堂教学时间都是不可逆转的，如果管理不当则会永远丧失。如若要弥补损失，则需要花费更大的精力，挤占更多的资源，但按照原来的标准是永远弥补不回来的。因此，教师要积累课堂教学时间管理的经验，摸索其科学规律，合理安排和把握课堂教学时间，避免安排不当或处理不良而引起教学时间的浪费，以至于影响到整个教学进程，甚至后续教学。

三、课堂教学时间管理的原则与意义

管理都有一定的出发点，都要遵循一定的原则，出发点或原则不同，所体现出的管理思想也就不同，并由此形成了不同的派别。在当前新课程改革的背景下，课堂教学时间管理有一些新的变化，并对教学过程以及教师自身的发展都具有重要影响。

（一）课堂教学时间管理的原则

课堂教学时间管理具有一般意义上的时间管理的某些特点，但是同时又有自身的特殊性。因此，在具体实行过程中，一方面要遵循一般意义上的时间管理原则，同时还要体现来自"课堂"的一些特点。

1. 科学性原则

面对同一教学内容、同一学生群体，不同的教师在教学过程的设计、教学时间的安排上会采用不同的方式，这体现出了教学以及教学时间管理的独特性。但是，如同教学是科学性与艺术性的统一一样，课堂教学时间管理在具有个体性的同时，也必然是有可遵循和必须遵守的规律。这是教师进行教学时间管理的前提，也是教师艺术性地进行教学时间管理的基础。所谓科学性，就是指教师必须依据教学的本质、规律以及教学内容和学生特点，对教学时间进行合理地安排和分配，并适时对其进行调整和改变，从而保证教学过程按预期目标顺利展开，完成教学任务。科学性是课堂教学时间管理的首要原则，教师的课堂教学如果一味地追求新颖灵活、生动形象，把大量时间

花费在表现力和情景创设上，而忽视了发展学生的基础知识和基本技能这一教学的主要任务，这样的教学时间管理将有所偏颇，也是不可取的。

2. 高效性原则

在保证科学性的前提下，还要注重教学时间管理的高效性。管理的主体是人，不同的人具有不同的观念、思想，所采取的管理方式和管理策略也会有差异。对于教学时间管理而言，也是如此。同样的一堂课，有的教师能够充分利用课堂时间，完成教学任务，而有的教师则会出现因时间不够而拖堂，乃至增加课时等现象。这也从一个侧面说明了教学时间管理的效率对教学效果的影响。高效性原则，就是指教师在规定的教学时间内，对教学时间所进行的安排能够取得最好的教学效果。这不仅对某一课时有重要的意义，而且对整个课程的进程有重要影响。如果教师的教学时间管理效率较低，势必会造成教学效果不佳，将会影响整门学科的教学进程，对学生的学习也会产生不良影响。

3. 最优化原则

面对同一堂课，教师会有多种不同的想法，会设计出不同的授课形式。比如，同样是新课，教师可能采用讲授为主、学生讨论为辅的形式，也可能采用学生自学为主、教师解疑指导为辅等不同的形式。这样，就会形成不同的课堂教学时间设计和安排方式。在这种情况下，教师会自觉地选择一种最有效、能够最好地实现教学目标的课堂教学形式。所谓最优化原则，就是指教师采取最为有效的教学时间安排方式，最大程度地实现预期教学目标。这一原则要求教师独具慧眼，能够在众多教学设计形式中选择一种最有效的方式，保证教学目标最好地实现。这个过程也是一个经验累积的过程，对于一个经验丰富的老教师而言，能够根据课的情况和学生情况快速准确地做出判断，而对于一个新手教师或年轻教师来说，则需要不断摸索，在长期的教学实践中不断积累经验，最终走向成熟。

4. 人本化原则

无论教师如何设计教学过程，如何对课堂教学时间进行安排，他所面向的对象——学生，都是有意识、有思想的人，都会对教师的教学有各种各样的反应和想法。也就是说，课堂教学时间的管理不能无视学生的存在，而是要能够最大限度地激发起学生的学习热情，使他们学得更好，学得更快乐。人本化原则，就是教师在进行课堂教学时间管理时，要充分考虑到学生主体的兴趣和需要，在可能的情况下给予学生主体更多的参与空间和机会。在新课程改革的背景下，这一原则显得尤为重要。教师的教学是为学生而设计的，在授课、讨论、提问，乃至维持纪律、学生分组等环节，都应该贯彻学生为本的思想；感同身受地从学生角度出发来思考问题，给予学生平等的地位，使其能够积极地参与到学习中来，发挥主体作用，在民主平等的氛围中获得学业和人格方面的和谐发展。

需要注意的是，人本化原则并不是以少数学生为本，而是面向全体学生。有些教师经常会把学习机会更多地分配给自己喜欢的学生，有学者研究发现，学生获得分析课文的机会有多有少，大约只有 1/5 左右能力强、思维敏捷的学生能参与分析课文的全过程，3/5 左右的中等生长期只能得到部分参与分析全篇课文的机会，还有 1/5 左右的学习困难学生因理解能力差而长期得不到独立分析课文的机会。[①] 教师应该避免这种人本化的误区，对所有的学生一视同仁，让更多的学生参与到教学活动中来。

（二）课堂教学时间管理的意义

时间管理是对某一段时间的使用进行设计，并在实行过程中对其进行适当的调控，目的是使事物有序地按照预定的方向发展，从而实现预期的目标。对于课堂教学来说，时间管理则与教学效率、教学质量以及教师发展有关，是为了保证教学目标最大限度地实现。

1. 保证课堂教学的有序开展

课堂教学都需要按照一定的顺序展开，没有良好的顺序，教学就会变得无序或混乱，教学质量就难以保证和提高。课堂教学的顺序包括课堂的进程

[①] 张崇善：《素质教育与课堂教学改革》，载《教育理论与实践》1998 年第 6 期。

序列和结构序列，因此，教师对课堂教学时间进行管理，也就是要对课堂教学的基本进程序列和基本结构序列进行管理。主要是设计出最佳的教学时序，即设计出教学活动展开的最佳的先后顺序；设计出最佳的教学结构，即设计出的教学结构其层次要分明、构成要严密、内容要丰富；设计出最佳的教学节奏，即所设计出的教学节奏应该是快与慢的变换、动与静的交替、张与弛的错落、疏与密的间隔、起与伏的波澜，等等。这样，教学就在一个结构清晰、井然有序的状态下展开，教学质量就能够得到一定的保证。

2. 提高课堂教学的效率

"效率"一词是与时间紧密联系的，它所指的是单位时间内完成的工作量。无论任何教学改革的实践探索或是理论研究，都必须充分考虑教学时间，把教学时间作为一个重要的乃至根本的常数来考虑。所谓提高教学效率，是指教师在课堂教学时间内所教学生的数量以及使学生掌握知识技能和形成品德修养的数量和质量。也就是说，教师要在有限的时限内使所培养的学生更符合教学目标的要求。而合理使用课堂教学时间，是提高课堂教学效率的前提。对课堂教学时间进行管理，尤其要注意有效教学时间的分配和使用。这是在课堂实际教学中真正用于使学生学习、接受知识和培养能力的那一部分时间。就每堂课来说，教学内容和教学时间是固定的，而有效教学时间的长短直接影响着课堂教学效率的高低。通过对课堂有效教学时间的调控，可达到不断完善教学双边活动而实现最优效果的目的。总之，合理的课堂教学时间分配会带来课堂教学效率与效益的最大化，相反，不科学的时间安排则会事倍功半，使课堂教学效率低下。对一个教师而言，充分重视时间这一重要的、基本的课堂资源，充分开发和利用这一资源，使有限的课堂时间产生无限的价值，让学生发挥潜能，主动学习，自主探究，勇于质疑，拓展创新，可以最大限度地提高课堂教学的效率和效益。

3. 促进教师的专业发展

在论及教师的专业发展时，往往对教师的专业知识、专业技能等探讨得比较多，而对教师的教学时间管理能力谈论得较少。事实上，教师的课堂教学时间管理能力也是教师专业素养的一个重要方面。在一整节课的教学中，教师对教学过程各个环节所进行的时间分配，对偶发事件预留的处理时间的多少，都将影响整堂课的效果。比如，有的教师能够刚好在一堂课结束时完成教学，而有的教师却过早完成，或者下课时间还未完成教学，造成拖堂。这一方面有教学设计的原因，另一方面，很大程度上与教师对教学时间的掌控能力有关。

某学校有个老地理教师，教学经验丰富，时间控制能力也特别强，人称"活钟表"。他上课从来不戴手表，但是，无论是讲课，或是组织学生课外活动，总是安排得有条不紊，凭着他多年练就的准确的"时间感"，课堂节奏把握得非常好，往往是下课铃声一响，他的教学任务刚好圆满地完成。有人曾就此问题向他请教，答曰："这是个基本功问题，一个教师要想上好课，必须培养这方面的能力。"① 他所说的基本功，实际就是教师的时间控制能力。优秀教师上课，就很善于驾驭课堂气氛，把握课堂节奏，讲课从容镇定，有条不紊，组织学生课堂活动，不枝不蔓，当行则行，当止则止，每每下课铃声一响，教师讲授戛然而止。因此，教师应该培养自己良好的时间管理能力，一节课大体安排多少内容，讲到一个环节大体需要多少时间，组织学生课堂讨论要用几分钟，会出现哪些突发性的情况，都要有充分的估计。这些都是在备课或讲课中经常要考虑到的问题，也是教师必须具备的专业素养之一。

4. 提高教学的质量

教学质量的基本结构包括三方面内容，即教授质量、学习质量和管理质量。② 这三者是教学质量生成的重要因子，每一因子的质量水平的变化，都直接影响着教学质量的生成及水平。只有当这三个质量因子水平最高的条件下，教学质量的水平才最高。教师在教学时间管理方面，常出现这样一些问题：

---

① 陈瑞坤、徐永生：《要培养良好的课堂时间控制能力》，载《许昌师专学报（社会科学版）》1996年第2期。

② 郝保文：《教学质量概念及生成模式初探》，《内蒙古师范大学学报（哲学社会科学版）》1995年第4期。

一是教学进度放得过慢，教学内容反复重复；二是教学进度过快，短时间内赶进度；三是自己讲得过多，而学生自学和阅读、练习的时间过少，学生学习的主动性和积极性没有被调动起来；四是没有把教学的重点和难点安排在学生精力最旺盛、注意力最集中、理解力最强的时间上。这些都体现了教师时间管理水平的缺失，影响了学生在课堂教学的有限时间内获得理想的尽可能高水平的发展。可见，要保证教学质量的高水平，就必须保证教学时间管理的高水平。因此，教师精心设计、合理安排课堂教学活动各个环节所需的时间，能够保证教学活动取得良好的效果，从而保证教学质量不断提高。

第二节 课堂教学时间管理的内容

在课堂教学中，时间是一种特殊的资源，它与学生的学习结果、教师的教学效能密切相关。作为有效教学思想中的一个重要组成部分，教学时间与教学效果的相关研究一直是学界关注的热点问题。课堂教学时间是教学活动开始到教学活动结束所花费的时间量，这期间涉及诸多要素，并受诸多因素的影响。教师对课堂教学时间的分配和安排都涉及哪些方面，需要考虑到哪些内容，是首先要清楚和明晰的。

一、教学时间的结构

教学的时间结构决定教学时间的功能和效益。所谓教学时间结构，是指构成教学时间系统的各个要素之间的比例关系和排列组合的方式。国外关于这方面的研究始于20世纪初期，经历了一个逐渐深化、细化和完善的过程，先后出现了卡罗尔模型、初任教师评价研究（Beginning Teacher Evaluation Study，BTES）模型、哈尼施费格和威利（A. Harnischfeger & D. E. Wiley）模型等。

（一）卡罗尔模型

卡罗尔提出一种新的关于影响学校教学成败因素及其相互作用方式的图

式或概念模型，把时间作为学校学习的中心变量进行研究，一个包含五个要素的模式，它们分别是：[1]

1. 能力倾向（aptitude）：指学生在最优学习条件下掌握某一任务所必需的时间量；学生所需时间少，则有较高能力倾向；所需时间多，则有较低能力倾向；

2. 理解教学的能力（ability to understand instruction）：包括一般智力和言语能力两部分。一般智力指学生理解教学材料中概念关系和推理的能力；言语能力指学生理解教师使用的特殊词汇的能力。这两种能力的高低直接影响学生掌握学习任务所耗费时间的长短；

3. 教学质量（quality of instruction）：指通过教学，根据能力倾向提供的基础，学生不需要再额外增加掌握的时间量；

4. 毅力（perseverance）：指学生愿意积极主动地投入学习的时间量；

5. 学习机会（opportunity to learn）：指允许学生学习的时间量，即所许可的时间量。

影响学生学习结果的个体内部因素（能力倾向、理解教学能力和毅力）和外部条件（学习机会和教学质量）最终均可还原为时间。其中，毅力和机会（所许可时间）构成了学习所用时间（time spent），能力倾向、理解教学能力和教学质量构成了学习所需时间（time needed）。"学习程度"（degree of learning）可用公式表示为：

学习程度＝f（所用时间/所需时间）＝f（机会、毅力/能力倾向、理解教学能力、教学质量）

卡罗尔模式鲜明地提出了两类学习时间的制约关系对学习程度所起的作用，力图突出五种因素之间复杂的交互关系，该模式的主要贡献在于构建了教学时间与学习成效的基本框架，即如何从心理变量来讨论学校的学习。

---

[1] 施良方、崔允漷主编：《教学理论：课堂教学的原理、策略与研究》，华东师范大学出版社，1999年，第8页。

（二）初任教师评价研究模型

20世纪70年代初，美国加利福尼亚州组建了一个负责监督教育和教师证书计划的委员会。1972年，该委员会为了确定可作为初任教师评价基础的教学能力构成，着手设计了初任教师评价研究这一研究规划，对学习结果进行相关研究。

该研究提出了"学科学习时间"（Academic Learning Time，ALT）这一概念，把学科学习时间作为学生学习多少的测量指标。该研究认为，学生要学习首先必须专注于有关的学习内容和学习活动，而不是专注于与教学目标和终结测验无关的内容或学习活动。但专注时间仍不足以成为学习发生的标志，学习是否发生还要看所专注的学习任务和专注的效果。如果学习任务与学生现有知识水平不相适应，学生感到学习任务太难，能正确回答的问题很少，那么对这个学生来说，学习并没有产生；相反，如果学生能正确回答绝大多数问题，则可以认为这个学生真正产生了学习。所以，成功率也是学习多少的影响因素。由此可以看出，学科学习时间包含有三个基本要素：①专注时间；②学习内容和活动与教学目标和最终测验相一致；③高成功率。新任教师评价研究发现，学科学习时间与学生成绩有相当稳定的正相关。显然，学科学习时间是与学习成功联系在一起的概念，学科学习时间多少即意味着学习成绩的高低。

（三）哈尼施费格和威利模型

一般来说，学校规定的用于课堂教学的时间量，不等于学生学会特定知识、技能所用时间。实际上，在它们之间存在着一系列"嵌套式"关系。哈尼施费格和威利等人1976年对教学时间重新进行了细化，提出了一个层层嵌套的时间模式。他们把教学时间分为5种：①名义上的教学时间；②分配给每个学生的教学时间；③分配给每个学生在"X"课程上的时间；④每个学生专心于"X"课程上的学习时间；⑤每个学生在"X"课程上的学科学习时间。① 五种时间是自上而下依次递减的，学生的学习成绩取决于学生的学科学习时间。

其中，除了"名义上的教学时间"的总量不变外，其他四种时间由于受到诸多因素的影响和干扰都可能减少，从而使教学时间或学习时间所规定的总量不能保证。比如，"分配给每个学生的教学时间"可能会受到"教师缺勤、学生缺勤、教师会议、罢课"等因素的影响；"分配给每个学生在'X'课程上的时间"可能会受到"分配给其他活动的时间"的影响；"每个学生专心于'X'课程上的学习时间"可能会受到"管理课堂的时间、学生的注意力涣散"等因素的影响；"每个学生在'X'课程上的学科学习时间"可能会受到"学生的低能力倾向、教师的指令和说明不清楚、内容教授的速度太慢"等因素的影响。

有学者对国外关于教学时间的理论进行了概括和总结，认为这些学者关于广义教学时间的理论模型主要包括五个层级：②

1. 在校时间（School Time：ST）

指学生在学校里度过的时间。通俗讲就是"学生一年在学校学习的天数以及一天用于学习的小时数"。（ST，也有人称为"名义时间"）

2. 分配时间（Allocated Time：AT）

指在校时间中用于课堂教学的时间，也就是除去在校时间中用于午休、课间休息、用餐、集会等活动的时间。通俗讲，就是指"规定学生在一个学校日上多少节课，一节课有多少分钟"。

3. 狭义教学时间（Instructional Time：IT）

狭义的教学时间指课堂中用于教授学科知识、概念和技能所用的时间。除去课堂时间中用于例行性的事务（如：布置学习任务、安排学生分组等）、教学活动转换、维持课堂纪律等所耗费的与直接教学活动无关的时间，剩下

---

① 白益民：《课堂教学的时间变量及其控制策略研究》，载《沧州师范专科学校学报》1999 年第 3 期。

② 同上。

的就是教学时间（IT，也有人称为"教学实用时间"）。

4. 专注时间（Engaged Time：ET）

专注时间，指学生关注并努力完成学习任务所用的时间，是分配时间——准确地讲是教学时间的一部分，只是除去了教学时间中学生用于完成学习任务无关的交际活动、开小差及在班级中捣乱所耗费的时间。专注时间体现了教师"教"的能力，即教师选择适当的能够吸引学生注意并使学生专注于其中的学习活动的能力。

5. 学科学习时间（Academic Learning Time：ALT）

学科学习时间是专注学习时间的一部分，具体地说就是指学生用于完成一定难度的学习任务并且获得较高水平的成功体验的专注时间。学科学习时间不包括用于过于简单或过于困难学习任务所用的时间，因为这两种情况都不能导致学习。"学习"的概念通常解释为：出于时间或经验而导致的"行为或按某种方式表现出某种行为的能力的持久变化"。学科学习时间的多少揭示了学生"学"的情况，反映了教学材料难度与学习者能力水平之间的良好匹配，且学习活动以一种相当理想的方式进行的状况。

二、课堂教学时间的结构

课堂教学时间是教学时间的下位概念，是指师生在课堂中从事教与学的活动所花费的时间。从国外学者的观点来看，课堂教学时间应是指狭义教学时间、专注时间、学科学习时间。

我国有学者对课堂教学时间的结构进行了比较深入的研究，将其划分为七种类型[1]，比较全面地揭示出了课堂教学时间的基本结构。

1. 纵向程序结构

纵向程序结构就是课的纵向程序环节分别所占的时间及其排列组合关系。

---

[1] 宋秋前：《教学时间的结构化多维分类研究》，载《浙江海洋学院学报（人文科学版）》2004年第2期。

从课的常规纵向展开顺序，可以把教学时间区分为组织教学的时间、新授内容的时间、巩固新知的时间、检查复习的时间、布置作业的时间等几个类型。也可简单地区分为导入时间、展开时间和结束时间三个类别。

2. 横向空间结构

横向空间结构是指全班集体教学、小组合作学习和集体性个体学习等各种教学组织形式在教学时间展开中的空间组合方式。从教学时间的横向空间形态分，可以把教学时间分为集体性学习时间、小组合作学习时间和集体性个体学习时间。

3. 知识和情意态度结构

又称内向结构，是指在课程实施中师生所要实现和达成的教学内容、目标和任务体系。现代教学理论把课程教学目标区分为认知、情意和动作技能等三大类别，课堂教学时间的知识和情意结构就是每节课实际用于完成知、情、意等各种教学目标和任务所花的时间比例及其排列组合关系。

4. 课堂互动结构

从互动主体构成出发，课堂互动可分为教师个体与学生个体、教师个体与学生群体、学生个体与学生个体、学生个体与学生群体及学生群体与学生群体等五种基本互动类型。从互动的人际状态性质出发，课堂互动可分为合作性、对抗性和竞争—合作性三种基本互动模式。从互动的"方向"分，课堂互动又可分为师生单向、双向和多向三类互动模式。教学时间的课堂互动结构就是各类价值功效各异的互动形式所占的时间比例及其排列组合方式。由于不同的课堂互动形式其价值功效各异，因此教师应根据具体教学任务和目标，科学安排各类课堂互动形式所占的时间。

5. 思维水平结构

根据课堂教学水平的高低，可把课堂教学分为记忆性水平、理解性水平和发展性水平三种类型。从教学所达到的思维水平分析，课堂教学的时间结构可区分为层级嵌套的记忆性水平教学时间、理解性水平教学时间和发展性水平教学时间三个层级。与每一层级的外层时间相比，每一层级的内层时间与学生整体学习结果之间的相关关系也愈加密切。

6. 教学方式结构

这是指接受学习与发现学习、表达学习与探究学习、阅读理解与技能训练等各类学习方式在课堂中的时间比例及排列组合方式。教学时间分类研究必须从课的具体实际出发，对各类教学方式的时间占用比例及其排列组合方式进行合目的性的分析。

7. 密度结构

教学时间密度是指单位时间内教学活动的数量和质量，是教学活动中合理运用的时间与一节课总时间的比例。它又可分为一般密度和特殊密度。所谓一般密度，是指单位时间内教学活动的总体数量和质量，是教学活动中合理运用的总体时间与一节课总时间的比例。特殊密度则指各个具体教学环节或任务在一节课中分别所占的时间比例、活动数量和质量，其主要包括学习新教材环节的特殊教学密度、组织教学环节的特殊教学密度、复习巩固环节的特殊教学密度等。教学时间的密度结构就是一般密度和特殊密度以及不同特殊教学密度之间的相互制约和内在联系。为了提高课堂教学效率，既要尽量提高一般教学密度，又要正确处理不同特殊教学密度之间的关系，优化教学时间的整体密度结构。

对这一结构分类进行分析，可以看出，纵向程序结构主要指的是教师的教学活动总体进程安排，横向程序结构指的是教学所采用的组织形式安排，知识和情意态度结构、课堂互动结构、思维水平结构、教学方式结构等实际上涉及的是教学过程具体环节的安排。因此，我们认为，课堂教学时间结构应该以教学进程的安排为主线，围绕教学进程，设计各环节的组织形式、教学方式，并将知识、情意态度和思维水平的要求等合理融入整个进程中。而教学进程主要是通过教学主体，即教师和学生的活动表现出来的，从这个意义上讲，课堂教学时间的结构应该以师生的活动为出发点，分为教师的教学活动时间、师生的互动时间、生生的互动时间、学生的自主时间、教师的管理时间几个部分。

三、课堂教学时间管理的主要内容

在教学过程中,由于教师是主导主体,对整个教学过程起着规划和引导的作用,对教学的各个环节起着推动和调节作用,因此,课堂教学时间管理主要还是指教师的管理行为。课堂教学时间管理的内容与课堂教学时间的结构是对应的,有什么样的结构,就决定了教师要管理哪些内容。以下逐一对课堂教学时间管理的内容进行详尽的分析:

(一)教师的教学活动时间

在我国课堂教学实践过程中,一节课教师的教学活动主要包括复习回顾、导入新课、讲授新课、复习巩固、布置作业五大环节。[①] 五大环节中还包括许多具体的教师活动,如教师板书、演示实验、实验分析、教师解题等。这五大环节环环相扣,彼此影响,各环节的时间总和即一节课的时间长度。

不同的课堂教学类型决定课堂环节的时间分配具有一定的差异性。这里以新授课类型为例,分析课堂教学活动五大环节的时间分配。[②]

第一,复习回顾。该环节主要是对上节课学习内容做简单的复习巩固,目的在于温故知新,加强学生对已学知识的学习。该环节的时间长度不应过长,简明扼要,提纲挈领,三言两语带过。

第二,导入新课。该环节主要是创设情景,为讲授新课打下铺垫,包括问题导入、举例导入、游戏导入等。有些情况导入过程可以包含在复习回顾环节中,建立在巩固已学知识的基础上。该环节通常要控制在 5 分钟以内,做到放得开,收得回,既要激发学生学习新知的兴趣,又要奠定学习新知所必备的知识基础。

心理学研究表明,学生思维的最佳时间是上课后的第 5 分钟到第 20 分钟,学生在这一时间段中注意力集中,大脑处于兴奋活跃状态,是课堂教学

[①] 吴乐乐:《探究课堂教学时间分配的结构模型》,载《内蒙古师范大学学报(教育科学版)》2010 年第 4 期。

[②] 同上。

的最佳时域。因此，复习回顾和导入新课环节的时间长度之和不应该超过5分钟，而应该把最佳时域留给课堂教学活动的主体环节，即讲授新课。

第三，讲授新课。该环节是新授课类型中的主体部分，目的在于促使学生掌握新知识，占据整节课时间的主要部分。根据心理学对学生思维的研究结果，讲授新课的精华部分的时间应尽可能控制在上课后的第5分钟到第20分钟之内，保证在学生注意力高度集中、思维没有倦怠感的专注学习时间内高效率完成新知识的讲授和吸收。

第四，复习巩固。该环节通常是通过一定的习题讲解来检查并巩固学生对新知识的学习和掌握，及时发现并解决学生在学习过程中存在的问题，使所讲的内容在课堂上达到基本巩固、消化。复习巩固环节与讲授新课环节密切联系，二者共同构成了一节课的主体部分。课堂实践表明，这个环节的时间长度在不同课型、不同学习阶段是不一样的。我国学者潘苏东等于2004年在江苏省苏北地区开展了一项中学物理课堂教学时间分配情况调查，结果表明，中学物理教学中，初中阶段用于练习题的时间为14.8%，高中为19.6%。[①]

第五，布置作业。该环节目的在于培养学生运用所学知识解决问题的能力，进一步促进学生对新知识的掌握。其时间长度通常为1分钟左右。

（二）师生的互动时间

该环节包括教师提问、学生回答、学生质疑、教师反馈、教师评价等师生相互作用所花费的时间。这些互动活动最易使学生按照教师的正确引导，沿认识的捷径走上通向真理之途。美国学者伊凡·汉耐尔（G. IvanHnane）经过研究得出，为了使课堂提问产生理想的教学效果，应该将1/4的教学时间用于课堂提问。[②] 通过师生的交往活动，教师能及时发现学生学习上的失误并及时给予矫正，使学生从自身的失误中吸取教训，及时修正自己的探索过

[①] 潘苏东、崔世民、倪新冬：《中学物理课堂教学时间分配情况的调查研究》，载《物理教师》2006年第1期。

[②] 赵凌嫒：《浅析课堂教学时间的优化管理》，载《学园》2010年第1期。

程。此外，师生互动也是建立和谐师生关系，创设生动活泼的学习氛围，促进学生在愉快的心境中提高学习效率的重要途径。

（三）生生的互动时间

该环节主要包括学生讨论、学生分组实验、学生互评等活动所花费的时间。在课堂教学中，学生之间的互动可以增加学生间的交流机会，使所有学生都能够参与到教与学的活动中来，尤其是成为"被遗忘角落"的成绩较差的学生。通过互相启发，开拓思路，有利于同学间团结互助，形成和发展参与意识、尊重意识、合作意识、表现意识及表达能力、理解能力、沟通协调能力等，从而有助于促进学生多方面素质的培养和发展。

（四）学生的自主时间

该环节主要包括学生独立阅读、独立做题、学生演示等活动所花费的时间。在课堂教学中，往往也需要给予学生一定的自主活动时间。比如，在课文讲授中，给学生几分钟的时间，让学生快速阅读一下重要段落，使其有更深刻的感受；就某一个问题，让学生成为主角来进行讲解；布置一道习题，让学生在几分钟内解出来，等等。有学者认为，课堂教与学的时间分配应该遵循黄金分割的比例关系，一节课的主要内容应该放在黄金分割时间内完成，教师的主导活动时间占用黄金分割时间 28 分钟左右，学生的独立主体活动时间为 17 分钟左右，二者时间比例为 28：17。教师主导活动时间长度在 23～34.34 分钟之间波动，学生独立活动时间长度的下限为 10.66 分钟。[①] 研究还对实验班和对照班进行了比较，实验班的学生普遍反映课堂时间安排合理，知识掌握较好；而对照班的学生反映教师讲解过多无法消化，当教师讲解超过半个小时后许多学生就开始产生注意力分散，思维迟缓、情绪烦躁等现象。因此，对于教师来说，要根据课的类型和性质合理分配教学活动中教师主导的时间和学生自主的时间，使二者处于一个适当的水平上，才能发挥最好的

---

① 郭道胜、袁致伟：《黄金分割规律与课堂教学时间的分配》，载《教学与管理》1997 年第 5 期。

教学效果，提高课堂教学的效率。

（五）教师的管理时间

这主要是指教师在课堂上所进行的与直接教学无关的活动所耗费的时间，包括安排学生分组、维持课堂纪律、处理突发事件、灵活调控时间分配等。在课堂教学中，经常会出现一些问题行为，对正常的教学进程产生干扰。课堂问题行为，一般指发生在课堂上的与课堂行为规范和教学要求不一致的，并影响正常课堂教学秩序和教学效率的课堂行为。教师对课堂问题行为进行管理，就是要对课堂问题行为进行积极控制，尽量防止课堂问题的发生，一旦发生就要及时采取措施，对其进行有效的处理，并努力消除之。由于课堂问题行为可分为心理问题行为、一般违纪行为、课堂偶发事件三种类型，因此教师对课堂问题行为进行管理也就主要表现为解决学生的心理障碍问题、解决学生违反课堂规则的问题、解决课堂上不确定的某些冲突等。

上述五个方面在一节课的时间分配中不是必须都有，比例也无需一致。一节课是一个规定好的常量，但各环节的时间分配直接制约着课堂教学效果。作为课堂教学活动的主导者，教师要不断探索课堂教学各环节时间比例结构的最佳模型，促进课堂教学时间的有效化和高效化。

第三节 课堂教学时间管理的策略

"人不能听任自己在时间长河中随波逐流，而总是充分地利用时间以尽可能地获得自身充分的发展；人尽管不能控制时间的流逝，但却能控制自己的活动，能通过反思调节自己的活动，使自己的活动质量更高，数量更多，速度更快，耗时更低，在有限的生存时间里实现更多、更高的目的。"[1] 在教学活动中，教师也不断探索什么样的教学是有效的，应当采取怎样的策略来提

---

[1] 郭道胜、袁致伟：《黄金分割规律与课堂教学时间的分配》，载《教学与管理》1997年第5期。

高教学的时间效益等。

一、合理分配策略

在教学过程中，教师如果对教学时间安排得不合理，就会影响教学活动的展开及其效果。因此，课堂上的教学活动必须精心设计、合理安排，这样才能提高教学效率，收到良好的教学效果。而有的教师在课堂上虽然花费了很多教学时间，但收效甚微。例如，有的教师导入过长、费时过多，有"喧宾夺主"之势，使学生错过了开课时最佳的学习时机；有的教师不必要的板书过多，或者是板书设计过乱，书写不规范，占用了学生阅读的时间，影响了学生思维的流畅性，从而缩短了学生在学习过程中宝贵的专注时间；有的教师讲完例题后，便让学生反复做练习，而由于教师对练习题的数量、类型不加考虑或安排不科学，学生重复劳动，既浪费了精力，也浪费了时间，等等。

就整堂课而言，不同类型的课，如新授课、复习课、习题课等，都有不同的时间设计要求和方式。对于每堂课，教师在进行各个教学环节的时间设计时应该做到心中有数，有一个整体的把握，合理分配各环节所用的时间。有学者对课堂教学中的时间进行了黄金分割，认为在黄金分割时间内学生的精力集中，情绪高涨，听课效果最好。如果一节课教学时间超过 30 分钟，学生很明显地会出现注意力分散，思维迟缓，情绪倦怠等现象；在教师主导活动课中，教师的主导活动时间和学生独立主体活动时间应采用黄金分割，教师的主导活动时间占用黄金分割时间（28 分钟左右），学生的独立主体活动时间为 17 分钟左右。有时根据教材内容的需要，教师的主导活动时间可能延长，但是不能侵犯学生的独立主体活动时间内的黄金时间，即不能超过 34.34 分钟。此为一节课教师主导活动时间的临界时间，即至少要留给学生 10.66

分钟的独立活动时间,让学生有思考、消化的余地。①

二、消除浪费策略

尽管教师事先对整堂课进行了合理的时间规划和设计,但是在实际的教学过程中,还是会出现各种状况,从而影响到正常的教学进度。常见的时间浪费现象有:(1)教学内容深广度安排不够合理。有的教师对教材内容的深广度把握不准,随意加深内容的难度,导致学生接受不了,跟不上教师的教学进度,从而浪费了教学时间。(2)讲解、分析繁琐。有的教师担心学生对所学内容不理解,相关内容反复讲解和分析,重复较多,致使时间浪费严重,教学进度延后。(3)教学技能不熟练。有的教师教学素养不高,技能欠佳,浪费了一定的教学时间。比如,有的教师口头表达能力不好,表述不够精练、流畅,在一些问题的讲解和阐述上花费的时间过多;有的教师板书、板画的能力不够强,书、画的速度过慢,有时一个字、一幅图(画)需要几遍方能完成,等等。(4)教学方式和手段运用不好。有的教师过于注重提问、讨论等教学方式的运用,往往问题设置过多,或者讨论时间过长,从而延误了教学时间;有的教师对问题的设置缺乏充分的考虑,过于注重提问的形式,而使问题质量不高,或者导向性和启发性不强,使得师生的问答过程意义不大,白白浪费了教学时间;有的教师对新型教育手段和技术操作不熟练,或者运用过于频繁而影响了正常教学;等等。(5)对课堂问题的处理不当。有的教师对课堂中的一些常规问题和即时事件不能很好地解决,延误了教学时间。比如,有的教师在整顿课堂纪律时,情绪过于激动,方式不够得当,花费了过多的时间;有的教师在面对一些突发事件时,不知所措,不能够很好地处理,也会造成教学时间的延误。

为了减少和避免课堂教学时间的浪费,切实提高课堂教学的效率和效益,

---

① 郭道胜、袁致伟:《黄金分割规律与课堂教学时间的分配》,载《教学与管理》1997年第5期。

教师需要做好以下几方面工作：

（一）认真备课

备课是课堂教学活动的基础工程，是上好课的前提。要杜绝时间的浪费，提高课堂教学时间的有效性，就要从优化备课开始。备课一是要备学生，备学生的年龄特点、已有的知识基础和个别差异；二是要备教材，分析教材内容的性质和教学特点。只有做好这两项工作，所选择的教学内容才能更有针对性和适切性，其深度和广度才能更合理，从而避免因教学内容不切合学生实际、深广度过大而造成教学效果不良，浪费教学时间的后果。

（二）精讲精练

课堂教学的精讲精练可以降低教学时间的损耗，减少课堂教学时间成本的投入。教师要有的放矢地抓住教学的难点、突出教学的重点，对学生进行精讲精练，这样才可以使课堂教学环节紧凑，吸引学生的注意力，激发学生的参与兴趣，拓展学生的课堂思维，从而既可以节省教学时间又可以提高教和学的效率。

（三）优化教学技能

古人云："工欲善其事，必先利其器。"教师教学的"器"就是教学技能。具有高超教学技能的教师在课堂上会游刃有余，能收到良好的教学效果。而教学技能低下的教师，在课堂上则心有余而力不足，徒然消耗很多宝贵的课堂教学时间。

1. 教师要有良好的"时间感"。很多执教多年的老教师对此都有很深的体会，他们在多年的实践中，积累了一套比较成熟的控制时间的方法，一节课大体安排多少内容，讲到一个环节大体需要多少时间，组织学生课堂讨论要用几分钟，会出现哪些突发性的情况和占用时间多少等等，都要有充分的估计，这些都是他们在备课或讲课中经常考虑到的问题。教师应该在日复一日的教学实践中不断积累经验，逐渐形成良好的"时间感"。

2. 要规范教学语言。教师要有意识地规范自己的教学语言，无论是讲述语言或朗读课文语言，要尽量做到快慢适宜，节奏协调，语速稳定，减少重复。这样，教师在安排教学内容或进行课堂教学时，才能做到心中有数，在时间安排上更趋合理和科学。

3. 要提高板书能力。教师要加强自己的板书能力，提高自己的板书速度和绘图（画）能力。同时，要注意板书的设计，使板书能够最好地体现教学内容的知识逻辑关系，帮助学生降低思辨的难度，提高知识重新构建的效率。

4. 要合理利用现代教育技术。教师首先要具备运用相关教育技术的技能，能够熟练地操作各种仪器设备。同时，要能够合理运用这些技术手段，不是为了丰富课堂而单纯地进行技术演示，而是要真正发挥技术促进教学的功能，使其为教学服务。

（四）提高时间控制能力

教师要想善于驾驭课堂气氛，很好地把握课堂节奏，不管出现什么突发性问题都能够及时解决，就需要培养自己良好的课堂时间控制能力。首先，要控制好教学"过渡期"。课堂各活动环节之间的"过渡期"至关重要，教师如果对这一时段失去控制，则可能浪费20％的教学时间。过渡期内，学生分心行为是正常上课时的2倍。教师需选用合适的教学行为，顺利实现不同教学活动环节的自然转换，保证教学沿着预先的设想进行。其次，要处理好各种突发事件。教学中经常会出现因课堂偶发事件引起的教学中断，这些中断虽然时间短暂，但是往往无形中会对课堂教学时间造成很大的干扰，使学生的注意力分散，教师的教学顺序被中断。因此，教师要机智果断地处理出现的问题，使教学中断的时间缩小到最低程度，将其影响降低至最小。

三、适时而教策略

要提高课堂的时间效率，就必须保证在最佳时域内完成主要任务，解决关键问题，并辅以精心设计的方法，使教学过程一直向着预定目标进行，学生也一直处于积极的专注状态。

心理学研究表明，一节课中学生的思维最佳时间是上课后的第5～20分钟，这一时间段是课堂教学的最佳时域。国内有研究表明：课堂45分钟内，学生的生理、心理状态分为五个时区，呈波谷（起始时区 5 分钟）—波峰（兴奋时区 15 分钟）—波谷（调试时区 5 分钟）—波峰（回归时区 15 分钟）—波谷（终极时区 5 分钟）的起伏发展规律。① 教师在教学中应有效利用这些规律，完成不同的课堂教学任务，解决关键问题。在起始时区，促使学生的兴奋点从课间活动转移到课堂学习中来，引导学生将注意力集中到课堂教学内容上，并且尽可能缩短这一时区。在兴奋时区，把学生的思维引入最佳境界，并尽可能延长兴奋时间，最大限度地达到教学的密度、力度，尽可能解决教学重点、难点。在调试时区，进行调试，帮助学生度过疲劳波谷区，可安排一分钟的笑话，或一分钟的幽默，或一分钟的音乐，或一分钟的课中操，或变换教学方式如练习、朗读、实验等。在回归时区，把教学推向新的高潮，如巩固新课和能力训练。在终极时区，加大信息量，加快语速，强化情绪，总结新课，圆满完成任务。有教师根据这一规律对高中语文的课堂教学进行了设计：

【案例 6—1】《一滴眼泪换一滴水》教学设计②

［起始时区］

通过导语创设情境，把学生的注意力转移到课堂上来："你流过眼泪吗？为什么流泪？有时候，一滴眼泪可以透视出人性的真假，美丑，善恶，今天我们就来学习由一滴眼泪折射出人性世界丰富内涵的文章《一滴眼泪换一滴水》。"

借此导语，让学生简单交流流泪的体验，调动其情感积累，使其迅速进入课文情境，又因标题本身具有探究性，即一滴眼泪为何能换一滴水？这样使学生的注意力迅速转移到课堂上来，帮助学生度过了注意力相对不集中的起始时区。

［兴奋时区］

---

① 王仁甫：《45 分钟价值曲线》，载《中国教育报》2002 年 9 月 19 日，第 8 版。
② 孙洪波：《优化课堂时间管理，提高课堂教学实效——论高中语文课堂时间管理的方法和策略》，载《中国校外教育》2011 年第 9 期。

针对课文的难点，设计了两个问题：

1. 伽西莫多受刑前后的态度如何？
2. 伽西莫多情绪态度变化的原因是什么？

学生带着问题阅读文本，在理清伽西莫多情感变化轨迹的同时，自然会把注意力转移到对其受刑前后周围人的表现上，从而引出"看客"及其在伽西莫多受刑前后的表现，这样学生就真切体会"看客"身上揭示出的人性的丑陋及爱斯梅拉达和伽西莫多身上体现出的人性的美好。伴随着问题的纵深引入，解决了文章的难点，学生初步感受了"看客"的麻木、冷淡，体会了人性的丑陋，也提高兴奋时间的效率。

[调试时区]

用多媒体展示鲁迅《药》中看客的描写片断和网易新闻中心"冷血看客"的网页，用血淋淋的现实，让学生进一步认识看客的麻木、冷漠和残忍。所以提供的材料是学生熟悉的生活实例，学生的情绪被极大地调动起来，帮助他们顺利度过了疲劳波谷区。

[回归时区]

为了让学生深刻理解"中世纪人民"的冷漠，我又提出问题：

看客一般都是一些不相干的人，那么伽西莫多最感激、最崇敬的人对他的态度如何？受害人爱斯梅拉达呢？

让学生深刻认识到"中世纪人民"完全丧失人性的本质以及爱斯梅拉达身上体现的人性的善良，从而认识到"一滴水"的可贵。

随后播放"爱斯梅拉达给伽西莫多水喝"的电影片段，让学生直观感受最感人的一幕，这样学生就能更深刻理解人性的美好，从而把课堂推向新的高潮。

[终极时区]

教师小结，并向深度扩展。教师饱含激情吟诵："人之初，性本善"，"世界上最宽广的是海洋，比海洋更宽广的是天空，而比天空更宽广的是人的心灵"。爱斯梅拉达的举动，唤醒了人性中的良知，她给仇人喂水，这正是对人性美的呼唤。随即播放歌曲《让世界充满爱》，在音乐声中为本节课画上圆满的句号。

在这节课中，教师依据学生生理、心理状态分布的规律，在不同时区安排了不同的教学内容，既充分利用了学生的最佳学习时间，又提高了学生"用功时间"的效率，从而顺利完成教学设想和教学任务。

第七章 课堂教学环境创设策略

教学环境的研究始于 20 世纪 30 年代，国内外学者对课堂教学环境有不同的理解，对"课堂教学环境"这一概念的界定还没有取得一致的意见。国外多侧重于心理环境的研究，目的是要揭示课堂环境与学科教学之间的关系，提高学生学业成绩。国内则主要关注教学环境对教学活动的影响。

课堂教学环境对学生的认知、情感和行为有着重要的影响，直接或间接地影响教学活动的实施效果及学生的发展水平。从教学改革层面来看，任何课堂教学改革的贯彻实施、教学方法手段的采纳与运用，都离不开一定环境因素的支持与配合，不仅依赖于一定的课堂教学物质设施，更依赖于积极的课堂心理环境的配合。因此，创设优良的课堂教学环境不仅是实现课程目标的必要条件，更是体现教师和学生生命价值的现实需求。

第一节 课堂教学环境

在新课程改革背景下，要进一步优化课堂教学管理，提高课堂教学质量，就需要探讨构建良好的课堂教学环境。课堂教学是教育教学的主渠道，也是教师传道、授业、解惑的"主阵地"。这一节将重点探讨课堂教学环境的内涵、特征及其对教学活动的影响。"环境育人"的道理自古有之，但将教学环境作为一个专门的研究领域始于 20 世纪 30 年代，在国外已有半个多世纪的研究历史。我国对于教学环境的研究起步较晚，还不是很成熟。从国内外关于教学环境的研究成果来看，对"教学环境"这一概念的界定还没有取得一致的意见。从文献中可以看到各种相似的概念，如："教育环境"、"学习环境"、"学校环境"、"学校文化"、"课堂环境"、"学校气氛"、"课堂氛围"、"学校心理环境"等等①。我们首先需要厘清课堂教学环境的内涵，准确把握其特征，然后进一步探讨课堂教学环境对教学活动的影响。

一、课堂教学环境的内涵

在国内文献中，与课堂教学环境相关的概念主要有教育环境、教学环境。要理解课堂教学环境首先要从理解教育环境入手。

（一）教育环境

关于教育环境，杜威在《民主主义与教育》一书中指出，"教育作为一个抚养、培育和教养的过程，其主要方法是依靠环境的作用"②。他认为"环境包括促成或阻碍、刺激或抑制生物的特有的活动的各种条件。水是鱼的环境，因为水对鱼的活动、对它的生活是必需的。正因为生活不仅仅意味着消极的存在（假如有这样的东西），而且是一种行动的方式，环境或生活条件进入这种活动成为一个起着支持作用或挫败作用的条件"③。杜威在芝加哥的实验学校从来不是直接地对未成熟者进行教育，而是间接地通过环境进行教育，实验学校正是明确根据影响其成员的智力和道德倾向而塑造的环境典型，这也是一种基于学校层面的教育环境。《教育大辞典》中将"教育环境"解释为："为培育人而有意识地创设的情境。一般可分为家庭教育环境、社会教育环境和学校教育环境。教育环境既是一般环境的一部分，又因其具有一定的目的性而不同于一般环境。"④ 这里所指的教育环境是一种微观教育环境，是为培养人而有目的创设的环境。而宏观教育环境即直接或间接影响人的个体的生

---

① 江光荣著：《班级社会生态环境研究》，华中师范大学出版社，2002年，第5页。
② ［美］约翰·杜威著，王承绪译：《民主主义与教育》，人民教育出版社，2001年，第16页。
③ 同上，第17页。
④ 顾明远主编：《教育大辞典》（第一卷），上海教育出版社，1990年，第37页。

存和发展的全部外在世界，包括自然环境、社会环境及社区环境，对人则是一种自发的环境影响。由此，我们可以这样来理解，"教育环境"即是指促进教育活动的各种条件或创设的各种情境，具体来讲它包括物质的条件与心理的情境两个层面。

（二）教学环境

其次，理解课堂教学环境需要理解"教学环境"。国外研究中所指的"教学环境"主要是心理环境，研究目的是要揭示课堂环境与学科教学之间的关系，提高学生学科学业成绩。国内则主要关注教学环境对教学活动的影响。在若干教学环境的定义中，以下几种是较有影响的定义[①]。

美国 F. G. Knirk 认为，教学环境主要是指由学校和家庭的各种物质因素构成的学习场所。它是由"学校建筑、课堂、图书馆、实验室、操场以及家庭中的学习区域所组成的学习场所"。澳大利亚 Barry J. Fraser 认为，教学环境是课堂内各种因素的集合，是由课堂空间、课堂师生人际关系、课堂生活质量和课堂社会气氛等因素构成的课堂生活情境。美国 Hawley 指出，教学环境就是学校气氛或班级气氛，"就是一种能够激发学生的创造性思维的温暖而安全的班级气氛"。美国 R. L. Sinclair 认为，教学环境主要指学校教育环境，"就是那些能够促进学生身心发展的条件、力量和各种外部刺激因素"。国际教育评价学会（JEA）在一项大规模的国际教学环境研究项目中提出，教学环境是由学校环境、家庭环境和社区环境共同构成的学习场所。

研究者从不同的角度对教学环境的概念作了界定。第一种定义把教学环境主要看作是物理环境，忽视了心理环境这一重要因素。第二种定义虽然涉及了物理环境与心理环境，但把教学环境局限于课堂教学环境，是比较狭义的定义。第三种定义又只注意教学环境的心理方面，忽略了物理环境因素。第四种定义也主要是指狭义的教学环境，只关注了外部刺激因素，而且教学环境对学生的身心发展有正反两方面的作用，不都是促进，有时也会成为阻

---

① 田慧生著：《教学环境论》，江西教育出版社，1996年，第5页。

碍因素。第五种定义混淆了教学环境与教育环境两个概念。其实，教学环境无论是作为积极因素还是消极因素，它都是客观存在的，也是复杂多变的。

（三）课堂教学环境

田慧生教授将教学环境界定为"一种特殊的环境。概括地说，教学环境就是学校教学活动中所必需的诸客观条件和力量的综合"①。事实上，课堂教学环境，从其范围限定来说，是在课堂这一空间内的一种微观的教学环境，是为教师和学生的教学活动服务的特殊场所；从其内容构成上来说，包含课堂物理环境和课堂心理环境，二者相互影响、相互促进；从其建设发展上来说，建设主体是教师和学生，并且追求各种课堂教学环境因素的动态平衡，从而能够建立课堂教学环境的良性循环。

我们认为课堂教学环境是一种特殊的环境。它是指与教学有关，影响教学并通过教学影响人的因素的综合。教学环境区别于一般的环境概念，它与教学有关，具有教育性，不论主体是否愿意，它都会时刻影响着教学活动的开展，进而影响主体的行为、心理。"教学环境又有广义和狭义之分。从广义上说，社会制度、科学技术、家庭条件、亲朋邻里等，都属于教学环境，因为这些因素在一定程度上制约着教学活动的成效。从狭义的角度看，即学校教学设施、校风班风和师生人际关系等等。"② 我们通常所指是狭义的课堂教学环境，也就是学校教学环境，学者们的研究也多集中于此。本文所探讨的"课堂教学环境"是更为狭义的课堂教学环境，是学校教学环境的一部分。课堂是开展教学活动、师生交往的主要场所，相对于学校教学环境来说，课堂教学环境的研究更有针对性，对优化课堂教学环境、提高教学效果更有指导意义。依据教学环境的概念我们可以理解课堂教学环境的含义。课堂教学环境是存在于课堂教学过程中的，影响教学并能通过教学影响人的各种物理和心理因素的综合。

---

① 田慧生著：《教学环境论》，江西教育出版社，1996年，第7页。
② 同上，第8页。

1. 课堂物理环境

任何教学活动都是在一定的环境中进行的，课堂就是教学活动的基本环境，正因为如此，我们常常把课堂教学环境作为一个概念来讲。课堂教学环境是教师和学生为教学活动的顺利进行而创设的一种特殊场所。课堂教学环境从结构来看，主要由教学活动所必需的课堂物理环境与教学活动所追求的课堂心理环境二层构成。课堂物理环境是显性环境教学的物理环境，是指教学赖以进行的一切物质条件所构成的整体，它是教学活动的物质基础。如室内的空气质量、适宜的温度、柔和而充分的照明、和谐的色彩、师生的位置关系等，都在课堂教学活动中对教师和学生的身心活动，如情绪的产生和情感的形成，有着直接的影响。课堂教学环境中的各种教学设施、设备等是课堂教学活动赖以进行的物质基础，也是课堂教学环境中的重要组成部分。课堂教学环境中的教学设施与设备，可以通过自身的完善制约和影响教学活动内容的展开。课堂物理环境因素如教室内光线、温度、声音、色彩、教学时间、座位安排、班级规模、教学设施等，确实对教师和学生的认知、情感和行为产生着广泛的影响[1]。

2. 课堂心理环境

课堂心理环境是隐性环境，主要有人际环境，课堂教学气氛和个体心理因素。课堂心理环境对教学活动主体（教师、学生）及教学活动效果产生潜移默化的影响。研究表明，师生关系、教学气氛、个体心理因素等与教学活动、学生发展有密切联系[2]。

（1）人际环境

课堂教学的人际环境，主要包括同伴关系和师生关系。课堂上教学信息传递的有效性与师生关系的和谐呈正比，即"亲其师而信其道"。如果师生之间相互信任和理解，情感融洽，就易于形成轻松愉快、生动活泼的教学气氛，

---

[1] 田慧生：《教学环境论》，载《教育研究》1995年第6期。
[2] 谢利娟：《试论课堂教学环境的内涵、结构及建设策略》，载《当代教育与文化》2009年第6期。

使教学活动顺利进行，从而提高学习效率。班级中同伴关系对课堂教学也有重要影响。同伴之间的协作、竞争、争论、模仿、观察、判断、理解等影响着学生的成就和观念。

(2) 课堂教学气氛

课堂教学气氛，主要指班级集体在课堂教学过程中形成的一种情绪情感状态。它是在课堂教学情境的作用下，在学生需要的基础上产生的情绪、情感状态，其中包括了师生的心境、精神体验和情绪波动，以及师生彼此间的关系，它反映了课堂教学情境与学生集体之间的关系。课堂教学气氛有两种类型：一种是支持型气氛，一种是防卫型气氛。前者是积极健康的教学气氛，后者则是消极的。积极的课堂教学气氛有利于师生间的情感交流和信息交流，有利于教师及时掌握学生的学习情况，得到教学的反馈信息，从而根据具体的教学情境不断调整教学内容和教学策略，取得理想的教学效果。

(3) 个体心理因素

个体的心理因素也是影响课堂教学的重要心理环境。就学生而言，主要表现为个体心理发展水平、个性特征、动机、抱负以及焦虑水平等对教学活动的影响。美国学者 Dykman 和 Reis 研究发现：自我意识水平低的学生总是选择教室中更为保险的座位（如后面或靠边的），他们不愿意参与课堂活动，表现为缺乏自信心[1]。另外有关焦虑水平的研究表明：高焦虑者较为紧张、忧虑，表现为信心不足，对问题不能作出明确回答；低焦虑者则会使人情感冷漠、高估自己，表现为把问题看得过分容易。它们均不利于学习活动，只有中等强度的焦虑水平最有利于学习。但完成高难度的学习任务，低焦虑效果较好。

在实际的课堂教学过程中，物理环境与心理环境并不是各自独立的，二者是相互影响、相互促进的关系。任何课堂教学的实施都离不开课堂物理环境的支持，也离不开积极的课堂心理环境的配合。无论是显性的课堂物理环

---

[1] 杨心德主编：《中学课堂教学管理心理》，杭州大学出版社，1993年，第46页。

境还是隐性的课堂心理环境，都是利用环境刺激来促进学生与教师对环境的认知，使教师和学生利用原有的知识和经验提取、加工、理解环境中所蕴含的与之有益的知识、情感、态度和价值观。

二、课堂教学环境的特征

教学环境与其他环境一样，都是人类生存环境的组成部分。对于人类整体生活而言，不同的环境在本质上具有一致性，即都具有生存价值和发展价值。对于特殊的社会群体生活来说，不同的环境则可能具有完全不同的价值和意义，并表现出各自不同的环境特征。教学环境作为一种特殊的社会环境，具有自己特殊的要素构成和环境特征。我们认为，教学环境的特征主要表现为以下几方面：

（一）教育性

构建和谐的课堂环境，目的是为了更好地促进教学，为了对学生进行优质的教育。因此，教育性是和谐课堂教学环境的首要特征。课堂教学环境的主客体因素是在追求真理、掌握知识和发展身心这样一些共同的目标下组织在一起的。课堂教学环境不仅仅是知识传授赖以进行的物质依托和舞台，更是育人所赖以进行的物质依托和平台。在构建和谐的课堂教学环境时必须首先保证它的教育性。一旦脱离了教育性，和谐的课堂教学环境也就失去了存在的意义。为此，必须使构成和谐课堂教学环境的各种因素本身就具备教育意义。

（二）和谐性

课堂教学环境的和谐包括课堂物理环境的和谐和心理环境的和谐。物理环境包括教室中的颜色、光线、温度、座位排列和墙面空间。大量的研究证明，教室中的光线、颜色和温度会影响到学生的学习态度和学习行为，进而影响到课堂的教学质量。心理环境也是影响课堂教学的一个非常重要的因素。"和谐的课堂"主要表现在教师上课要有亲切笑容和和谐语言，营造一个和谐、轻松的教学气氛，使学生从内心感到老师是和他们在一起学习，探讨问题，这样学生就会带着一种高涨、轻松的情绪从事学习和思考，体验到学习的快乐。另外，教师还要善于创设各种情景，以唤起学生的共鸣①。

（三）动态性

和谐的课堂教学环境是一种动态发展的环境，课堂教学必须使学生获得可持续发展的能力，即终身学习的能力，让学生从"学会"转向"会学"。当今社会正处于知识快速更新的知识经济时代，学生仅仅依靠在课堂上获取的知识是远远不够的。学生只有获取终身学习的能力，获取"会学习"的能力，才能提高对环境的适应能力和应变能力。在动态发展的课堂中，学生不仅仅学到了知识和技能，更为重要的是获得自主学习、探究学习和合作学习的态度、策略和能力，获得了"会学习"的本领。一个动态发展的课堂，是在教学过程中师生交往的基础上，通过师生相互影响、相互认识、相互信息交流而形成的师生共同发展的舞台，是师生共享工作和学习的乐土。

（四）可控性

与其他一些自发形成的环境或自然环境相比，教学环境具有易于调节控制的特点。人们可以根据教学活动的需要，不断对教学环境进行必要的调节控制，撷取其中对人的身心发展具有积极意义的因素，消除和抑制不符合发展需要的因素，使教学环境向着有利于教学活动顺利进行的方向发展。

三、课堂教学环境对教学活动的影响

在教学实践中，课堂教学环境所包括的各种环境因素，无论有形的物理因素还是无形的心理因素，都对教学活动的各个环节、各个方面施加着重要影响。概括说来，主要表现在以下几个方面②。

（一）课堂教学环境影响教学活动的目标

教学目标是教学活动的出发点，它在教学活动中发挥着导向和激励的重

---

① 高金锋、李森：《构建和谐的课堂教学环境》，载《思想理论教育》2008年第22期。

② 田慧生：《教学环境论》，载《教育研究》1995年第6期。

要作用。教师要成功地进行教学,必须首先明确教学的目标。在提出适当的教学目标以后,教师还必须选择适当的目标结构来实施教学目标,组织教学活动。教学目标一般有三种结构:即合作的目标结构、竞争的目标结构和个人主义的目标结构。合作的目标结构,主要指在实施目标的过程中,学生认识到只有同一学习群体中的其他学生达到了目标时,他自己的目标才能达到。这一目标结构实质上已将教师确定的教学目标转化为学生群体共同追求的理想。当学生感到只有同一群体中的其他同学不能达到目标时,他自己的目标才能得以实现,这种目标结构,就是竞争的目标结构。如果学生感到自己和其他同学在实现各自的目标上毫不相干,这种目标结构就是个人主义的目标结构。这些目标结构作为隐蔽在目标后面的一种无形的环境因素,对教学目标的实施发生着潜在的影响。有关研究表明,课堂教学的目标结构,直接影响着学生与学生之间、学生与教师之间的人际关系以及他们之间相互作用、相互影响的方式。这种关系和方式又会形成一定的课堂心理气氛,对教学目标的实施产生积极或消极的影响。例如,多项研究都发现,以合作的目标结构来实施教学目标,能有效增强教学集体的凝聚力,激发学生学习的积极性和合作精神,促进师生之间的相互理解和信任,从而有助于形成一种团结、合作、互助、友爱的积极的课堂教学气氛,有力地推动教学目标顺利实现。而以竞争目标结构来组织教学,往往会产生两极分化的结果:即对一部分学习成绩优良、自信心较强的学生来说,竞争性目标结构能有效激发他们的学习热情,顺利达到教学目标规定的要求。对一部分学业成绩一般或自信心较差的学生来说,这种目标结构容易增加他们对失败的恐惧,造成他们对其他同学和教师抱有怀疑、排斥和否定的态度,从而形成一种防卫型的消极的课堂心理气氛,影响教学目标的顺利实现。

(二)课堂教学环境影响教学活动的过程

教学活动总是在一定的环境中进行的,因此,课堂教学活动的整个过程都不可避免地要受到课堂教学环境的制约和影响。在实际教学中,课堂的物理环境和心理环境都直接或间接地受到各种环境因素的影响。例如,学生的课堂行为表现与教室的色彩、温湿度、班级人数、座位编排方式等环境因素有着密切的联系。例如，有关专家的研究证实，教室墙壁和家具的色彩过于强烈和鲜艳，容易使儿童在课堂上兴奋好动，注意力分散，不专心听讲。教室内温度过高，则容易使学生烦躁不安，课堂上的不友好行为和冲突性行为随之增加，课堂秩序不易维持。当班级规模过大，人数过多，学生的个人活动空间受到他人挤占时，学生的课堂行为也会发生一系列变化。有人曾在5岁儿童的学前班做过一项实验，结果发现，随着班内儿童人数的增加，儿童表现得好动，注意力不集中，攻击性行为明显增加。此外，课堂教学气氛和师生人际关系等心理因素更是自始至终干预着教学活动的各个环节，系统影响着教学活动的全过程。因此，创设良好的课堂教学环境，对于教学活动顺利进行是至关重要的。

（三）教学环境影响教学活动的结果

不同的课堂教学环境会将教学活动导向不同的境界和水平，产生不同的教学效果。师生是教学活动的主体，教学活动的效果怎样，在很大程度上取决于师生的精神面貌、工作热情及其努力程度。在良好的课堂教学环境中，教师与教师之间的团结与合作，教师对学生的关心与爱护，学生对教师的崇敬与爱戴等等，都是无形的精神力量，深刻地影响着师生的内心世界，激发着师生的工作热情。这种热情一旦成为持久稳定的积极的工作情绪，就可以在教学工作中释放出巨大的能量，对教师教的结果与学生学的结果产生积极的助长作用，从而保证教学活动良好的效果。另外，教学活动离不开物质条件的依托，教学的物质设施能否满足教学的需要，对教学效果有直接的影响。好的教学环境为教学活动的进行提供了必要的物质条件和基础，教学质量和教学水平的提高有了物质保证，课堂教学环境对教学效果的助长作用便可以得到更为充分的发挥。一些研究者还对各种环境因素与学生学业成绩的相关问题作了广泛研究。例如，麦克唐纳和伊利亚斯关于教师期望与学生学习成绩关系的实验研究发现，教师期望比性别差异、种族差异对学生学业成绩影响更大，在某种情况下，教师抱有高期待或低期待，会使同一水平上的学生的成绩出现一个标准差的浮动。美国纽约十所公立小学进行的一项实验则表明，在其他条件相同的情况下，校风的改善可以有效提高学生的学习成绩。

综上所述，我们可以看出，课堂教学环境对教学活动的影响是全方位的。从某种意义上说，教学活动的成败与课堂教学环境的优劣息息相关。缺少课堂教学环境的支持和配合，教学活动难以达到预期的目的。因此，充分认识和了解课堂教学环境，切合实际地调控、建设课堂教学环境，已成为现代学校中每个教师和教学管理人员面临的一个现实问题。

第二节 课堂教学环境的功能

课堂教学环境对教学活动及个体发展所产生的一切影响，都是通过自身的功能属性表现出来的。我们认为积极良好的课堂教学环境具有三种功能。这三种功能从不同的侧面对教学活动和学生身心发展施加影响，并最终通过从总体上提高教学效果和促进个体的发展而显示出自身在教学中的极端重要性。

一、导向功能

课堂教学环境的导向功能，是指课堂教学环境可以通过自身环境因素集中、一致的作用，引导学生主动接受一定的价值观和行为准则，使他们向着社会所期望的方向发展。课堂教学环境是按照人的身心发展的特殊需要和国家教育方针、学校培养目标的具体要求组织起来的育人场所，它集中体现了社会主流文化的精神和价值取向，体现了国家和社会对年轻一代成长发展的期望。这些要求和期望渗透在学校内部的各种环境因素中，形成一种具有强大约束力的精神氛围，引导着学生的思想，规范着学生的行为，塑造着学生的个性。课堂教学环境的这种导向作用对于学生的社会化具有十分重要的意义。① 社会化是"个体在与社会的互动过程中，逐渐养成独特的个性和人格，从生物人转变成社会人，并通过社会文化的内化和角色知识的学习，逐渐适应社会生活的过程"②。课堂是传授给学生人类历史上所积累的璀璨文化、社会行为规范、准则等的主要场所。学生在对这些文化、规范、准则等不断内化的过程中，慢慢转变成了社会人，并逐渐适应社会生活。因此，学生在学校的受教育过程，是其主要社会化过程的体现。

二、激励功能

特定的课堂教学环境，因素都会成为影响教师教、学生学的直接或间接诱因，这种影响和诱导具有两面性，可能是积极的，也可能是消极的。良好完善的课堂教学环境对师生具有很强的吸引力和凝聚力，作为课堂教学活动的引导者和合作者，教师应当运用教学机智及时地根据教育目的和教学活动需要，积极调节和控制教学环境中各种因素，创建和弘扬利于学生身心发展的积极环境因素，减少或抑制阻碍教学活动顺利进行的消极因素。如，宽敞明亮、色彩柔和的教室，生动活泼、积极向上的课堂教学气氛，都能给师生心理上带来极大的满足感和愉悦感，能充分激发起他们内在的工作和学习动力。又如，生动活泼、民主和谐的教学氛围；教师对学生的准确言语评价或鼓励性手势和眼神，分组讨论、角色扮演或合作探究等教学方式对学生心理氛围的积极影响等等，都能在某种程度上积极影响着教师和学生，师生、生生的良好互动形成的教学软环境，对教学过程产生积极影响。这样的良性循环不断激发教师和学生积极向上的情感和内在的教与学的积极性。

三、美育功能

课堂教学环境的美育功能，是指良好的课堂教学环境有利于激发学生的

---

① 田慧生：《再论教学环境论》，载《西北师范大学学报》1993 年第 5 期。
② 郑杭生主编：《社会学概论新修》，中国人民大学出版社，2003 年，第 83 页。

美感，进而培养学生正确的审美观和高尚的审美情趣，丰富他们的审美想象，提高他们感受美、鉴赏美和创造美的能力。审美是人的一种高级心理活动，人与环境之间有着直接的审美联系。实践表明，在和谐良好的课堂教学环境中，处处都蕴藏着丰富的审美内涵，教室里的装饰美，教学中的创造美，以及师生的仪表美、情感美、语言美等等，都对学生正确审美观的形成产生着重要影响。比如，教室里催人奋进的宣传语所呈现的装饰美；整洁的班级卫生、教师讲台和学生课桌上摆放整齐的粉笔、板擦、书本文具等所呈现的环境美；得体的师生服装、发型、积极饱满的工作和学习状态、文明的言语表达等呈现的仪表美、情感美、语言美……这些教学环境中的美育和德育因素都会对学生产生潜在的熏陶与感染，而且这种影响是持久的，会潜移默化地影响学生的审美情趣和环境观念，提高其发现美、创造美的能力。

第三节　课堂教学环境创设的策略

在新课程改革背景下，要进一步优化课堂教学管理，提高课堂教学质量，需要优化课堂教学环境。教学实践表明，提高课堂教学效率的一个重要条件，是创设优良的课堂教学环境。众所周知，课堂教学是学校教育的主渠道，课堂教学环境的优化是实现课程目标的必要条件，更是体现教师和学生生命价值的现实需求。优良的课堂教学环境对教学活动有重要的影响，是影响课堂教学效率的主要因素，也是课堂教学管理的重要内容。课堂教学环境优化，需构建良好的物理环境，创设课堂人际环境、教学气氛和良好的课堂心理气氛。怎样才是优良的课堂教学环境呢？我们将结合教学案例来分析和探讨这方面的想法。

一、优化课堂教学的物理环境

随着基础教育事业的不断发展，基础设施建设已经不再是我国基础教育发展中的主要问题，中小学校的办学条件有了很大的改善，可以保障基础教育改革的顺利进行。与此同时，课堂教学环境中的物质条件也有了较明显的改进，学校在基础设施建设方面更加科学合理，不仅教室的大小、方向、空间、采光、温度等成为基建中科学设计的重要因素，而且教室内部的基本设施如多媒体设备、桌椅、室内布置等均能保障教学工作有效进行。

课堂教学环境目前存在的问题就是优化课堂教学的物理环境，主要体现在空间环境的优化。空间环境的问题主要体现在，第一，班级规模过大，人数过多。在一个固定的班级内，增加人数就意味着造成空间拥挤，而过分拥挤的教室易使学生和教师产生不良反应，如烦躁不安、好斗、富有攻击性、压抑和无助感等。学校应对班级规模进行适当的调控，以保证每个学生有足够的学习空间。第二是传统的课堂教学中的师生的位置和身体活动是以教室为中心而设计的，那种普遍性的"横成行、竖成列"的桌椅排列模式，其主导意识就是要充分发挥教师讲和学生听的效果，更多的是习惯于要求学生保持以静坐的姿势在整整一堂课中以静听、静思为主要形式进行学习。这种环境下的课堂教学，缺乏真正的人际交流和学生的主动性活动，而且这种课堂教学环境形态容易使学生产生心理和生理的疲劳，从而容易引发学生在课堂教学过程中产生厌倦情绪。因此，优化课堂教学的物理环境，应改变目前课堂教学过程中普遍存在的师生身体活动的环境，改变目前这种传统的课堂座位排列方式，以改善课堂教学过程中的人际交流方式和活动方式。这是因为，课堂教学过程中座位形式的变化，实际上是改变了课堂中教师和学生、学生和学生相互之间的身体活动关系，也就必然有助于促进教师、学生之间构筑一种新的联系方式，会促进师生以一种新的方式进行交流。另外，学生在这种新的活动方式以及新形式下的身体活动，会激励他们学习情绪的高涨和积极性与主动性的增强。这种新型的课堂座位环境，提高并增强学生身体活动的范围，使他们在一个更广阔的空间范围内与老师、与同伴进行交流，有利于开展更多的实际操作活动，同时也给学生创造了更多的选择机会，发挥自己主动性的机会，发展和提高自己才能的机会。①

二、创设良好的课堂教学心理环境

我们在前文提及的课堂教学心理环境涵盖了人际关系、课堂教学气氛和个体心理因素三个方面。课堂心理环境中的人际关系、教学气氛和个体心理因素三者之间关系非常密切，它们相互影响、相互促进。课堂的人际关系是形成良好的课堂教学气氛和个体心理状态的重要条件，而良好的个体心理状态和课堂教学气氛反过来又促进良好人际关系的形成。良好的人际关系既是课堂教学气氛的反映，又是积极的课堂教学气氛形成的基础。因此，创设良好的课堂教学心理环境要考虑这三者的关系，从以下三个方面着手。

（一）改变教师的学生观

在传统的观念中，教师在教学过程中往往承担着知识传授者、主考官等角色。学生是知识的接受者和被考者，教师把学生看成是随主观意愿任意涂上图案、雕琢或注入某种东西的人。在这种思想指导下，教学过程中学生的心理状态往往是防御型的，学生为了自己不至于被教师批评或惩罚，在课堂上保守倾向严重，因而难以表现出积极的情绪，课堂气氛无法活跃起来。

教师应真正把学生看作教育的对象，真正在教学中尊重学生、爱护学生，使教学活动成为师生共同参与的活动，使课程实施成为生成的过程。教师学生观的改变必然影响学生个体的心理状态和教学氛围。新型的学生观认为，学生首先是一个人，主体性是人的本质特征，发展是人的天性，教育是促进主体发展的活动。教师新型的学生观有助于形成发挥学生主体性和关注个体的心理状态，在教学中以互动、参与、生成为理念贯穿始终。教师成为引导学生学会寻求知识、吸收知识、运用知识、寻求机会的"向导"和"组织者"，成为深刻地理解学生观点、想法和情感特征的"知音"。这样，学生就

---

① 谢利民：《创造民主和谐的良好课堂教学环境》，载《现代中小学教育》2000年第11期。

能以极大的热情，饱满的情绪投入到学习过程中去，就会形成良好的心理状态和课堂教学氛围。师生之间的会话、语言交流，以平等的关系、开放的心态、谦虚的态度来交换彼此的思想，探讨对文本的理解。这样的课堂教学会更加有利于学生的发展，其目的不只是为了知识的传递，也不仅仅是达成共识，而更多的是视野的拓展、精神的会通、人格的交流，以促进学生的发展。

1. 相信并尊重每一个学生发展的主体性

相信并尊重学生发展的主体性，首先是相信学生发展的主动性，相信每一位学生的内心存在一种主动求知、主动求发展的欲望。教育并不是赋予了学生的发展特性，而仅仅是顺其身心发展规律，促使他更好更快地发展。教育者的责任在于激活学生内在发展的动力——唤醒学生主体发展的意识，调动学生主体发展的积极性，即学生自我对发展的认识、需要、自信、意志以及对当前自我发展的良好体验，使学生主动发展而不是被动发展。因此，要打破学校教育以教师为中心的传统思想，提倡学校教育教学要从学生发展的需求出发，创设适合学生发展的课堂教学环境，创造和谐、宽松的教学氛围，给学生的发展创造一定的自由空间，真正创立一种适应学生发展的课堂教学环境，而不是让学生感到被束缚。

2. 相信并尊重每一个学生的发展潜能

新型的学生观强调，学生不仅是人，而且是正在发展中的人，每一个学生都存在巨大的发展潜能，教学要促进全体学生的潜能发展，教师对全体学生的发展有信心。相信每一位学生的发展潜能，首先是热爱和信任每一位学生，在教师的心目中，每个学生的发展各具特点，而不是被分成三六九等。优秀教师的教育实践表明，热爱和信任学生是教师教育成功的基本信条。一般来讲，教师热爱那些学习成绩优秀的学生很容易，信任那些学习能力和水平高的学生也很自然。然而，让教师热爱和信任那些暂时发展困难或某些方面发展有障碍、能力和水平相对比较低的学生就比较困难。但是，教师的天职是对每一位学生的发展持有热情和期望，帮助每一位学生而不是少数学生获得成功。"让每个孩子都获得成功"应该成为我们教育工作者的信条。这就要求教师用爱心滋润每一位学生的心灵。

(二)倡导民主和谐的师生关系

教师角色的转换,要求教师成为学生发展的促进者、学生学习的引导者、学生活动的组织者、学生学习的帮助者等。学生则要尊敬师长,积极配合教师的教学工作,形成民主和谐的师生关系。学生是课堂的主人,教师是学生学习的指导者和组织者,也是学生学习的合作者和参与者。教师作为参与者,应逐渐抛弃师道尊严的观念,建立民主和谐的师生关系。在这样的师生关系中,学生体验到平等、自由、民主、尊重、信任、友善、理解、宽容、亲情与关爱,同时受到激励、鞭策、鼓舞、感化、召唤、指导和建议,形成积极的、丰富的人生态度与情感体验。在这种人道的、和谐的、民主的课堂氛围中,师生双方不仅拥有了收获知识的满足,更具有精神层面的愉悦。这是课堂教学环境优化的关键。

1. 营造民主的课堂氛围,建立和谐的师生关系

民主的课堂教学就是充满爱心、尊重个性、体现平等的教学。在民主的课堂教学环境中,教师和学生不仅仅在人格上是平等的,在教学过程中作为促进者与被促进者也是平等的。课堂教学中教师真诚地关爱、鼓励学生就会赢得学生的尊敬和信赖,就会架起教师与学生之间友谊的桥梁,师生之间的情感就会相融,心灵就会相通。这样,师生之间不仅可以建立起和谐、融洽的关系,而且可以开创宽松民主的课堂教学氛围。教师只有在课堂教学中树立平等、民主的教学理念,学生才会获得与教师进行交流与沟通的机会,才会获得发言权,得到主动发展、自主发展的权利,才会有智慧火花的闪现,师生之间也才能建立起和谐的关系。营造民主的课堂氛围,建立和谐的师生关系有利于课堂教学质量的提高,有利于学生想象力、创造力和主观能动性的充分发挥。著名教育家叶圣陶认为,师生之间应该确立朋友一样的和谐关系。他说:"无论是聪明的、愚蠢的、干净的、肮脏的,我们都应该称他们为朋友。我要做学生的朋友,我要学生做我的朋友。"学生只有在这样的课堂氛围和师生关系中才会感到自己受到了教师的尊重与重视,才会感受到教师的

关爱，才会有学习的安全感。

教师要构建和谐的师生关系，就需要把学生当作朋友一样对待，需要从尊重学生的个性与人格尊严做起。马斯洛健康心理学告诉我们：任何一个健康人心里都有一些需要，当满足了基本需要，一个更高的需要才得以出现。当学生满足了师生间平等、互尊、合作的需要，学生才会因此而发展自尊、自重，才会轻松、愉快地投入学习。当师生之间实现了平等对话，我们就会发现师生之间也是可以弹奏出和谐音符的。建立和谐的师生关系还需要教师营造一个"和谐的课堂"。"和谐的课堂"主要表现在教师上课要有亲切笑容和语言，营造一个和谐、轻松的教学气氛，使学生从内心感到老师是和他们在一起学习，探讨问题，这样学生就会带着一种高涨、轻松的情绪从事学习和思考，体验到学习的快乐。另外，教师还要善于创设各种情景，以唤起学生的共鸣。

2. 缓解紧张气氛，调整学生的焦虑心理

教师热爱、信任学生，学生尊重、敬仰教师，可以营造积极、健康、愉快、活跃的课堂心理气氛；否则就容易酿成消极、沉闷甚至一触即发的紧张课堂心理气氛。同学之间团结友爱容易使课堂上形成互相尊重、体谅、友好的学习风气；如果同学之间不和睦，矛盾重重，课堂上就容易出现嘲讽、攻击、紧张、压抑等不健康的气氛，进而影响课堂效率的提高。影响课堂心理氛围的不仅仅是师生关系，同伴关系也是一个重要的影响因素。教师是否善于帮助学生建立相互支持、相互合作、共同进步的氛围很重要。一些教师最善于进行学生间的比较，以为这样可以给学生带来积极的竞争和压力，可以转化为更大的前进动力。殊不知，这其实是一种极具破坏性的竞争压力。生活在这样的班集体中，心理素质差的学生早已缴械投降，或选择破罐破摔、放弃与同学竞争和向上的机会，或患上严重的考试焦虑、甚至无法上学。这点在中学生中更为突出。因此，在合作的基础上创设一种建设性的竞争压力，为学生营造一种安全向上、相互支持的同伴环境，才是促进学生共同发展的根本。

个体心理因素中的焦虑心理直接影响课堂教学的效果。焦虑是学习者在自尊心受到潜在威胁的情境下产生的一种忧虑心理倾向。焦虑程度过强或过弱都会产生破坏作用和抑制学生创新思维能力的发展。因此，焦虑度应是适当的。一方面，要防止学生焦虑程度过弱。教师要抑制学生的依赖心理，不要一讲到底，要在课堂上不断地制造刺激，激发学生的学习动机，增强他们的学习责任感，如角色刺激、抢答赛等。另一方面，教师又要防止学生焦虑程度过强。中学生正处于身心发展的高峰期，他们敏感、自尊心强，很注重自己在他人心目中的形象，希望自己的言行能得到他人的认同和肯定。这种心理表现在课堂上会使学生害怕发言，怕说得不好影响自己在老师和同学中的形象。不少学生说："本来有些想法，但不全面，不完整，可一站起来，心里就急，脑子里一下子什么也没有了。"少数学生说："真怕点到我。"上述心理是焦虑程度过强的表现，它也抑制了学生创新思维能力的发展，调整的方法是抑制学生过度的焦虑。具体的做法是：第一，保证学生思考的时间，让学生有足够的心理准备；第二，调整课堂教学，点拨学生思维，助其成功，让学生尝到成功的喜悦，让成功带给他们更多的自信、自尊。

【案例7—1】以《社戏》课堂教学为例[①]

那天语文课上的是《社戏》，在快速浏览课文、了解文章后，老师请学生默读第11、12节，要求从中找出写景优美的语句，并思考这些句子中哪些词用得好，为什么。

学生们默读思考后，纷纷回答："两岸的豆麦和河底的水草所发散出来的清香，夹杂在水气中扑面地吹来"一句中"扑面"用得好，它写出了船在快速前进而香气袭人的情景。"然而又自失起来，觉得要和他弥散在含着豆麦蕴藻之香的夜气里"一句中"自失""弥散"用得好，写出了"我"深深地陶醉在美丽的夜景中。

学生热烈发言之后，老师微笑着说："这么优美的景色，大家觉得该用怎

---

① 赵萍：《创设愉快和谐的课堂环境》，载《现代教学》2011年第3期。

样的语气来读呢?""轻松、愉快、兴奋。""好,请大家想象一下。"老师满含深情地娓娓道来,"一个空气清新的夜晚,深蓝的天空中挂着一轮明月,山峦连绵起伏,晚风徐徐吹来,空气中弥漫着豆麦、蕴藻的清香,一场盼望已久的社戏即将开演了,而你正在去看戏的途中,带着这份感受,请自由朗读这两节。"学生们开始朗读了,和刚才毫无表情的默读相比,我看到了他们脸上发生了细微变化,愉悦之情洋溢在许多学生的脸上。

读完后,老师继续问道"这些景物描写是单纯地写景吗?它和文章写'我'看社戏有关联吗?"学生们回答:"这些景物描写写出了江南水乡夜景的清新优美,衬托了'我'能去看戏后愉快的心情。"老师又问道:"朗读这些句子,是否要用同一种语调呢?"学生回答:"表现愉快心情的语句,在读的时候应该是愉悦、轻快的。"

接下来,老师请一位女生进行朗读,她读得很有感情,听着她抑扬顿挫的声音,看着学生陶醉其中的样子,老师心中不由一动。等她读完,问道:"她读得怎么样?""很好!"老师说:"是啊,听了她的朗读,我们的心也沉静,然而又——"老师故意停顿了一下,"自失起来!"学生们异口同声地说。没想到,学生们那么快就运用课文中的语言了,而且用得如此恰当。于是老师又微笑着说:"那么,现在请同学们也来朗读一遍,让老师再'自失'一次,好吗?""好!"学生们顿时兴奋起来,优美、舒缓、极富情感的声音传到了老师的耳畔。

在教学过程中,教师时刻关注学生的学习行为,根据学情灵活调整自己的教学,运用极富感情、充满智慧的教学语言引领学生在琅琅的读书声中飞扬激情,与作品中的人物同欢乐、共休戚,达到忘我的境界。这样和谐的课堂满足了学生的学习需求,激发了学生的学习主动性。学生也才会全身心地投入学习,才能体验愉快、和谐的课堂教学环境。

(三)变革教学方式,营造良好的教学气氛

1996 年,国际 21 世纪教育委员会向联合国教科文组织提交的报告书《教育——财富蕴藏其中》提出,教育"应围绕四种基本学习加以安排,可以说这四种学习将是每个人一生中的知识支柱：学会认知，即获取理解的手段；学会做事，以便能够对自己所处的环境产生影响；学会共同生活，以便与他人一道参加人的所有活动并在这些活动中进行合作；最后是学会生存"。可见，学习将成为人们实现自我的途径，学会认知、学会做事、学会共同生活（即学会合作）、学会生存（即学会发展）是新时代对人的基本要求，也是学校教育要努力实现的培养目标。新课程改革的一个重要内容就是由单纯重视"教"变为同时重视"学"，学生学习问题成为新课程改革的核心问题之一。作为学校教育的主阵地——课堂，应发挥其作用，通过教师的教来实现学生学的效果。课堂教学最终的目的是实现教学目标，达到教学的效果。从学生角度来讲，即学会学习，以实现学习目标，达到学习的效果。

课堂教学中通过教师教学方式的变革，倡导新型的教学方式，以合作学习、探究学习、自主学习作为课堂气氛变革的突破口，使课堂教学充满生命气息，形成良好的课堂教学气氛。课堂教学气氛，作为课堂教学过程中学生集体的情绪倾向，它一旦产生，便能作为一种相对独立的心理环境因素，反过来作用于学生的课堂学习的行为，并影响整个课堂教学的实际效果。因此，在课堂教学的实践过程中，遵循"以学生发展为本"的理念，大力倡导建立自主、合作、探究的教学方式，营造良好和谐的教学气氛，使学生真正体验学习的美妙，使学生学会学习，能够进一步保证课堂教学目标的有效落实，促进学生的学习效果。

1. 对自主、合作、探究学习方式的认识

在课堂教学活动中，许多学生都渴望拥有能够支配自己学习活动，参与、选择课堂活动的权力，以及与老师共同管理课堂的权利。自主、合作、探究的课堂的创建必须满足学生这方面的需要。原因就在于，无论学生是否意识到，他们都在控制着自己的学习行为。如果没有学生积极、主动地配合，教师根本没有办法促使学生完成学习任务。因此，教师要积极创设有利于学生参与的课堂教学环境，使学生主动地参与课堂活动，形成良好的教学氛围。

新课程倡导建立的自主、合作、探究学习方式是建构在大众教育的课程理念之上的，是建构在现代学习理论基础之上的。自主性学习，也就是学生积极地发挥自己的主体作用，主动去学习，不让老师牵着鼻子走。如能自己去阅读的教材一定自己去读，能自己动手去做的实验就要亲手去做，能自己说的想法一定自己说。合作性学习，即通过学生与学生、学生与教师间的讨论、互助等形式的合作学习，互相取长补短，共同发展进步。探究性学习，就是在教师的组织、指导和引导下，学生从自身发现问题出发，从好奇心及兴趣出发，通过实验、实践，用所学的知识去解决问题、验证原理或尝试相关知识的综合性学习活动。自主性学习方式的类型主要有超前式学习、迁移式学习、实验室式学习；合作性学习方式的类型主要有小组式学习、交往式学习、讨论式学习；探究性学习方式的类型主要有问题式学习、发现式学习、体验式学习。其实，在实际学习过程中，这些学习方式并不是截然分离的，而是相互交叉和贯通的。

教学方式的变革有助于发挥学生的自主性和独立性，使学生在实践中学习，在合作中发展，引导学生主动参与、自主探究与合作交流。激发学生的学习积极性，有利于学生掌握和运用知识，让每个学生都能得到充分的发展。教师在这个过程中始终起着引导的作用，是学生学习过程的组织者、引导者和合作者。教师只有为学生创设一个乐于学习的环境，积极引导学生勇于探究、敢于创新、善于质疑，使师生之间和学生之间在探究中互动，才能形成良好的教学氛围，教学才能收到好的效果。

2. 关注情感，给学生营造自主、合作、探究的学习氛围

民主宽松的学习环境，平等愉悦的学习氛围，有利于激发学生的学习兴趣，调动学生学习的积极性和主动性。课堂上老师不能以权威形象自居，要以尊重、理解、信任和爱护每位学生为前提，把学生看做教学活动中的朋友，使学生产生亲切感、信任感和自信心，要多鼓励表扬学生，充分肯定、赞赏学生的探究成果；对学生在探究过程中出现的问题和偏差，不能横加指责、强令修改，应指导学生冷静分析、反思、总结，帮助学生找到解决问题的办法，完成探究学习任务。这样学生才能敢想、敢说、敢做，勇于、乐于展现

自我，自觉地参与到教学活动中来。例如，课堂上老师可常用商量的语气与学生对话："这道题你们用小组讨论的方法自己解答，好吗？""你能把你的好方法向大家介绍介绍吗？""你愿意展示一下你的解题方法吗？"等等，使学生主动参与，成为学习的探究者。在探究过程中，教师应鼓励学生自主学习、主动思考和探讨问题，并在课堂中通过小组活动来实现同学之间的合作，每个成员贡献自己的智慧，共同解决问题。

3. 创设情境，激发学生自主、合作、探究的欲望

学生参与学习的积极性和主动性，往往来自于一个对于学习者来说充满疑问和问题的情境，创设生动有趣的情境，是教学活动产生和维持的基本依托，是学生自主探究知识的起点和原动力，是学生合作解决问题的先决条件，也是提高学生学习能力的有效手段。因此，教学时教师首先要选择和设计有利于学生探究的教学内容，要创造性地使用教材，将教材中的知识结论变成探究的问题，让学生置身于问题情境之中，积极主动地参与探究发现活动。其次，教师要善于设置问题情境，把学生引入与问题有关的情境之中，使学生明确具体的学习目标，产生强烈的探究欲望，并鼓励学生提出问题、合作解决问题。

如在教学"分数的初步认识"时，创设"妈妈分苹果"的情境：妈妈要分苹果给小军和小丽兄妹两人，请同学们用掌声表示每人分到苹果的个数。10个苹果，平均分给2个人，每人分得多少？（学生鼓掌5次）4个苹果，平均分给2人，每人分得多少？（学生鼓掌2次）2个苹果，平均分给2人，每人分得多少？（学生鼓掌1次）1个苹果，平均分给2人，每人分得多少？这时，许多学生都愣住了。教师适时地问："为什么不用掌声表示呢？"学生回答说："因为每个人只能分到半个苹果，不能用掌声来表示。"教师接着问："你能用一个数来表示半个吗？"学生们被问住了。此时，学生产生了急于解疑的迫切心情，探究兴趣也由此而生。学生的思维也开始活跃起来，不知不觉地进入了新知的学习之中。

4. 主动参与，让学生体验自主、探究、合作的过程

教师要精心设计教学，教师应根据教材内容，学生的年龄特点，兴趣爱好，个性特点去思考：设计什么样的问题最能激发起学生的研读探究兴趣，用怎样的学习方式才能调动学生的积极主动性，发挥学生在学习中的主体作用，使学生全体参与，全程参与。

主动参与是自主探究的主要途径。教师可以根据不同的教学内容，尽可能多地让学生动手折一折、剪一剪、摆一摆、量一量、画一画等，精心诱导学生最大限度地参与操作过程，使他们的手、眼、脑、口等多种感官并用，积累丰富的感性材料，让学生体验探究的过程，自己发现规律或验证结论，并在经历知识形成与应用的过程中提高探究能力。

同时，教师要激发学生全员参与，培养学生合作意识尤为重要。课堂上教师应特别关注那些比较沉默、不活跃的小组，参与他们的合作、讨论。鼓励学生懂得把自我融入群体之中，一起学习，一起活动，既能发表自己的见解，又能听到别人的意见，既能帮助解决组内其他成员在学习上遇到的困难，又能从别人那里得到相应的帮助，培养学生善于表达自己观点的能力和听取别人意见的开放心态，同时体会到团结协作的好处，培养交往意识和合作能力。

学生在小组活动时各自分担了一定的责任，并创造了大量交流的机会，有助于他们体会自己的价值，同时从同伴那里获取到教师所不能给予的信息，得以自主把握学习过程、调整学习方式，学会团结合作的工作方式，从而改善整个课堂教学心理环境，形成一个相互尊重、支持、合作的学习氛围。

【案例 7—2】

在教学"分类"时，教师首先让学生拿出课前已准备好的玩具、图片、水果。

师：同学们都带来了这么多好玩、好看、好吃的东西，应该怎样分类摆放呢？

（学生兴趣盎然，各抒己见）

生 1：把这些东西都摆放在一起。

生2：摆放整齐。

生3：把好玩的摆放在一起，好看的摆放在一起，好吃的摆放在一起。

生4：把同样的东西摆放在一起。

教师抓住这个有利时机，导入课题，开放课堂，探求新知。然后通过小组合作把学生带来的东西进行分类，各小组合作、动手操作完后，小组代表汇报结果。

生1：我们组整理的玩具有汽车、火车……

生2：我们组整理的图片有奥特曼、机器人……

生3：我们组整理的水果有苹果、梨……

师：请大家想一想，你们手中的东西，除了你现在这样分类以外，还可以怎样分类？

生1：我们把玩具按有轮与没有轮来分。

生2：我们把图片按画面色彩分。

生3：我们把水果按颜色、味道分。

整个教学过程，教师放手让学生自己把好玩、好看、好吃的东西通过摆一摆、分一分、自主探究、合作交流体验，参与知识的形成过程和发展过程，理解掌握了分类的思想方法，获取了学习数学的经验，成为数学学习活动中的探索者、发现者、创造者。

第八章　课堂纪律管理策略

　　课堂概念可以说是人类教育教学发展的历史产物，最初的教学是没有课堂这个概念的，也就没有教师的课堂管理任务，之后的教育教学发展才导致现代意义上的课堂产生，并融学生的学习与生活于一体，社会化与个性化于一身。课堂是伴随着班级教学而产生的，于是出现了教师有课堂管理额外责任的说法。因为课堂是学生、教师、环境等方面的集合体，如果缺乏协调与管理，就会人多嘴杂、混乱无序。

　　时代发展至今，课堂仍为学校教学主渠道是人们的基本共识。有效的课堂能成为提升教学质量的重要环节，无效的课堂势必妨碍教学的正常进行，无法言及教学效益。这里其实就涉及课堂纪律管理的问题。课堂纪律的构成因素众多（如内容难易、教师威信、教学方法、班级数量、年龄特征、教学环境、师生关系、班级风气、班级性质、学生座次等），因此有必要把课堂纪律的管理提升至提高教学质量的重要层面予以认识与对待。常言道："没有规矩，不成方圆。"良好的课堂纪律管理有利于和谐愉快气氛的形成；有利于师生共同目标的实现；有利于学生良好言行的养成；有利于学生求知欲望的激发。

第一节　课堂纪律的内涵与功能

　　课堂纪律的重要性可以管中窥豹，但反思对课堂纪律的认识，的确存在着事实上的误区，诸多观点曾经或至今仍极大地影响教师对课堂纪律的做法，严重制约学生的课堂行为习惯。我们认为要求学生课堂上不乱说乱动，既不现实也不明智，要求学生绝对服从教师也不是有效教学的本质，更是对素质教育的曲解。总之，课堂教学是需要纪律的，但必须指出，课堂纪律管理的探索，不能也不应该成为束缚教师和学生课堂教学积极性、创造性、生成性的桎梏。

一、课堂纪律的内涵

很多人一定听说过关于列宁与卫兵遵守纪律的真实故事。列宁走向会场门口，没有及时拿出证件被卫兵挡住了，有人向卫兵说："这是列宁同志，快放他进去！"但卫兵说："我没见过列宁同志。再说，不管是谁，都要检查的，这是纪律。"直到列宁出示证件，卫兵才让列宁走进会场。还有一个真实故事：某老师规定本班学生一律不能把手机、mp3、掌上电脑等带入课堂，一旦发现立即没收。之后学生却频频违反规定，表现出对老师这种纪律要求不服气、不配合的态度。列宁与卫兵的故事说明自觉遵守纪律行为的伟大与重要，老师不符合时宜的硬性规定导致学生对纪律的仇视与不合作。可见课堂纪律管理及策略十分必要。

在弄清课堂纪律之前，有必要对纪律的本质做些了解。有人说：纪律是大家约定俗成并为集体成员所共同遵守的一些规章制度。纪律具有明显的外控性、难以避免的惩戒性，具体可以有三种基本涵义：第一，纪律可以是惩罚；第二，纪律是约束行为的手段；第三，纪律是指对自身行为起作用的内在约束力。这三层意思集中反映出纪律的形成过程是一个由外在约束逐步过渡到内在自律的过程。也就是说，纪律是一种过程，是人们言行规范化过程的约束机制。任何人在学习、生活和工作过程中，在群体里都需要纪律、需要约束、需要规则，做事才会更有秩序，更加高效。一般而言，纪律有多重属性，如纪律的阶级性、政治性、历史性、阶段性、社会性、强制性，这毋庸赘述。

就课堂而言，它是一个师生集体活动的场所，个性纷呈。有效的管理自然就是课堂的一种必然要求,这种要求其实就是纪律。课堂纪律,主要是指对课堂行为施加的外部控制与规则。值得特别指出的是课堂纪律涉及教师和学生两大方面,绝非仅仅针对学生,尽管本书主要是就学生的课堂纪律管理进行探讨。一个课堂的教学能否有效进行,课堂纪律十分重要。因为任何教学都是教与学的双边活动,更需要学生积极主动配合,朝课堂教学目标顺利发展,良好的课堂纪律使教师的教学不受到干扰,学生的学习没有负面影响。鉴于此,我们认为课堂纪律是指让课堂教学秩序正常持续,教学行为规范发展,师生言行协调和谐,教师上课不受干扰,学生学习主动积极,课堂教学目标得以实现而专门制定的要求师生共同遵守的一种外部强制性课堂行为机制。而这就体现出课堂纪律的意义,简单地说就是使课堂教学得以正常开展,师生共同发展得以保障,学生良好个性品质得以培养,学生社会化过程得以有效进行。"没有好的纪律,教学就难以进行"的说法是教育界的基本共识,赫尔巴特说过"如果不坚决而温和地抓住管理的缰绳,任何功课的教学都是不可能的"[1]。但是我们也常见追求课堂和谐,发展学生个性却有可能导致学生活跃了,纪律却乱了。因此课堂纪律管理必不可少,是课堂教学的基本保证。

二、课堂纪律的功能

孟子在《离娄上》说:"离娄之明,公输子之巧,不以规矩,不成方员","规矩,方员之至也"。[2] "规"相当于今天的圆规,"矩"则相当于今天的直尺,均为中国古代两种画图工具,无"规"无"矩"难画方形、圆形。因此用来比喻为要想成就事情离不开"规"和"矩",否则任何事情都难以做成。"不以规矩,不成方员"引申意义就是劝告人们要自觉遵守"规""矩",这样才能有所作为。"规"和"矩"合谓规矩,它自古以来就成为人类生存与社会

---

[1] [德]赫尔巴特著,李其龙译:《普通教育学》,人民教育出版社,1989年,第15页。

[2] 《孟子·离娄上》,中华书局,1991年,第38页。

活动的前提与基础，任何人总是要在"规"与"矩"所形成的范围内活动。总而言之，就是任何事情的完成或成功无一不是需要规则的，这里的规则可能是方法，也可能是约束，而这里的约束即是纪律，"纪律就是规则，是要求人们遵守组织确定了的秩序、执行命令的保障和履行自己职责的一种行为规范，是用来约束人们行为的规章、制度的总称"①。然而在日常的课堂教学中，违反教学纪律的现象经常发生，课堂教学效果无法保障，于是狠抓、特抓纪律，结果却是，要么课堂死气沉沉，要么听之任之，造成公堂式的课堂或者茶馆式的课堂，课堂纪律失控、无序、混乱。其实课堂纪律当然要抓，但必须明白：靠"武力镇压"是师道尊严过度化根源造成的，其结果会限制学生的自由，泯灭学生个性，难以与学生的生活实际产生共鸣，更无法吻合课堂纪律的要求；课堂纪律实际上是对"以学生发展为中心"的人文思想与和谐民主观念的有机契合，学生能真正自由地表述自己的思想。所以对教师来说，误解课堂纪律的功能，就不可能抓出符合学生和课堂实际而又良好的课堂纪律。我们必须懂得"纪律并不都是外在的附加，而是学生内在的需求；重视纪律，实质上是尊重学生对权利的需求，就是尊重学生的权利；学生守纪意味着自己对自己权利的尊重，意味着学生在课堂上有尊严地生活"②。俗话说：纪律是学习的保证。好的课堂纪律可以是良好教学的保障条件，有了好的课堂纪律，学习效果会发生变化，甚至学习习惯也会朝好的方面发展。因为课堂纪律与课堂效率的关系密切，脱离了纪律的课堂无法保证教学效果。课堂纪律对课堂所有成员均有约束作用，牵一发而动全身，教师和学生相互影响，互为彼此。教师是管理者，学生是执行者。良好的课堂纪律可以让课堂变成一个舒适的学习场所，营造教学和学习的好环境。

具体来说，课堂纪律具有四种主要的育人功能。第一，课堂纪律促使学生不断适应社会。课堂纪律的特点之一是要求学生遵守相应的规章，约束自

---

① 中国社会科学院语言研究所词典编辑室编：《现代汉语词典》，商务印书馆，1994年，第88页。

② 参见李永如博客：http//www.teacherclub.com.cn:80/2010.12.19。

己的行为，既让学生学习知识，又让他们明白在何种情况下任何事情的发生发展都离不开一定的准则与规范，如同社会需要人们自觉地履行自己的义务、享受自己的权利，才能保障社会和谐有序，才不至于因形形色色的人、物、事而只有碰撞，没有协商，只有混乱，没有安宁。学生在课堂上所经历的一切都有形无形地促使学生不断了解世界、了解人生，了解和适应社会。第二，课堂纪律促使学生人格不断成熟。学生的特点之一就是年龄小、经历少，又处在身心发展时期，一方面渴望知识的获得，一方面憧憬未来的生活。学生在课堂上遵守规范与纪律的过程中，获得了自我控制的能力、造就独立特性、形成自信意识，从而在发展知识的同时，学生的人格品质也得以不断完善。第三，课堂纪律促使学生不断浸润人生与社会品德。课堂上的学生在纪律的约束下，认真履行自己的行为规范，他们不但受书本知识的影响，而且受有血有肉、活生生的教师品行的重大影响。他们每天形影相随、耳濡目染的是教师的人生观、世界观，是书本中字里行间散发的思想意识和伦理道德，这些都有效地要求和规范学生不断形成自己的道德意识，改变着学生的伦理意识，促使其自觉约束和遵守社会道德规范，形成良好的道德品质。第四，课堂纪律促使学生不断地获得情绪上的安全感。人有各种情感，学生也不例外。情感是人的感性色彩和文化内涵的体现，可以看作是个人和社会交互产生的结果，而这种结果会影响个人下一步的行为。人处在什么样的情感中，就可能出现什么样的情绪宣泄，积极的情感有利于人的正面性发挥，消极的情感不利于人的潜能释放。因此课堂上各种情感处理得当与否，必然影响甚至是制约着学生的言行举止，课堂秩序维持好坏一定程度上与情感有关，课堂纪律可以帮助学生不断地控制自己上课时的情绪，有利于学生获得安全的情感要求。

综上所述，课堂纪律的重要性与必要性是不言自明的。任何避讳课堂纪律甚至取消纪律的看法和做法是浅薄而有害的。只有着眼于发展学生的知识、个性、创造力，才符合教育教学的本质。

第二节 课堂偶发事件的引导与处理策略

从学校教育来说，迄今为止课堂始终是各种教学活动的主阵地，是师生进行人类知识传授与文化传承集中而又神圣的殿堂，也还可以说是学生生命成长的原野。从师生层面来说，在教学中课堂仍是师生教学相长的平台，是实践体验、感悟道理、增加知识、体验情感、规范行为、反思自我、成长生命、完善个性的重要基地。教师和学生在此的一切言行都直接影响课堂上教与学的效果，虽然我们要求学生应该正面、积极、主动、专心、自觉地朝教师的教学内容、教学计划和教学目标迈进，但是开小差、搞小动作、心不在焉，出现影响教学正常开展的事情或者始料不及的局面，即课堂的偶发事件还是或多或少地发生。

显然，课堂教学作为一个变幻莫测的生成过程，期间随时可能出现各种意外或偶发事件，如何随机应变解决问题是课堂纪律管理智慧最集中的表现，是课堂管理艺术的最高体现。课堂偶发事件的发生是出乎意料的，教师无法预知，学生也常常可能是随意、随性、随时而为的，教师无法在备课中"备"进来。大多数课堂偶发事件的发生都具有时间的突然性、事件的攻击性、空间的任意性、性质的严重性、处理的艰巨性，但它与教学的正常开展是格格不入的，有些事件必须当场处理，有些可能适合事后处理。然而，偶发事件的出现不管是有因还是无因，都直接或间接地制约课堂的教学秩序，都必须妥善处理好。否则就会造成低效或者无效课堂，无法言及教学质量的提高。处理课堂偶发事件，首先是要注意恰当地引导。当教学课堂上发生偶发事件时候，为了完成既定的教学任务，实现教学目标，必须科学而有艺术地引导偶发事件的理想化解决。正确、妥帖地引导对新老教师都是一个挑战。苏霍姆林斯基的"只有不称职的老师，没有不称职的学生"之语振聋发聩。

课堂偶发事件对教师、学生，尤其教学效果的影响不言而喻。如何处理好偶发事件成了教师普遍关心的事情。教学中无数事实证明，引导处理得好就能化害为利，因势利导，形成新的教学生成；反之会更为被动，不仅不利于教学的正常进行，还会雪上加霜。因此，以策略的方式来谈谈课堂偶发事件的处理其意义显得格外重大。这里的策略就是指在课堂教学过程中为了实现当堂课程的教学目标，针对突然出现的与教学计划、教学目的无关而又出乎教师意料的不利事件，根据实际发展和变化来进行的一系列行动、思考、选择。如何处理课堂偶发事件的确成为一门课堂教学的行为艺术。

偶发事件的处理策略大致可以分成课堂中和课堂后两种类别，以及冷、温、热三种模式。课堂中的偶发事件极少是课后处理的，但也不是没有，这要依据偶发事件大小、牵涉的范围与处理的难易程度来决定。例如：同学间的矛盾，师生间的矛盾，父母兄弟姐妹间的矛盾，或牵涉校内、课内的，或牵涉校外、课外的，单纯的课堂内处理不一定能有好效果。还如：上英语课时，老师正在讲"睡觉"的英语单词，一位身材比较肥胖的女同学因瞌睡坐不稳突然连人带凳子一起"砰"的一声倒在地上，全班顿时哄堂大笑，课堂纪律大乱。老师停顿一小会，秩序得以恢复。可是老师刚讲解没一会儿，又重复一次刚才的倒地声，刚恢复的教学又重新被打乱而无法进行。事后的原因是女同学母亲昨夜病重住院，单亲家庭的她只得前往医院照顾，几乎通宵没有睡觉，导致课堂上实在撑不住。这件事件的处理很难简单化，若因不了解具体的原因，弄不清事件的性质而处理的话，很难符合客观实际，极易歪曲事实真相，导致结果不公正，学生内心不服气，教师威信降低，教育效果和教育目的适得其反，而且不恰当不公平的处理会长期在学生心里留下阴影。

一、冷处理法

顾名思义，冷处理法即指教师低调处理偶发事件或不做处理。亦即采取留面子、不当众、不当时惩戒实施偶发事件对象的方式来对待问题，以忍让、宽容、沉寂的教育态度化解之，使其不至于因过度难堪而产生逆反心理以至于对抗甚至完全反抗，导致无法恢复课堂纪律。教师应友善地通过发散问题、转移视线、转换矛盾、改变策略等技巧与方式让课堂教学仍然保持在教学主题的轨道上。此法的特色就是在课堂教学中教师故意不关注发生的事情，有意不做事件的处理。这样做的最大好处就是不会因为偶发事件而中断课堂教学进程，不会干扰其余同学的有序学习，也就不会影响课堂教学计划的完成。当然，采取冷处理法绝不是置偶发事件于不理不顾，而是故意"装聋作哑"，让事件得到"自然"处置，即"自生自灭"。因为课堂上之所以有这样或那样的偶发事件，出乎教师的意料，均存在各种原因抑或偶然性。有些是学生无意为之的临时性事件；有些是学生因内心极想引起老师的注意或同学们的关注，便采取讲笑话、搞小动作、挤弄他人或其他方式来哗众取宠，争面子、找尊严；还有一些客观的偶然事件，如教室里突然飞入一只小鸟引起轰动等。教师可以有意忽视这种课堂"小插曲"，这样不至于影响课堂教学的氛围，使课堂教学得以持续下去。但与此同时可以通过设问题，求答疑的方式来吸引全班的注意力，对回答得好的同学进行表扬，从而侧面教育"捣蛋"的学生，用无形的"抗议"分解、冲淡、化解学生的偶发事件。一旦偶发事件发生，便立即停下教学做专门处理，一是会打断正常教学，二是事件会接二连三地发生，三是正好中了搞恶作剧的学生的下怀。

二、温处理法

所谓温处理法，就是指以坦诚直接但不说教的方式来处理课堂偶发事件的方法，避免恶意与不快。我们必须明白，课堂上偶发事件不仅可能是学生导致，自然导致，也可能是教师本人因各种不经意的方式而导致的。比如：上课时，教师正津津有味地讲课，手机突然铃声大作，引起学生的哄笑、骚动；又如：教师的方言恰好与课堂讲解的某个内容相似，令人发笑。这种时候教师必须分门别类地处理，对"言传重于身教"的教师而言，教师对自己导致的偶发事件有必要坦诚地承认失误与不当，并借机引导，以艺术的方式对待此类课堂中的偶发事件。在课堂上，教师时时处处都是学生关注的中心，一言一行都在学生的眼中、耳中、心中，教师的一颦一笑，举手投足无不被学生模仿和记忆，教师无意的行为动作、口头禅、乃至某些习惯性姿势与表情都可能被学生有意无意地效仿，或引起骚动。这时候教师如果采取呵斥、批评的方式，效果肯定不好，甚至适得其反，但是反过来教师如果能够充满爱心地有意容许并欣赏学生的"表演"才华，做到用爱意滋润学生心田，就能达到无声胜有声的效果。再如：教师使用柔和或亲切的语言说话也是一种有效的方式，针对故意讲悄悄话、搞小动作、看课外书等事件来说，教师可以先静下声音一会儿，课堂可能安静下来，然后再用温和的语调说话或讲课，这样会使课堂沐浴在热情、愉悦的环境中，有利于提升学习的期待感，进而加强学生学习的使命感，促使学习的自觉性提高，课堂秩序进而得以恢复或进一步改善。因此教师必须临机而动地采取相应的措施或策略来应对较为温和的偶发事件，才能达到事半功倍的效果，从而有效地维护好课堂纪律，保证教学质量。

三、热处理法

顾名思义，热处理法就是趁热打铁的方法，即指教师采取趁热打铁的方式果断及时地处置课堂偶发事件的方法。处于变化及生成特性的课堂发生难以预计的情形不可避免，不足为怪。但是教师对课堂上出现的较为严重的扰乱教学进程的言行或事件必须当即旗帜鲜明地表明态度并及时予以解决才能有效保障课堂教学纪律和提高教育质量。所以有些课堂偶发事件必须做到钢性处理，以"硬"对"硬"，针锋相对，绝不能采取大事化小、小事化了的折中办法，当然也绝不能上纲上线，无限夸大，颠倒是非，任意妄为。总之，热处理的方法一定要坚守原则：既立场坚定又不过度越界。所谓物极必反就是这个道理。能否拿捏好这个尺度，也是对教师能否有效维护好课堂教学及保持教学秩序的重要考验。需要及时、高调地进行热处理的课堂偶发事件往往是那些性质较为恶劣，影响比较深远，或可作为教育契机或课堂教学生成的事件。教师可以明确无误地告知学生或相关人员，这样的事件发生不利于个人的成长且影响别人的成长，只有立即或尽早得到有效的处理才能化害为利或消除危害。比如，课堂上出现男女同学之间相互搂抱、彼此吵架、公然斗嘴、离座走动等既影响课堂教学秩序又危及教育目标与根本宗旨的严重又严肃的大问题，教师不应再不闻不顾地继续授课，而应该当机立断暂停教学内容，哪怕是为此耽搁教学进度，也必须中断教学讲解立即处理。因为这时候再勉强开展教学，一是教学效果难以达到理想，二是不利于真正教育目标的实现。

在任何形式教学的课堂上，偶发事件是无法预料的，具有不可预见性。因此教师灵活应变的能力显得格外重要和突出，甚至可能是区分优秀教师与否的一个明显标志。它淋漓尽致地展示了教师的教学艺术与教学能力。教师应该触"景"生"情"，促使课堂上"山穷水尽"的局面演变成"柳暗花明"的意境。所以有学者指出："处理突发事件，既是教师教学思想、知识水平、道德修养、理性思维和智慧的集中体现，也是教师直觉思维、顿悟、灵感、激情等非理性教学艺术的集中体现。"[①]

总之，不论以何种方式来处理课堂的偶发事件，均应该慎重考虑，分门别类，不走极端，恰如其分，更应该避免批评教育过于苛刻、伤害情感、造成人格上的侮辱事实。否则，将给学生留下永久难以弥散的心理阴影。这也是对教育最得不偿失的一种讽刺。教师可以充分发挥智慧，使用多种方法，灵活、机智、高效地加以应对。比如一个无声的眼神、一个善意的微笑，可以不惊动他人，不破坏教学；旁敲侧击、"围魏救赵"，不点破尴尬，不制造紧张；幽默风趣、触景生智，不借题发挥，不影响情感。除此之外还要做到：教师一定且必须直面课堂偶发事件，在问题的有效解决方面努力为之，不得已时，毫不犹豫地选择既传统又为大家所接受和习惯的正面教育方式，也远胜于那些可能伤及师生情感的方式。

---

① 参见李永如博客：http//www.teacherclub.com.cn:80/2010.12.19。

第三节 课堂纪律管理策略

课堂是一种具有组织性、领导性、集体性特色的师生共同进行教与学双边活动的最基本教学单位。可以肯定的是它迄今仍然是学校师生之间教与学的主渠道。课堂纪律实际上是一种比较特殊的社会秩序，是课堂教与学的双边活动得以顺利进行的必备条件，是用来协调学生课堂行为，维持教师上课秩序，保证课堂教学目标实现而制定的要求学生和教师共同遵守的课堂行为规范。一句话，它是课堂的教与学之总和，它对教师和学生双方的课堂行为规范具有同等的约束力。而课堂纪律管理就是"为了解决课堂秩序问题、建立良好的教学环境，教师对学生的课堂行为进行组织和控制，使之围绕教学目标运转的行为方式。它包括课堂违纪行为预防控制技能和处理技能两方面"[①]。课堂纪律管理无疑成为课堂管理不可或缺的重要方面。在所有的课堂教学中，不可避免地会出现形形色色、大小不一的课堂问题，打乱、干扰、破坏课堂教学活动，使课堂教学计划与目标无法实现。所以课堂管理离开了课堂纪律的管理是捡了芝麻丢了西瓜，因小失大。但是课堂纪律管理涉及面很广，方式方法很多，管理效果也不尽相同。因此，如何讲究和实施有效的课堂管理策略成了广大教师不断探寻的重要领域。举凡教师对课堂纪律管理都感同身受，也各有自己的习惯方式来实施课堂纪律的管理。传统的课堂教学管理主要是"严"字当头，信奉严师出高徒，棍棒底下出人才的教育思维；革新的课堂教学管理主要是人本思想挂帅，偏向人文关怀、重视和谐育人的教育理念。然而，过严或过松的课堂纪律管理，其效果都不甚理想。采取一种管紧、卡死、压制的"严字法"模式容易导致课堂纪律问题出现频率高、性质重、控制难；而谋求和谐、人文、协商的"人字法"方式则易于造成课

---

① 阳红：《运用课堂纪律管理技能，提高师范生的课堂教学质量》，载《贵阳师专学报（社会科学版）》2001年第4期。

堂纪律问题难协调、多事端、乱起哄。下面具体谈谈课堂纪律管理的几点策略。

一、"胸有成竹"

北宋著名画家文与可长年累月不管刮风下雨都仔细不间断地观察、欣赏、比较、模画各种竹子在不同季节、气候的颜色、姿势，成为当时画竹子的高手。他画竹时一挥而就，根本用不着画草图。当时的晁补之称赞文与可说：文与可画竹，早已胸有成竹了。可见"胸有成竹"是历经多年勤学苦练才有的一种技能，绝非事到临头却束手无策或不知所措，而是胸中有数、成竹在胸的自然呈现。课堂纪律管理的好与坏固有其来龙去脉，要维护好正常的教学秩序，保障教学计划与目标的实现就必然要有仔细揣摩，不断了解课堂纪律实际情况的经历、经验，并锤炼出得心应手的课堂控制能力。具体来说可以分为几步走：

1. 制定规则，熟知程序

进行教学双边活动的课堂，其构成要素很多，诸如教师、学生、教室、环境、教材、课桌、纪律、讲授、交流等等，为了求得一个良好的教学秩序，教师和学生都必须共同努力，付出艰辛而又科学的劳动才能保障课堂教学的顺利实施。教师作为课堂纪律的引导者，无论是第一次接触学生还是任何一堂教学课，都要尽快熟悉并了解好学校、班级、学生等方面的相关特色情况，对学校有关学生行为规则和纪律处理程序的规定应该了然于胸，尽早与同学们商量或制定好班级规则与实施措施，并确保他们对之有真正的理解，清楚认识到每条规则的必要性。让大家做到事先心中有数，而不会因实施时无所适从而导致混乱。

2. 规则制定，字数适中

规则一般应具备精练好记、易懂好学、实施便捷的特点，如"爱护教室内的公物、设备"，"不要随意吐痰、乱丢废弃物"，"不要在教室内打闹喧哗"，"上课要认真听讲做笔记，保持课堂安静"等等。在制定规则时应考虑大家接受的有效性，词语要尽量正面积极，起督促激励作用，不要负面强硬突兀，发生反作用。比如，"课堂禁止奇装异服、妖冶打扮"应该替换为"课堂内要穿着得体、朴素自然"，"严禁把手机、mp3、mp4带进教室，接听电话，摆弄玩耍"应该替换成"请让通讯工具和娱乐设施远离课堂"，"不准大声喧哗吵闹，影响别人学习"应该替换为"课堂肃静显尊重，利我利他是双赢"等等，凸显规则的温馨和人性化趋向，易为同学、教师所接受和遵从，有利于课堂教学。切忌制定似是而非、难以实现的规则措施，引起不必要的麻烦。比如："回答问题有奖励，问题答错要惩罚"，"作业做错必重做，每题罚写一百遍"，这显然是强人所难、无法实施，而且还会使学生内心反感。

3. 把课上好，心有底气

影响课堂纪律好坏的因素众多，其中很重要的一点就是教师本身授课的艺术性和时效性。再优秀的教师也要认真对待课堂教学与课堂纪律，也需要有良好的课堂秩序才能有效实现教学目标。优秀的教师往往拥有较好的课堂纪律，他们为求得满意的教学效果一定会为教学作好充分准备。这包括熟悉教学内容与环节，熟知教学本质与程序，了解学生实际与程度（如老师尽量在第一时间能够记住学生的名字以便拉近教师跟学生的心理距离，更有利于维持课堂秩序，更能把握好课堂的相关情况）。教师授课应该精心准备，发挥教学艺术，做到形式生动活泼、语言风趣幽默、讲解精练易懂、教学目标明确、内容充实丰富，富有艺术性、时效性、科学性、趣味性，这样从课堂的开始就吸引学生注意力，让学生知道这位教师是很有底气和章法的，对完成教学任务的能力充满了信心。这样学生的思维无法不围绕着老师的授课进程，课堂秩序井然。

4. 自信豪迈、化解散漫

教学自信可以减少或化解课堂上一些散漫、违纪现象，给人以安定感，使得胸有成竹成为课堂教学有力的表现。"教师是太阳底下最光辉的职业"，"人类灵魂的工程师"，这样的称谓在一定程度上就是对教师职业的肯定与褒扬。教师必须充满自信，尤其是当今物欲横流的时代里，更要耐得住清贫，守得住寂寞，经得起诱惑，自信地鹤立于浮躁的人群之中，在平日和课堂的言行举止中透示出智慧的底气，表现出自信的精神，展示出崇高的品德。教师在课堂上充满着对教育教学的自信，无疑会给学生无形的动力，给教学以无比的力量。我们很多教师在课堂上不能很好地维护好课堂纪律，有一个很重要的原因就是缺乏教学自信，对教学没做到心中有数，上课时没有底气，究其原因可能是学术贫乏，经验不足，知识陈旧，表达力弱，享受不了从容快乐的教学意境，欣赏不到教学本身带来的快乐。我们知道教师在很多时候是广博的知识代名词，"腹有诗书气自华"是教师的本质内涵，是其自信的本源，我们也知道"一桶水"、"长流水"理论对教师而言，永远适用，不会过时。所以，教师在课堂上，应当信心满满，把真知传授给学生，用自信感化学生，让知识滋润他们的心灵，让自信感染他们的言行，这样学生就会佩服你、喜欢你，自然就会热爱你所教的课程，从而事半功倍地完成教学任务、不经意地达到课堂纪律管理的目的。"仓里有粮，心中不慌"，是教师也是教学自信、胸有成竹的最好诠释。

二、妙用课前三分钟

课堂教学有其固有规律，而每节课都有自己本身的规律与特点，一堂课的完整性应该包括课前、课中、课后三个基本时段，如何做好本节课的教学，其实早在上节课之后就已经开始准备。日常教学里有许多方法都可以当作是妙用课前三分钟的范例，如：1. 由学生来讲故事做游戏，其目的是寓学于玩，活跃学习氛围，减轻学生心理负担。我国著名的教育家陈鹤琴说："小学生生来是好玩的，是以游戏为生命的。"[1] 玩是孩童的天性，其实人都有玩的本性，我们应该明白"玩"也是实践的过程，"玩中学"、"学中玩"就是这个道理，简言之，会"玩"就是会学，会学自然会"玩"。2. 由学生来进行作

---

[1] 杨晓玲：《游戏中学习 游戏中提升》，载《新课程研究（基础教育）》2008 年第 4 期。

品的展示与评价,其目的是发展智力,提高学习能力,增强学生创新能力。我国著名爱国教育家张伯苓说:"学生不单是要从书本上得学问,并且还要有课外活动,从这里得来的知识学问,比书本上好得多。"[①] 学生在作品的创作、展示与评价中,观察力、创造力、记忆力、想象力、思维力等通过一定的课前准备活动以及个体的直接陈述、展示、参与,可直接转化为课堂学习氛围。3. 由学生谈学习感受与认知经验,从而自己内心不断比较、衡量、体悟等等。我国著名教育家孔子说:"学而不思则罔,思而不学则殆。"[②] 其实是指通过学习后还必须自己认真思考,才能转化为自己的真知。在思考和感受的交谈中加强了交流,加深了对知识的认知,培养了真实的交际能力,增强了学习信心,提升了沟通协调力,让学生感受到学习的乐趣所在。4. 由学生开展课文或经典文章的背诵,其目的是于课前迅速调整学生的注意力。我国著名教育家孔子说过:"温故而知新,可以为师焉。"[③] 背诵实际是在已有学习的基础上内容的理解深化,这样不仅可以直接联系课堂内容,还可以间接转化为求知的渴望。5. 由教师来开展生动活泼、形式多样的课前预习,如齐唱歌、讲笑话、说故事、猜谜语、放幻灯、练童谣等等。这对基础阶段的课堂转化十分有效,教师也是课堂的积极参与者与引导者,如果运用这样的方式导课,学生会十分情愿与自然地聚精会神于教师的言行之中,"忘却"时间的存在。教师的引导作用,功不可没。

  总之,课前三分钟的妙用益处很多,其最大好处在于可以点燃学生们的学习热情与兴趣,激发学生们的积极参与意识,无形中"进入"了课堂情境。这样课前既不用再花力气维持课堂纪律、组织课堂教学,又能保持很长时间并促使学生学习热情大增,收到意想不到的良好效果。因此,在教育教学尤其是基础教育阶段,妙用课前三分钟的实际意义很大。课前三分钟,时间虽短,却弥足珍贵,如果得以妙用,它一定能像块磁石,具有极大的引力,可

---

  ① 崔国良主编:《张伯苓教育论著选》,人民教育出版社,1997年,第108页。
  ② 《论语》,文致出版社,1980年,第12页。
  ③ 同上。

以立竿见影地把学生分散的思维、精力、注意力及学习欲望最大程度地聚拢起来,让他们自己不经意地活跃课前气氛,让他们自然地陶醉于知识魅力之中,让他们充满兴趣地期待新的一节课的到来。"转轴拨弦三两声,未成曲调先有情",可以是课前三分钟妙用最诗意般的美妙诠释。生活中无数的教学实践也反复证明课前三分钟合理利用可以让课堂教学顺利开展,从而提升课堂的整体教学效应。所以我们要求教师尽量在"上课伊始,应该用最精练的语言、花最短的时间、选高效的方法,把学生的情绪调整到最佳。这一环节不仅是教师匠心的艺术再现,更是学生认知过程的心理需要。

课前三分钟的妙用具体做法也可以分不同的课堂与学生对象而选择不同的方式。名言警句法、设问寻求法就是最简单却很有实效的两种方法。例如在《简·爱》作品的学习课上,教师首先在课前把列夫·托尔斯泰在《安娜·卡列尼娜》的开头第一句名言抄写在黑板上:"幸福的家庭都是相似的,不幸的家庭则各有各的不幸。"[①] 这是学生很熟悉的语句和剧情,有助于他们联想起接下来所要学的内容。然后用精练的语言、柔和的语调讲述简·爱个人的生活、家庭、爱情,这样学生很容易投入到所学内容中来,快速地沉浸在人物的思想里,不仅解决了课前的课堂组织问题,而且使得学生十分期待将要学习的内容,做到了一箭双雕,让学生了解了教材内容又融进了教材之中,真正让课堂教学事半功倍。再如在英语翻译课上讲解翻译标准的时候,教师提出了有多少翻译标准、有哪些翻译标准的问题,其实许多学生或多或少地听说过或阅读过一些相关的知识,而现在正是施展他们才华之时。所以大家积极踊跃,争先发言。于是教师趁此又问:奈达的翻译标准和严复的翻译标准有何差异?同学们争先恐后地发表自己的意见,引起了热烈的讨论甚至是争论。这无疑为课堂教学开了一个好头,营造了良性互动的课堂环境,激发了教师的教学热情,鼓励了学生的学习兴趣。

---

① [俄]列夫·托尔斯泰著,周扬译:《安娜·卡列尼娜》,人民文学出版社,1978年,第2页。

三、讲解激情

课堂的纪律与教师的讲解息息相关。课堂的讲解不仅要有逻辑性、清晰性、趣味性、流畅性，而且更要持有感情、带有盛情、怀有深情、富有激情。每一个活生生的人都是有情感的生命个体，集合在一起的课堂实际是教师和学生之情趣的大聚集。如何让这样的"综合体"彼此照应、相互配合，从而演绎出生动活泼的课堂，则需要有一根无形的线牵引，让全班劲往一处使，目标与方向一致，这就是激情。我国教育家于漪说："激情是教师必不可少的素质。"① 苏联教育家苏霍姆林斯基说："真正的教育能手是满怀激情地讲课……有激情的课堂教学，能够使学生带着一种高涨的激动的情绪从事学习和思考……感受到自己的智慧和力量，体验到创造的快乐。"② 因此，在课堂上教师的讲解如果充满激情，那么在学生的心理上能够产生一种强烈而短促的精神状态，这样的激情氛围促使学生在课堂上精力高度集中，他们会富有激情地参与课堂教学全过程，认知的渴望程度就会提升，激情参与表达的欲望就会强烈，学习过程的智慧就会焕发出灵动，学生对教学的感悟、独特的体验就会得以引发。可见激情于课堂是多么重要。一句话，课堂讲解富有激情的根本目的是要让学生在愉悦的课堂氛围里愿意学、容易学更多的知识与文化。这点在心理学研究和现实的教学生活中得到了足够的印证。

然而我们对课堂教学作评价时往往会出现一种尴尬的情形：教师的教学难以发现知识方面的问题，教学讲解流畅自如，难以找到表达上的失误，教学组织、内容安排、重点难点、课堂互动等等都合理有序，可是大家却很难说这节课上得好，是高效的课堂，尽管说不出哪儿有明显的不足，却总觉得少了点什么。细细分析后，才发现难以品味出课堂教学讲解的灵魂——激情，缺少激情的课堂犹如深潭的死水，荡不起涟漪，激活不起获取知识与文化的

---

① 王敏：《让语文课激荡激情》，载《中学教学参考》2009年第13期。
② [苏]苏霍姆林斯基，蔡汀译：《怎样培养真正的人》，教育科学出版社，2006年，第33页。

灵感，犹如美食少了佐料，冬天少了阳光，成了弃之可惜，保留遗憾的课堂教学之鸡肋现象。

那么如何让课堂激情飞扬呢？毋庸讳言，首先课堂激情来自于教师对教育的忠诚与热爱，对教材的理解与熟练，对学生的关爱与了解，对教学艺术的品味与赏析，对自我能力的肯定与激励。不言而喻，课堂讲解激情主要是针对教师而言的，教师是课堂激情的引领者。教师基础全面扎实，教学准备完善丰富，既是教学的基本要求，也是教师的基本功底。但是仅凭这些不一定可以做到课堂的激情飞扬。因为课堂教学是科学，也是艺术，是两者的有机结合，有其规律性、科学性和艺术性。但好课堂通常必有好纪律，好纪律源于教师的好引导，好引导源于教师的好讲解，好讲解源于教师的好素质。因而扎实的教师基础（知识充裕，品行端庄，备课精心，教学熟稔）必不可少，艺术的教师技巧（表达自如，风趣幽默，情感丰富，激情四溢）势必精湛，而激情就是其中十分重要的要素之一。因为激情之义实则可以解释为一种强烈的能让人兴奋、充满活力、激发灵感、启迪智慧的情感。拥有这样的情感，加上对教育事业的热爱，就会使课堂弥漫着浓烈的温馨，飞扬着炽热的温情。教师全神贯注于教学活动之中，能驱散学生那昏沉的睡意、走神的思绪，而飞扬着激情的神思，陶醉于课程讲解之中，从而使那混乱的秩序、无趣的沉闷得到转化。

激情的课堂讲解对于教师而言无疑是一种巨大挑战，但是学生应该才是真正的激情创造者和享受者。课堂纪律的维持与否关乎教师的讲解是否引人入胜，但更关乎课堂纪律的主要构成者——学生们的参与度。光有教师的激情，没有学生的积极参与是无法让课堂表现出较好的纪律与激情的，更不能获得较高的教学效率。如果教师如痴如醉地讲解，甚至有些自鸣得意，但是学生最终却不能解决遇到的实际问题，在问题面前甚至不知所措，就不能说那样的课堂是真正富有激情的课堂，因为作为激情主体的学生，没有学会如何解决实际困难的能力，没有掌握怎样去发现新问题的能力。教师的责任就是努力创设新颖性、生活性、真实性的课堂情境，把创新意识、生活实际、真实环境作为出发点和归宿，驱动学生自主、自觉、自动、自由地参加到构建激情课堂的活动中来，比如在讲解时加入讨论、交流、答疑、辩论甚至争论的环节或细节，让学生满怀信心地积极参加、踊跃发言、主动投入，并激情满怀地期待更进一步的鼓励与发展。真正富于激情的课堂必须要由学生的激情来体现，才具有课堂和生活价值。

四、松弛有度

松弛有度亦作张弛有度解释，为宽严结合之义，是我国古代周文王、武王治国安邦的有效方式。它出自《礼记·杂记下》："张而不弛，文武弗能也；弛而不张，文武弗为也。一张一弛，文武之道也。"[①] 即做人做事不能过犹不及，而是凡事有度，保持平衡。松弛有度作为课堂纪律管理策略之一，意指课堂上对纪律的管理要严格，但不能苛刻——超出实际情况，提出过高要求；管理要宽松，但不能过于松懈——无原则地让步，超出常规范围。一言以蔽之，课堂纪律不能越"度"犯"规"，尽力做到松紧有度，收放自如。

事实证明，学校任何班级都有纪律问题的存在，或大或小，或轻或重，或好或坏。而且常常见到同一班级的纪律被不同的老师管理后出现了明显的变化，原先好的可能更好，也可能变坏，反之亦然。那么如何让班级纪律管理正常化、常态化发展呢？松弛有度，宽严相济是很好的一个策略。

在课堂纪律的管理中常常见到的是"管"字当先，忽略"理"字的模式；这种顾首不顾尾的做法必然衍生出严厉、压制、惩罚、甚至打骂的以镇压的思想为指导的管理方式。这自然不能让学生真正从心灵深处接受，也就无法变成自觉意识，因此一时的"管"不能带来长期的"理"，形成不了有效的管理，甚至因为没有带来真正的"心动"效应而形成师生间的对抗局面，这样的管理当然是无效的。同时我们必须知道管理的对象和本质都是人，人是管理的中心所在。课堂管理是一门"动人心"的艺术，突出的是"理"字，如

[①]《论语》，文致出版社，1980年，第12页。

果不能动之以情、晓之以理，让管理的理念深入学生心坎，管理就不可能有效。把握好"管"与"理"之间的尺度，运用松弛有度的策略不失为一剂良药。

高效课堂特色之一就是气氛既严肃又活泼，既紧张又宽松，让人身心愉悦，积极乐观。教师不能板着脸说话，表情严肃，刻意不苟言笑，使得学生大气不敢出，神情紧张，缺乏表达欲望。在沉闷担忧的情境里，课堂的凝聚力、互动感、和谐性降低，师生之间的情感、思想交流减少，于是"敬而远之"成了学生在课堂上与教师相处最无奈的方式，所以教师要清醒地认识如何才能"松"，让学生没有隔阂感，内心倾向亲近教师。如当学生注意力不集中时可以讲一个笑话，引起注意力的恢复和气氛的好转。平日里教师的一言一行、知识储备、人格魅力、品德修养等对学生的影响力都十分巨大，对课堂气氛改善极为有利。课堂教学不是一时一刻，而是长期存在，如何让学生在课堂上与教师维持"心心相印"，绝非一日之功，亦非应景而生，需要远景规划。有些教师兴趣来时便精心组织课堂，想尽办法让课堂活跃。但却发现随后的课堂一塌糊涂，究其原因就是只有应急措施却无长效机制。要么太松，要么太紧的随意性管理，结果自然无法令人满意，这也是目前课堂教学普遍存在的大问题。

有些教师打着"松"的幌子和人文关怀的口号，一味地强调宽松的课堂环境，把原本神圣的传播人类文化知识的殿堂变成了"茶馆式"或"集市化"的课堂，失去了课堂应有之义，浪费了社会资源，贻害了教育功能。他们在实施课堂的讨论时，没有明确的目标；在实施课堂互动时，失去互动的兴趣；在实施课堂交流时，忘记应有的话题。很多教师不懂或装作不懂课堂灵活的真实情形，以为只要大家"动"起来或"说"起来就是积极的课堂，同时加上有些科目不必考试，学生厌学，老师厌教，课堂成了一个消磨时光、被教师和学生及教育资源充斥而又无序的堆积地。而且有些教师职业道德缺失，为了谋利，社会兼职太多，根本无暇对课堂做些深入细致的思考，导致上课时语无伦次，学生莫名其妙，不得要领，课堂混乱不堪，如同集贸市场一般。

更有甚者，有些教师则完全背弃了教师的责任感，任凭课堂松散，只要课堂不出事，就万事大吉，至于学生是否学有所获，是否自觉构建了知识体系，是否主动发展了实际能力，一概不闻不问，好像根本与己无关，在本质上放弃了自己作为人民教师教书育人的职业道德准则。这样的教学思想和教师意识如何保障课堂教学的有序进行，如何提高教育教学质量？

总之，课堂纪律管理对教育教学的作用十分重要，随着教学改革的不断深入，人们的认识与思想观念也会不断发生变化，这要求我们必须更科学地遵循学生身心发展规律，更有效地遵守课堂教学基本原则，更具体地尊重以学生发展为根本的宗旨，加强和深化课堂纪律管理的研究。笼而统之，我们可以对课堂纪律管理作出原则性概括：课堂纪律管理应当是一种师生间的"心与心"的交流，而不是对学生的外部控制；[1] 课堂纪律管理是师生间内心渴求的本质化的管理而不是突出外显的量化式管理；课堂纪律管理是师生间智慧火花的碰撞状态，不是花样翻新的活动堆积；课堂纪律管理是师生间刚柔相济、松弛有度的典型呈现，不是武力镇压、严密监控的安保措施；课堂纪律管理是师生间共同发展的自在状态，不是课堂气氛的有意渲染。一言以蔽之，课堂纪律管理闪耀着师生尤其是教师智慧的无限光芒。

---

[1] 王晓春著：《课堂管理，会者不难》，中国轻工业出版社，2010年，第2页。

第九章　课堂教学中的"边缘人"转化策略

2010年7月，国务院颁布的《国家中长期教育改革和发展规划纲要（2010—2020年）》中明确提出，"教育要以人为本……要关心每个学生，促进每个学生主动地、生动活泼地发展，尊重教育规律和学生身心发展规律，为每个学生提供适合的教育"。① 这就是说，学校课堂应是育人的课堂，是让每个学生都能受到适合的教育且能积极、健康成长的课堂。然而，现实课堂教学中，总有一些学生没有进入状态、找不到感觉，他们始终游离于课堂教学的中心之外，没有或很少参与到课堂教学活动中，这就产生了课堂教学中的"边缘人"现象。本节力图从理论和实践两个层面揭示课堂教学中存在"边缘人"现象的原因和潜在危机，并结合课堂实际探索"边缘人"的转化策略。

第一节　课堂教学中"边缘人"的本体追寻

当前，人们以后进生、差生、问题生、潜力生等为命题对课堂教学进行的研究比较多，且已取得了一定的研究成果。但是，直接以"边缘人"为命题对课堂教学进行研究的并不多，这就要求我们有必要对课堂教学中的"边缘人"的基本内涵进行深入的界定、阐述和分析。

---

① 《国家中长期教育改革和发展规划纲要（2010—2020年）》，2010年7月。

一、"边缘人"概念的提出

"边缘人"概念的原形来自德国社会学家西美尔（G. Simmel）于 1908 年提出的"陌生人"概念。所谓"陌生人"，即指那些"虽然生活在社会里，却处于边缘，不了解这个社会的内部机制，并在某种程度上处于社会群体之外"的外国人。后来，美国社会学家西美尔的学生帕克（R. E. Park），在 1928 年发表的《人类的移民与边缘人》一文中正式提出了"边缘人"的概念，并界定为："边缘人"是处于两种文化和两种社会的边缘的人，而这两种文化和两个社会从未完全渗透与融合在一起。① 随后在斯通奎斯特（E. V. Stonequist）、戈登伯格（M. M. Goldberg）、勒温（K. Lewin）等人的研究中逐渐发展和完善。显然，"边缘人"概念最初是在社会学研究领域提出并加以应用的，而真正应用于教育领域则是 20 世纪 80 年代。美国有关研究发现，大量处于学业失败边缘和辍学境地的学生，无论在家里还是在学校均缺乏一种成功体验。美国斯坦福大学莱文（Henry M. Levin）教授把这些来自于贫困家庭背景的面临学业失败的学生界定为"边缘生"（at-risk/marginal students）。② 随着边缘人理论在教育研究领域的不断应用，有关课堂教学中边缘学生的研究也取得了一定的研究成果。美国创造力教学研究专家威廉斯（F. E. Willians）确立了有关边缘学生的五个选择标准：一是智商低；二是学业成绩差；三是父亲的职业不是专门职业；四是父亲没有中学毕业；五是母亲没有中学毕业。③

二、课堂教学中"边缘人"的内涵

"边缘人"顾名思义即处于边缘境地的人。而"边缘"在《辞源》和《辞海》中均没有单独地记录，只是分别从"边"或"缘"的角度加以注释。如

---

① 张黎呐：《美国边缘人理论流变》，载《天中学刊》2010 年第 4 期。
② Accelerated Schools Project. http://american-education. org/20-accelerated-schools-project. html，Published：2011-02-21.
③ 范国睿著：《教育生态学》，人民教育出版社，2000 年，第 230 页。

《辞海》中认为："边，即周缘、四侧，旁侧，方面等"；① "缘：即边，循、沿、绕等"。② 这表明：一方面，"边"和"缘"在古汉语单音字词中是同义词，"边缘"是由"边"与"缘"的同义结合而成；另一方面，"边缘"一词是随着社会主流形态的逐渐发展而形成的。《现代汉语词典》解释为："一是沿边的部分；二是同两方面或多方面有关系的。"③ 这揭示了"边缘"一词的两层含义：一是从位置关系讲，它是处于相对"中心"的沿边部位；二是就其存在方式而言，指与两者或多者都有关系，但又不是其中任何一者的核心要素。

目前，关于课堂教学中"边缘人"概念的理解主要有两种观点：一种观点认为，"边缘人"是指处于课堂教学的中间层的学生。这类学生的主要特点是：竞争意识较差，意志薄弱，易受挫折，缺乏自信心和进取心，学业成绩一般，容易退化为"后进生"，但是潜藏着很大的发展潜力。另一种观点认为，"边缘人"是指课堂教学中没有完全参与到课堂活动中的那部分游离于课堂活动中心之外的学生。前者与帕克最初提出"边缘人"概念的思路比较接近，认为课堂教学中有两个极层学生群体，即"优生群体"和"后进生群体"，他们分别处于课堂内学生群体的两个极端层，而另有一部分处于中间层的学生，他们既有向上的潜力，又有后退的危机。后者则与前者持有截然不同的看法。后者认为，课堂教学中的"边缘人"并非仅指处于中间层的学生群体，而是以课堂活动为中心，没有完全或极少参与课堂教学活动的那些主动或被动地被忽视而游离于课堂活动边缘的学生群体。当然，也有学者认为"边缘人"，广义上指未充分参与任何群体的人，狭义则指同时参与两个以上群体、其行为模式捉摸不定的人。④ 这显然有兼容上述两种观点的倾向。

---

① 辞海编辑委员会：《辞海》，上海辞书出版社，1979年，第1034页。
② 同上，第1188页。
③ 中国社会科学院语言研究所词典编辑室编：《现代汉语词典》，商务印书馆，1994年，第64页。
④ 龙冠海著：《社会科学大辞典》，台湾商务印书馆，1973年，第249页。

事实上，如果把课堂教学中的"边缘人"理解成游离于课堂中两个或多个"平行"的学习者群体之外，这是可以接受的，也比较符合"边缘"一词的本意——同两方面或多方面有关系。但是，把边缘学生视为是处于"优生群体"和"后进生或差生群体"的中间层，这是值得商榷的，因为这个界定直接把后进生或差生群体排斥在"边缘人"行列之外，是不合理的。有鉴于此，我们认为，要理解课堂教学中的"边缘人"，有这样几个方面必须引起关注。第一，"边缘人"虽然是一个社会学概念，但当它被引入到课堂教学后则深深地烙上了"教学论"意义。从教学论意义而言，课堂教学一定是以"教与学的活动"为核心的，其主要目的是为了促进学生全面、协调、充分地发展。因此，凡是游离于教学活动这个中心之外，或没有得到良好发展的学生都应属于课堂教学中的"边缘人"。游离于"教学活动"之外的学生主要有两类：一类是身体游离于教学活动之外，或叫做"形游离"，如就座于边缘区的学生。一般而言教室的后面几排和靠近窗边的几桌很容易被老师或同学忽视，成为边缘区。另一类是心理游离于教学活动之外，或叫做"神游离"，比如那些没有经过任何思考而机械地参与课堂教学活动的学生，他们虽然身在教学活动中，但心却游离于教室之外，这部分学生通常表现为看似刻苦勤奋，但学业质量总是不理想。没有得到良好发展的学生也同样有两种情况。一种是缺乏促进学业成功的能力和背景的学生，另一种是在学校生活中处于不利地位的学生。[①] 第二，课堂教学中的"边缘人"并非是永恒不定的。他们只是在某一方面或某几个方面相对缺乏，学习行为不积极、不主动，甚至逃避学习等。一旦得到必要的帮助，他们很容易成为学习的主人。美国斯坦福大学莱文教授的研究表明，处在"边缘状态"下的学生，恰好有一些共同的特征，比如都有好奇心、渴望学习、富有想象力和创造力等特质，都需要被关爱、被支持和被肯定。[②] 因此，他们需要帮助。一是需要他人的帮助，虽然有些学

[①] 范国睿著：《教育生态学》，人民教育出版社，2000年，第230页。
[②] History and Background of Accelerated Schools Project. http://swacceleratedschools.net/about-us/history-background/，2012-04-20.

生表面上十分抵制来自老师或同学的友好帮助，但他们始终处于学习的不利状态，这是客观事实。二是需要自己的帮助，即需要一种自我约束的能力和自主学习的能力。第三，课堂教学中的"边缘人"具有潜在危机。他们一旦得不到必要的帮助并加以转化，很容易成为个体与社会发展的隐患。

基于上述分析，我们把课堂教学中的"边缘人"界定为：在特定课堂教学环境下，始终游离于课堂教学活动中心之外或没有得到良好发展的那些急需帮助和转化的学生个体或群体。

三、课堂教学中"边缘人"的类型

课堂教学中导致学生边缘化的原因多种多样，不同的原因可能会导致不同类型的边缘学生。基于对课堂教学中"边缘人"内涵的分析，根据不同的标准，可以将课堂教学中的"边缘人"分为六种类型。

第一种类型是根据学生的态度不同可分为主动型"边缘人"和被动型"边缘人"。主动型"边缘人"是指通过学生自愿接受的方式形成的"边缘人"现象，如逃避学习，讨厌学习等。被动型"边缘人"是指即使学生不愿意接受，但由于外在的力量导致学生丧失了学习的信心和毅力，如教师的过度批评，同学的排挤，父母的干扰等。

第二种类型是根据"边缘人"现象对学生发展是否有利，可分为积极型"边缘人"和消极型"边缘人"。积极型"边缘人"，是由于教师或大多数学生的消极态度而形成的。如差班或问题班级中，其教学的核心已经不是为了学生的发展，而很大程度上只是为了学生的安危（不出问题就行）和教学任务的形式上完成等，仍有部分自主学习愿望的学生，其喜欢学习的态度时常受到其他绝大部分学生的冷嘲热讽而成为班上所谓的"边缘人"，而这种所谓的被"边缘化"却是积极的、追求进步的，因此称为积极型"边缘人"。所谓消极型"边缘人"，是绝大多数班级中所存在的且不同程度地影响着学生身心健康和学业成长的被"边缘化"的学生，由于其存在是不利于学生自身发展的，因此称为消极型"边缘人"。

第三种类型是根据成为"边缘人"的原因不同，可分为内源型"边缘人"和外源型"边缘人"。所谓内源型"边缘人"，是指由于自身的原因如性格内向、情感抵触等内部因素导致的"边缘化"的学生。外源型"边缘人"，是指由于外在的如父母离异、教师冷落和座位处于边缘区等因素的影响而导致的被边缘化的学生。

第四种类型是根据学生被边缘化的程度，可分为完全型"边缘人"和相对型"边缘人"。所谓完全型"边缘人"，是指各维度上都处于边缘境地的学生，这类学生大多完全失去了学习的希望和信心，通常属于班上比较危险的人物。所谓相对型"边缘人"是指部分或某一个维度上处于边缘境地，而其他维度或方面则表现良好的学生。如偏科的学生，在其优势科目的课堂上表现活跃，属于课堂的核心人物，而在其劣势科目的课堂上则表现较差，几乎不敢言，甚至意欲逃避，因而处于课堂的边缘境地。

第五种类型是根据学生的外在行为和内在发展的一致性程度，可分为表象型"边缘人"和实质型"边缘人"。所谓表象型"边缘人"，是指那些就其外显行为而言，具有"边缘人"所表现的基本特征。如没有参与到课堂教学活动中、不与人交往、没有受到教师的关注等，但却有很强的自主学习能力的学生，这部分学生大多数都主动寻找边缘区就座，以便躲过教师的质疑，同时也方便偷偷阅读自己喜欢的书目。所谓实质型"边缘人"，是指那些处于非边缘区且积极主动参与课堂教学活动，但是其心思却根本不在课堂上，他们或出于应付课堂，因为不这样表现则会被批评、被通知家长等，而其内心则极不情愿；或因没有真正被同学或老师接纳，比如问题学生、生理或心理缺陷的学生等。他们常常希望通过外在的热情吸引老师和同学的注意，但现实中常常事与愿违。因此，从形式上而言这类学生属于课堂教学中的核心人物，但事实上他们早已成为课堂中没有被贴标签的真正"边缘人"。

第六种类型是根据学生行为表现，可分为安静型"边缘人"和躁动型"边缘人"。所谓安静型"边缘人"，是指那些性格孤僻，不与他人交往的边缘学生，他们一直是自我封闭、我行我素，从不干涉他人行为，同时也不习惯他人干涉。这类"边缘人"通常很少有知心朋友，缺乏友爱。所谓躁动型"边缘人"，是指那些脾气暴躁、易冲动，下课时经常跟人打架，上课时经常搞小动作，通常被班上命名为"成事不足（不爱学习），败事有余的'坏学生'"。

第二节　课堂教学中"边缘人"的表象分析

前面我们已经从理论层面对课堂教学中"边缘人"的内涵、类型以及解释依据等进行了深入的分析，这一节主要从实践层面对课堂教学中"边缘人"进行考察，主要考察现实教学中"边缘人"的现象表征以及课堂教学中存在"边缘人"现象的潜在危机。

一、现象表征

当前的教学改革与创新研究中，"边缘人"现象越来越受到广泛关注，这与它在课堂教学中所表现出的特性不无关系。具体表现为以下几方面：

一是普遍性。前已述及，课堂教学中的"边缘人"是一种客观现象，正受到人们的广泛关注。美国斯坦福大学莱文教授的有关研究表明，美国有30%的中小学生是边缘学生，一些大城市中的比率可能达到50%，甚至有可能随着移民和贫穷的增加而会更高。[①] 在我国，有关边缘学生的具体数字，虽然目前很难确切统计，但依据现行评价标准，我国3亿中小学生中大约有5000万人处于边缘化状态。[②] 这就是说，当前的课堂教学中"边缘人"现象是普遍存在的，其所占的惊人比率表明了"边缘化"问题是当今课堂教学中不容忽视的关键问题。

[①] Accelerated Schools Project. http://american-education.org/20-accelerated-schools-project.html,Published:2011—02—21.

[②] 欧清华：《社会排斥与边缘学生群体的道德弱化》，载《嘉应学院学报（哲学社会科学版）》2009年第2期。

二是边缘心态。所谓边缘心态，即指从内心认同和接受自己是"边缘人"的事实，即使周围的其他人并没有认为这是事实。这部分学生通常表现为：第一，交往障碍，即在与人交往上显得过度紧张或不安，害怕与人交往；第二，敏感多疑，即表现为特别敏感，经常怀疑别人在背地里谈论他，遇事常常想不开，心胸狭窄，爱钻牛角尖；第三，孤僻冷静，即过度平静，不喜欢与人交往，逃避集体活动，常常一个人发呆。①

三是相对性。所谓相对性，是课堂教学中的"边缘人"不是固定不变的。一方面，课堂教学中的"边缘人"是相对某方面而言的，事实上完全的"边缘人"是很少的。每个学生都有他人少有的优势，如果教师能组织相应的活动或为其提供展示才能的平台，即使学习成绩方面的"边缘生"，也会成为课堂教学活动的核心人物，从而转化为非"边缘人"。另一方面，课堂教学中的"边缘人"是动态的，即今天属于"边缘人"的学生，通过努力明天不一定还是"边缘人"，同时今天的课堂核心人物，一旦失足，将成为明天的"边缘人"。

正是因为"边缘人"的动态性，从而决定了课堂教学中"边缘人"的第四个方面的特性——可转化性。这是指课堂教学中的"边缘人"可以通过一定的转化策略由一种状态（边缘化状态）转化成另一种状态（非边缘化状态）。其转化的方式主要有两种：一种是直接转化，另一种是间接转化。所谓直接转化，是指直接对课堂教学中的"边缘人"施加影响，使其积极参与到课堂教学活动中来，成为课堂教学的核心人物。所谓间接转化，则是指针对一些性格倔强，不易直接转化的学生，可以通过对其旁边同学（同是"边缘人"）的转化，从而以间接刺激、感染的方式，使其得以转化。

二、潜在危机

课堂教学中的"边缘人"群体是一种特殊的群体，是校园中的不稳定因

---

① 杨武杰：《"边缘生"的教育和培养》，载《史教资料》2007年第6期。

素,也是社会的隐患。可以说,课堂教学中"边缘人"现象的存在,客观地潜藏着各种各样的危机。

1. 学生身心易受伤害

课堂教学中处在边缘境地的学生经常会被教师忽视,同学冷落,甚至会因为没能成为父母的骄傲,没达到父母"望子成龙、望女成凤"的期望而遭受批判。这样来自教师、同学乃至父母的漠视和冷言,导致处于边缘境地的学生原本没有归宿感和亲密感的内心感受越加厉害,从而激起他们不稳定的情绪,如脾气暴躁、焦虑多疑、冲动闹事等。因此,如果处于边缘境地的学生得不到及时的转化,这些不利于学生健康发展的心理因素的长期加压,就会形成固定的心理疾病,甚至严重影响他们正常人格特征的形成。具体而言,主要表现为:一方面,由于参与教学活动的机会时常被剥夺,很少参与集体活动,导致其集体意识淡薄,遇事胆怯、畏难、害怕失败(通常边缘学生预设失败后遭受批评的敏感性会大大高于非边缘学生)。另一方面,由于处于边缘境地的学生长期缺乏周边人的支持和关爱,导致他们对周边人信任感的丧失,甚至是同情心的缺失。再一方面,处在边缘境地的学生经常会遭到教师的冷落、同学的嘲笑、父母的责骂、社会的排斥等不平等的待遇,于是在他们内心深处会积压越来越多的怨恨和不满情绪。如果这些怨恨和不满情绪得不到及时发泄,不仅会严重影响边缘学生的健康成长,还会成为他们在将来生活中报复他人、危害社会的根源。此外,偶尔的身体伤害也是在所难免的。通常教师都会以慈父严母般的姿态对每个学生持有"恨铁不成钢"式的关爱,但是偶尔的体罚出现在边缘学生身上比出现在优秀学生身上更容易令教师们接受。

2. 教学质量难以提升

教学质量是教学活动的终极追求,它不仅体现了教学活动的性质和水平,还孕育着教学活动的核心价值理念。然而,教学质量不是指学生获得的知识在量上的累积,而是在学习中,学生的身心得以健康、能力得到提升、生命得到发展。因此,教学活动中,教师应真正赋予教学一种责任和良心,与学生共同成长，这样教学质量才会因教师赋予的自我使命感，而走向生命的自觉。①

显然，课堂教学中"边缘人"现象的存在，会直接影响到教学的质量和水平。教学质量的提升，应该至少体现在三个方面：首先，全面性。教学是关照学生生命成长的活动，只有让每一个学生都能在学习活动中展现生命光彩、释放自由天性的课堂才能是真正意义上体现教学质量的课堂。一部分学生已经或正在被"边缘化"，其生命的光环正渐渐地消退，其主动积极性正渐渐地被禁锢，这正是反映了现有课堂教学实践对学生生命意蕴缺乏应有的全面关怀，以致难以真正体现教学质量的整体水平提升。其次，情感态度价值观。教学质量的提升，还应该体现在学生情感态度价值观的形成与升华。课堂教学中"边缘人"的表现最为重要的特征就是缺乏情感依托，以致禁锢着其本应该有的自信和自尊。显然，教学中教师持有尊重、鼓励、信任、同情等积极态度容易被边缘学生接受，而冷漠、忽视、批评、排斥等态度只能令边缘学生更加抵触，甚至加深边缘学生进一步被边缘化的程度，从而难以真正提升教学质量。其三，过程与方法。反映教学质量水平的又一个指标维度就是是否在感受教学过程中体验，是否在体验过程中掌握一定的方法。然而，处于课堂教学"边缘"境地的学生最为基本的特征就是没能充分参与课堂教学活动，也就是说这部分学生在教学过程中形成积极体验的机会无形中被剥夺了，相应地也就难以掌握一定的学习方法，远离有效学习活动之列，从而影响教学质量的提升。

3. 容易养成"习得性平静"

前已述及，根据学生的行为表现，课堂教学中的"边缘人"可以分为安静型"边缘人"和躁动型"边缘人"。事实上，这只是针对边缘学生的日常行为而言的，而相对于学习态度和学习思维方式而言，他们却有一个不约而同

---

① 吕洪波、郑金洲：《中小学课堂教学变革的基本认识》，载《教育研究》2012年第4期。

的共性,即在学习上表现得十分平静,缺乏对知识的批判和质疑、缺乏对自身乃至他人行为的正向反思,常常表现为对知识的被动接受。即使是躁动型的边缘学生,虽然他们常常对教师或父母的行为表示叛逆、反抗、拒绝接受,但他们的这种叛逆、反抗、拒绝接受并非积极的质疑和批判,而仅仅是为了绝对的自由,意欲摆脱他人的控制,内心的不满情绪时常导致对他人行为的完全否定,而不是批判性地主动接受。从这种意义上说,躁动型"边缘人"和安静型"边缘人"一样,表现为"无作为"的平静,只是二者"无作为"的方式不同。"无作为"的平静,简而化之就是没有对教学知识进行积极的正向反思,没有批判性地吸收教学知识中对学生自身健康发展的有利因素。显然,躁动型"边缘人"的"无作为"是以完全否定,拒绝接受的方式对教学知识的无所作为,安静型"边缘人"则是以要么拒绝接受,要么被动地以完全接受的方式对教学知识无所作为。然而,边缘学生的这种"无作为"的学习方式,常常由于教师的忽视和同学的疏远乃至父母的责骂而得不到及时的改变,甚至会不断恶化。久而久之,课堂教学中"边缘人"的这种学习方式和态度会处于一种相对稳定的"习得性平静"状态。

4. 个体难以正向社会化

马克思主义认为,人是自然人和社会人的统一体。而人的发展必须是一个从无知的"自然人"走向丰富多彩的"社会人"的不断持续的过程,即实现个体社会化。个体社会化是人发展的根本,每个个体只有经过良好的社会化过程将自己切实地融入纷繁复杂的社会文化大环境中,才能真正体现人的本质所在。所谓个体社会化,是指个体在特定的社会和文化环境(学校教学环境)中,经过个体与社会环境的相互作用(教学实施过程),从而内化社会文化价值规范,形成和发展自己个性的过程。① 个体社会化可以分为正向个体社会化和负向个体社会化。正向个体社会化是个体在内化社会文化价值规范

---

① 朱家存:《论学校在学生个体社会化中的作用》,载《教育科学研究》1997年第1期。

的过程中形成健康的个性发展的过程；负向个体社会化是个体在内化社会文化价值规范的过程中形成的非健康的个性发展的过程。课堂教学中的"边缘人"个体由于长期受到教师、同学、父母等其他社会人的忽视、冷笑，甚至是排斥，必然在其内心长期积压着一种对教师、同学或父母的"不友善"行为的抵制情绪。即使是性格内向、孤僻且习惯了"无作为"的"边缘人"个体，也不愿意接受来自他人的"不友善"行为。这样，一方面这些"边缘人"个体容易因为内心的不满情绪而拒绝做出真正有利于个体成长的亲社会行为；另一方面，他们更容易接纳一些与他们具有同类行为特征的"情感共鸣者"的反社会行为。而真正有利于这类"边缘人"个体健康个性发展的亲社会行为常常因为其行为发出者的"不友善"而与"边缘人"个体无缘。显然，这种环境状态下发生的社会化过程很难促进"边缘人"个体的个性健康发展，或者说"边缘人"个体难以正向社会化。

【案例 9—1】王晓春的一则访谈录[①]

被访者：我们班有一个男同学，上课不注意听讲，在笔记本上写东西。我拿过来一看，竟然是模仿一个女孩子的口气，给他自己写信。我没收了他的笔记本。他不但不承认错误，还坚持让我还他的笔记本。他还为此跟父母打架。您看我这样做对吗？

王：您这样做是不妥当的。他模仿女孩子的口吻给自己写信，这是他的权利。

被访者：他上课不听讲，难道不是错误吗？

王：这是另一回事。不听讲当然可以批评，但是不能没收他的笔记本，即使暂时没收，也不应该看，因为这是他的隐私。这样侵犯他的隐私权，他当然会愤怒的。

被访者：确实，他对老师敌对情绪很严重。我讨厌他，老师们都讨厌他。

[①] 王晓春著：《寻找素质教育的感觉：一位教育科研工作者与中小学教师的对话》，地质出版社，2000 年，第 170—171 页。

王：站在您的角度，这孩子很讨厌。站在孩子的角度，是您讨厌。孩子的想法也是有道理的。您干涉得过分了。孩子有孩子的特点，不一定非得让您喜欢。他写这些东西，也不一定说明品德就有多大问题。

被访者：那我应该怎么办呢？

王：我劝您把笔记本还给他，而且向他道歉……您必须尊重他，尊重他的权利。现在他对您意见这么大，不是因为您不喜欢他，而是因为您不尊重他。

评析：案例中，从被访者和王晓春老师的谈话中，可以反映出，由于老师不喜欢（不尊重）案例中的男同学，导致该男同学表现出强烈的抵制情绪（边缘学生的常见行为），甚至跟父母打架等不良行为。可以预测，该同学如果得不到及时矫正，其将来表现出危险的社会行为的可能性可想而知。

第三节 课堂教学中"边缘人"的转化策略

通过理论追寻和实践考察，我们对课堂教学中的"边缘人"有了较深入的认识和了解，然而研究课堂教学中"边缘人"的目的不仅仅是认识它或了解它，而是要在认识的基础上，根据其各种不同的特征，采取适宜的策略，使课堂教学中的"边缘人"得以有效转化，从而有效提高课堂教学质量，促进学生良好发展。

一、教师主导型转化策略

教师主导型转化策略，是通过教师的积极干预，为已经被"边缘化"或正在被"边缘化"的学生提供转化的机会和平台，从而使他们从被"边缘化"状态回归课堂教学的中心，充分享受在参与课堂教学活动中所能感受到的成功体验。具体而言，又可以细分为七大类型：一是魅力感化型，即教师通过不断提高自身素质、树立良好的教师形象，增强其个体人格魅力，让学生在享受审美体验中向课堂中心靠近。此时，教师良好的人格魅力，犹如一块强大的电磁铁,发射出高强度的磁场,把每个学生都紧紧吸引在教学活动场内。二是问题解决型,即通过教师或受教师指引的同学有所作为,帮助学生解决问题,消除困扰学生的种种疑惑,从而使学生从重重疑团中解脱出来,专心学习,积极参与教学活动。三是趣味型,即教师可以通过精心安排教学活动,有效进行教学设计,补充一些令人兴奋的教学素材,增强课堂教学的趣味性,吸引被"边缘化"了的学生。四是体验型,即通过教师实施教学控制,使每个学生的参与机会均等,在必要的时候,可以有意识地为那些被"边缘化"了的学生创造更多的机会,让他们在参与教学活动中获得成功的体验。五是任务型,即教师有意识地为处于"边缘"境地的学生合理安排一定量的教学任务,在完成任务的过程中培养学生的责任感。六是有意识关注型,即通过教师的有意识关注,打破边缘学生习得性的平静,从而为边缘学生接纳其他方面的转化行为奠定基础。七是学习指导型,即教师可以通过对学生的个别化指导,加速被"边缘化"学生的转化进程。教师对边缘学生的个别化指导主要包括对其进行生活指导、心理辅导以及学习方法指导。[①]

【案例9—2】实施有意识关注[②]

胡怡,学习成绩不怎么好,也不善于言谈,对身边人和事的态度让人觉得她似乎对什么也不关心,在我的眼里她无疑就是一个差生。

一次综合实践活动课上,我问胡怡:"你要研究什么呢?""我,我,我想研究中国。"胡怡的声音轻极了。我与她商量后希望她能从一个角度去研究中国。于是我便和她共同想方案,找资料。不久,在我的鼓励下,胡怡完成了她生平第一份调查报告。当我告诉胡怡学校准备在学期结束的典礼上请她为全校师生介绍自己的调查报告时,她先是一怔,满脸疑惑地看着我,随后一边摆手一边摇头连声说道:"我不行,我不行,我真的不行!"我多次鼓励,胡怡始终没有鼓起这个勇气。这次介绍胡怡只是举着那份调查报告,所有讲

[①] 李森著:《现代教学论纲要》,人民教育出版社,2005年,第209—216页。
[②] 胡明根主编:《影响教师的100个经典教育案例》,中国传媒大学出版社,2004年,第14—15页。

解是请一位小干部协助胡怡完成的。当她们汇报完毕,胡怡兴奋极了。

这以后胡怡像变了一个人似的。在第二个课题中,胡怡还被小组成员推荐为小组长。胡怡也越来越开朗,她经常和同学们交流对问题的看法。第二次课题汇报时,只见胡怡不慌不忙地走上讲台,十分流畅地给全班同学和老师讲解她们小组的调查结果和发现,这时的胡怡和半学期前的胡怡已判若两人,此时的她自信、开朗、幽默。

由于自信心的重新树立,胡怡的学习成绩也不断提高。在学期结束时,胡怡被同学们一致推选为校"雏鹰进步奖"的获得者。

评析:案例中,教师对胡怡进行了有意识地关注,进行积极地引导、鼓励和帮助,使胡怡从一个不敢言不敢行("平静状态")的"边缘人"一步一步地变成自信、开朗、积极、上进的非边缘学生。

二、学生内省型改进策略

学生内省型改进策略与教师主导型转化策略有所不同。如果说教师主导型转化策略是从外部对学生施加影响而使边缘学生得以转化的话,那么学生内省型改进策略则是从边缘学生自身出发,通过边缘学生内在力量的作用,积极主动地反思与构建,从而回归到课堂教学活动中。学生内省型改进策略同样可以细分为几个具体的方面:

一是内外动力型。内外动力型又可分为内部动力型和外部动力型。所谓内部动力,是指通过边缘学生自身的内在力量如认识、反思、领悟等的作用,使其原有的需要结构发生改变,产生新的需要,从而激起学生为满足需要而追求,这种追求即为内部动力。比如,当学生突然或偶然的机会发现自己很想成为一名科学家或摄影师等,那么他就会为实现自己成为一名科学家或摄影师而寻求途径,同时也会为实现这一理想而做出"牺牲"的准备(放弃玩耍、立志学习),这就是学生内部动力的强大效用。因而,边缘学生的内部动力是改变其"边缘人"身份的最核心要素,其一旦形成,将在边缘学生的转变过程中起着决定性的作用。所谓外部动力,是指通过外部力量的作用,诱发边缘学生的原有需要结构的改变，产生新的需要，从而激起学生为满足需要而努力，这便产生外部动力。

【案例9—3】一句话改变学生的命运①

小罗尔斯出生于美国纽约声名狼藉的大沙头贫民窟，这里环境肮脏、充满暴力，是偷渡者和流浪汉的聚集地。因此，他从小就受到了不良影响，读小学时经常逃学、打架、偷窃。一天，当他从窗台上跳下，伸着小手走向讲台时，校长皮尔·保罗将他逮个正着。出乎意料的是，校长不但没有批评他，反而诚恳地对他说："我一看你修长的小拇指就知道，将来你一定会是纽约州的州长。"

当时，罗尔斯大吃一惊，因为在他不长的人生经历中只有奶奶让他振奋过一次，说他可以成为五吨重小船的船长。他记下了校长的话并坚信这是真实的。从那天起，"纽约州州长"就像一面旗帜在他心里高高飘扬。罗尔斯的衣服不再沾满泥土，罗尔斯的语言不再肮脏难听，罗尔斯的行动不再拖沓和漫无目的。在此后的40多年间，他没有一天不按州长的身份要求自己。51岁那年，他终于成了纽约州的州长。

评析：很显然，案例中，小罗尔斯小学时经常逃学、打架，是一名典型的"边缘人"，然而，校长的一句话，却改变了小罗尔斯满足自身内在需要的方式，从以逃学、打架、骂人等方式实现自身需要，转向以"纽约州州长"的行为方式实现其需要。

显然，这里的外部动力型改进策略与教师主导型转化策略中的外力作用所施加的影响有本质上的差异。在教师主导型转化策略中，学生是被动的，是被接受控制的，是教师实施影响的对象；而外部动力型改进策略中，虽然诱因是外在的，但此时学生是主动接受的、并持有积极的态度，具有强烈追求的欲望。比如说，教学活动中，专门针对边缘学生的特长增设一些活动，并给予一定的奖励。这对于有这方面专长的边缘学生来说则具有极大的动力，

---

① 资料来源于http://www.ltsbbs.com/thread-674435-1-1.html。

他们也希望通过此类活动展现自己，证明自己。

二是情感依恋型。所谓情感依恋型，就是通过建立积极的情感纽带，改变边缘学生面对他人（教师或同学）行为的态度，从而实现边缘学生的转变。观察发现，大多数学生都有一个共性，即他们喜欢某个老师，则在这个老师所教科目的学习上进步要快得多。这就是所谓的"亲师信道"现象。

三是反思批判型。通过培养学生的反思批判能力，让学生在不断反思中追求进步。针对边缘学生来说，他们最需要的是反思自己的未来，反思自己当下的处境，反思自己经历的事情。事实上，反思批判型很大程度上对那些还处于"准边缘人"状态的学生群体帮助最大，通过反思能让他们清楚自己正处于被边缘化的边缘，产生危机感。因此，从这个意义上说，反思批判型属于"预防型转化策略"。

【案例9—4】当头棒喝的力量[①]

半期考试的前一周，我（杨光喜）接到班上张某母亲的一个电话，说在家里管不住自己的女儿，母女俩经常吵架。母亲只是初中文化，而女儿是高中生了，不听话时母亲根本说不过她，母亲说一句，女儿要顶上十句，常常弄得母亲哑口无言，只能将苦水往肚里咽。

张某的成绩很差，从小娇生惯养，在家里真的成了"小公主"，要啥给啥，我行我素，经常参与学生打群架。在家里根本不看书，不做作业，晚自习后，常跟一些调皮同学玩到12点左右才回家。半期成绩出来后，我把她叫到办公室念给她听：语文42分，数学11分，英语33分，物理17分，化学8分，生物21分。我提高嗓门对她说："张×，你看看自己的成绩，在全年级是倒数几名了，还以为自己了不起，文化高了，父母都说不起你了，可你在我眼里算什么呢？可以说是一文不值。"这时我发现这么油腔滑调，一副男儿性格的她眼泪竟然也哗哗地往外流，一定是我最后一句话触动了她的心。教训之后，我又慢慢开导了她一番。结果，没过几天，她母亲打电话给我说，

---

① 资料来源于 http://blog.sina.com.cn/s/blog_4dd9f15e0100acdo.html。

这几天她家春儿在家里像变了一个人似的，晚上也不出去了，每天回来就做自己的作业，时不时还要做到12点过，而且说话也非常客气，有礼貌多了。的确，从那次"骂"了之后，张某在学校的表现也大不一样了，对老师和同学都非常有礼貌，上课也不随便讲话了，后来高考时还上了本三线。

评析：案例中，杨老师抓住了张某虽然男儿性格，但也并非顽固不化的特点，引导她进行积极反思，从而改变了张某的行为。张某的行为变化显然不是因为担心再次被老师"骂"，而是老师的话触发了张某的内心世界，引起了张某的内在反思，让张某明白了她那我行我素的小公主性格原来没有什么了不起，她还需要努力学习，更重要的是让她反省到她的行为正表现出对母亲极大不敬。这就是反思批判型策略在课堂教学边缘学生转化过程中的很好运用。但是案例中，老师对学生"一文不值"的批判，不宜作为常规手段，这样容易伤及学生自尊心。

三、教学环境刺激型策略

教学环境刺激型策略与教师主导型转化策略类似，主要是从学生个体外部因素出发，通过对外部环境的调控，实现对被"边缘化"的学生群体的物理或心理刺激，激起他们回归"课堂教学活动中心"的信心和勇气。有关研究发现，适宜的教学环境有助于提高学生的学习自觉性和自信心。因为学生处于良好的环境时，其个性才能在宽松自然的氛围中得到解放，才会自觉与不自觉地产生一种舒适感，这种舒适感与他们从事活动的积极性会有很大的相关性。根据课堂教学中环境因素存在状态的不同，可以分为物质环境和精神环境。前者有形，容易调控，通常处于静态形式；后者无形，通常需要借助于有形（如师生等）为载体而得以表现，不容易调控，常以动态形式存在。具体而言，物质环境主要包括班级规模、座位编排、教室布置、着装服饰、灯光色调、室内温度以及教室空间等因素；精神环境主要包括教学气氛、师生关系、学习团体、教室文化以及当地流传的风俗习惯等因素。①

为了营造一种良好的环境，首先要合理确定班级人数。研究发现，班级集体的大小会影响成员间的情感联系。集体越大，情感纽带的力量就越弱，学生难以感到其他同学都是很亲切的，少数同学逐渐被冷落；而在人数少的班级，学生的学习兴趣更浓，学习态度更好，违反纪律的现象较少，师生关系和生生关系融洽，课堂气氛友好愉快，学生有较强的归属感，教师有更多的机会进行个别辅导、因材施教，教学活动和教学方式更加多样化，学生也更积极地参与课内外学习活动。小班可以为提高教学质量创造良好的教学环境和学习气氛。② 显然，在小班教学中边缘学生参与课堂和接受关注的机会就会相对增加。

其次，合理控制教学资源。如统一服装，确保教室光线和温度适宜，采取轮流就座的方式，变静态式为动态式等等。这样不仅可以为全班同学创造舒适的环境，还能为边缘学生提供"接近"教师的机会，成为课堂教学活动的中心人物。

【案例9—5】笔者访谈实录

王娟，是五年（二）班的一名表现较差的女生，由于个儿长得比较高，因此每次编座位的时候，她总是被安排在最后一排，其旁边总是那几个调皮的男生，渐渐地，王娟成了班上听课不认真，且爱讲闲话的学生，其学习成绩一直很差。

这学期突然换了个新班主任——张老师，张老师接手该班后，立即实施了与众不同的策略，实行座位轮流制。事实上，张老师来班上的第一天就基本了解了班里的大致情况，在熟知了王娟的表现情况后，特地把王娟安排在教室的前面几排轮流活动，使她始终保持在教师的第一视线范围内。这样一来，王娟失去了上课时讲闲话的机会，虽然是被动的，但也终究在和教师保

---

① 李森、张家军、王天平著：《有效教学新论》，广东教育出版社，2010年，第118—119页。
② 冯建华：《小比大好，还是大比小好》，载《教育研究与实验》1995年第4期。

持互动与交流。慢慢地，王娟开始认真听课了，期末结束的时候，王娟取得了她近年来最理想的成绩。

评析：显然，案例中讲述了在一种相对特别的环境刺激作用下，"边缘人"王娟从之前的不认真听课，到被动听课，再到喜欢听课，逐渐取得好成绩这一变化过程。该案例再一次表明了环境的刺激作用对学生的学习效果有着极其重要的作用。

再次，建立民主、平等、和谐的师生关系，为学生创设良好的自主学习氛围。良好的师生关系一定是和谐的，相互尊重的。特别是教师一定要充分尊重学生尤其是边缘学生的意愿和情绪，倾听他们的意见和想法，承认他们与其他同学之间的差异，允许他们发表自己的看法和见解，这样他们才能真正感受到师生之间的平等，才能感受到自尊的存在。[①] 教师应当充分利用"亲师信道"的"心理效应"，强化师爱的作用，真诚地信任和鼓励边缘学生，帮助他们从困扰中走出来，从而回到自主学习的角色中来。

最后，创建学习共同体。所谓学习共同体，简单说就是教师走下讲台，以学习指导者和帮助者的身份与学生一起学习，成为学生学习团体中的一员。在这个学习共同体中，学生始终是学习的主人，把握学习的主动权，拥有学习的大部分时间和空间，而教师始终扮演着引导者、帮助者和合作者的角色，这样"教室成为学室，教师成为导师"。在学习共同体中，被"边缘化"的学生，能因为自己成为共同体的重要部分而感觉到其学习的主人翁地位，能在互助性学习中得到更多的关心和帮助，同时也可以在帮助或协助他人学习的过程中体验到成就感和亲密感，从而消除其被"边缘化"的担忧。

【案例 9—6】课间文化

1. 跳皮筋念白（数学版）

1只青蛙1张嘴，2只眼睛4条腿，扑通一声跳下水；2只青蛙2张嘴，4

---

① ［美］威廉·威伦等著，李森、王纬虹主译：《有效教学决策》，教育科学出版社，2009年，第42页。

只眼睛 8 条腿，扑通 2 声跳下水……

2. 拍手对白

今天去春游，我们小手拉小手，来到小河边，捧起小蝌蚪。别掉泪，小蝌蚪，我想和你交朋友！妈妈妈妈在哪里，别怕，请沿小河往下流……

评析：课间文化，是一项宝贵的课程资源，良好的课间文化有益学生的学习与健康。它的开发，需要学科的渗透和师生、生生的互动。各科教师，协作参与，先期开发，寻找学科知识与课间文化的结合点，将学科的有关内容转化为充满情趣的课间活动形式。让学生在教师的引领下，通过互动与情感的交流，创造出鲜活而有现实意义的课间文化作品。

案例中，第一个活动，有益学生对数字的熟练记诵，特别是对数学运算能力较差的学生帮助更大；第二个活动，可以增补学生的常识，让学生在轻松愉快的活动中，感受学习的幸福和快乐。

四、教学制度规训型策略

教学制度规训型策略是指通过拟定相关规章制度直接对边缘学生施加影响，使其行为方式发生改变，从而改变其"边缘人"身份。教学制度不仅是教学活动的一般前提和外在环境，而且也是直接构成教学活动的一个重要内生变量，它具有规范性、公共性、稳定性和现实性等基本特征，[①] 能对教学中的一切活动或行为起着规范作用，保障课堂教学活动的稳步进行，从而有效达到教学目的。根据不同的标准，课堂教学中的制度可以划分为不同的类型。

从教学制度对学生行为的持续性关系角度而言，教学制度可以分为阻止型教学制度和激励型教学制度。阻止型教学制度（形如严禁吸烟、严禁酗酒、严禁上课时搞小动作等）能够阻止边缘学生常表现的不利于其学习的行为继续发生；激励型教学制度（如奖惩制度等）有助于激发边缘学生偶尔表现的

[①] 李德林、徐继存：《试论教学制度的性质》，载《课程·教材·教法》2010 年第 6 期。

积极性行为的持续发生。

从教学制度与学生态度的关系而言，教学制度可以分为积极型教学制度和消极型教学制度。积极型教学制度主要指那些学生主动、心甘情愿接受的制度，比如，要求同学之间要互助互爱、加强身体锻炼、讲文明礼貌、积极参与课外活动等；消极型教学制度主要指那些学生可能是被动接受的制度，比如按时完成作业、保持清洁卫生、不迟到早退、有事必须请假等。对已经被"边缘化"了的学生群体而言，积极型教学制度容易被接受，能有效地激起他们的学习热情，但适量的消极型教学制度也有必要，因为消极型教学制度更能对他们的"茫然"行为起引导和规范作用。

从教学制度所涉及的学生行为范畴而言，教学制度可以分为德性教学制度、文化性教学制度和常规性教学制度。德性教学制度主要是指学生的道德伦理规范，如尊师爱友、诚实守信、公私分明等，实施良好的道德伦理规范教育有助于激发边缘学生的善性，增强其自信心。文化性教学制度主要是指学生的文化背景、行为习惯以及宗教信仰等。课堂教学中的"边缘人"很大部分来自于其文化信仰与行为习惯的差异，因此教学中必须充分尊重边缘学生的文化习惯。只有当文化习惯受到充分尊重后，他们才能感受到自己尊严的存在。常规性教学制度又可以分为日常行为规范制度和学习行为规范制度。日常行为规范制度，如对学生的言谈举止、接物待人、情绪调控等方面的相关规定，能在一定程度上规范边缘学生的日常行为，能有效引导他们按照既定行为方式行动，因为绝大多数边缘学生的日常行为都是有问题的，不符合规范。学习行为规范主要是对边缘学生的学习理念和学习方法上的指导。

此外，从教学制度的执行力度而言，教学制度可以分为硬性教学制度和软性教学制度。硬性教学制度是指每个学生都必须遵守的制度，比如损坏东西要赔；而软性教学制度是指学生可以选择性地遵守的制度，比如表现突出有奖励，主动发言即使错了也不会遭到批评等。针对课堂教学中的"边缘人"群体而言，软性的教学制度比硬性教学制度更容易激起他们的学习兴趣和积极性，因为软性教学制度能很好地消除边缘学生十分抗拒的压力，而保持一种轻松愉快的状态。

【案例 9—7】后进生转化经验①

王洁老师的班级跟其他班级一样，班里同样有部分行为表现不好，学习成绩较差的学生，面对这部分学生，王洁老师采取下列措施：

1. 实现捆绑式制度

集体的力量是无穷的，值日组内不进行劳动全组一块处罚，宿舍内违反纪律一起批评，作业组内完不成作业一同扣分，这样进行捆绑式教育，其他同学就会合起来帮助他们。

2. 要求学生必须认真写作业

写作业要干净整齐，写作业时看清想好才下笔写；批改的作业发下去后，要求学生对错题要及时改正。

3. 硬性规定，阻断后进生结帮的机会

后进生与后进生往往有更多的共同语言，共同爱好，共同活动空间，而他们经常在一起更增加了玩耍、违反纪律的机会，甚至还有拉帮结派的危险。这不仅增加了违反纪律的严重性，更有甚者可能走上违法犯罪的道路。所以我要求课间、饭前饭后不能在教室内、教室门口聚集、打闹。在宿舍内没有事不能经常跨宿舍聚集。渐渐地，教室就会安静下来，聚集、打闹少了，学习气氛也就浓了。

评析：案例中，王老师对边缘学生（后进生）的转化策略实际上就是合理利用了教学制度的威信，对边缘学生实施制度化管理，用制度的力量来约束边缘学生的行为。更有价值的是王老师还把集体力量的约束力和"连带责任"效应恰当地融入教学制度中，促进了小集体内部的有效合作。但是，这同时也潜藏着危机，一旦处理不当，反而会增加同学间的猜忌、埋怨等矛盾。

---

① 资料来源于王洁的教研空间，http://jy.hner.cn/u/wangjie2012/Blog.aspx/t－85346。

第十章 课堂教学反馈策略

心理学家罗西以及亨利做过一个著名的实验研究。整个实验分成两个部分，每个部分各持续八周时间。实验人员把一个班级的学生分成 A、B、C 三个组，这些学生每天学习后都要参加测验。测验后，实验人员对三组学生进行不同的处理。在实验的第一阶段，A 组学生每天都能得知自己的测验结果，B 组学生每周得到一次测验情况的反馈，C 组学生则对测验结果一无所知。结果，A 组学生是三组中成绩最好，提高最快的。在实验的第二阶段：实验人员把对 A 组与 C 组的处理方法进行了对换，即对 A 组的学生不告知测验结果，而 C 组学生每天都能对自己的测验情况有所了解。B 组学生则保持不变，仍然每周一次得知自己的测验结果。八周后，A 组和 C 组学生的成绩发生了很大的转变，A 组学生的学习成绩逐步下降，而 C 组学生的成绩却突然上升；B 组学生的成绩基本保持原有水平。这个实验即是心理学上著名的"反馈效应实验"。

该实验结果表明，对学习者进行反馈，帮助学习者了解自己的学习情况，有利于提高学习者的学习效果，且对学习者进行及时反馈效果更好。一些教育家相信，提供反馈是教师为提高学生成绩所能做的最有效工作。正如美国一位研究者约翰·凯蒂在搜集对比超过 800 个研究结果的思考后认为："提高成绩最有效的一个改进途径就是反馈的改进。要改善教育，最简单的处方必然是'反馈剂量'。"① 教学反馈这一术语常常出现在各种教育学、教育心理学、教学论等论著中。例如及时反馈原则是教学原则之一，教学反馈是教学系统的构成要素之一，教学设计中有反馈巩固环节，教学实践中学生学习动机的激发、保持和培养应重视反馈的作用等等。

但是，在现实课堂教学中，许多教师对教学反馈的认识还不到位，教师教学反馈行为有待优化和完善，教学反馈的作用没有得到有效的发挥。主要表现在：在认识上，教师缺乏反馈意识，对教学反馈的意义与功能认识不足，不太重视对学生学习行为作出反馈；在实践中，教学反馈这一环节常常被教师所忽视，教师对教学反馈原则把握不力，对教学反馈策略掌握不足，对学生的反馈行为盲目随意等，不利于有效教学的实现。因此，我们需要对于课堂教学反馈的几个关键问题进行阐述分析，进而帮助教师实现有效的课堂教学反馈。

第一节 课堂教学反馈概述

课堂教学反馈是沟通教师与学生，连接教学目标、教学过程与教学效果，确保教师的教与学生的学的双边活动协调一致，实现课堂教学沿着预期教学目标运行，实现有效教学的重要教学策略。要充分发挥教学反馈的作用，实现对课堂教学的有效管理和控制，必须进行有效的教学反馈。因此，从理论上探讨教学反馈的内涵、原则和功能，对于教师实现有效教学反馈，调控教学过程，提高教学质量有着重要的意义。

一、反馈与教学反馈

课堂教学反馈策略的指导思想是作为系统科学原理之一的反馈控制原理。

---

① [美]罗伯特·J·马扎诺等著，张新立译：《有效课堂——提高学生成绩的实用策略》，中国轻工业出版社，2003年，第121、122页。

它认为,任何系统只有通过信息反馈,才能实现有效的控制,从而达到预期的目标。同理,课堂教学是一个动态的复杂的信息传递系统,而课堂教学的成功在于教师对课堂教学中各种信息的有效利用,从而调控教学过程,完成教学任务,实现教学目标。

(一) 反馈

反馈,又称回馈,它从英文"Feedback"意译过来,意思是"反哺"、"返送"、"回赠"等。"馈"是个古字,具有赠送的意思。因此,从字面意义来看,反馈即是泛指发出的事物返回发出的起始点并产生影响。

反馈的概念首次出现在贝尔电话实验室哈德罗·布朗克的文献中,随后在机器的控制和电子技术中得到了广泛的运用。它表现为,一个机械或电子系统为了实现某个目标,不断地将输出的信息(反映出系统状态的信息,比如机械的转速,温度的高低,电流的大小等)通过反馈通道回送到输入端的控制部分,并与目标信息(反映出由目标决定的系统稳定态信息)比较,获得系统的偏差信息,来调节系统的状态,保持系统在稳定态运行。后来,这一概念经过控制论开创者维纳等人的引入,被逐渐推广于生物、心理、工程和其他社会科学领域。

控制论认为,通过反馈实现有目的的活动就是控制。反馈就是系统的输出经过某种处理后又返回输入端,同时经过再处理,对系统输出施加影响的过程。反馈对系统的控制和稳定起着决定作用。维纳曾说过:"一个有效的行为必须通过某种反馈过程来取得信息,从而了解目的是否已经达到。"控制论研究表明,任何系统都处于不稳定的状态中,其发展运行具有不确定性。要使系统稳定或者发展达到预定目标,就必须对该系统进行控制,而控制是否有效,关键在于是否有灵敏、准确和有力的反馈。因此,为了实现控制系统的稳定,需要了解系统运行的信息,即把系统运行中的输出信息反馈回来并且进行处理,从而再次作用于系统的输入和再输出,促使系统保持稳定或者按照预期的路径运行。如图10-1所示,信息根据控制目标的要求通过控制者输入给执行者,执行者根据其自身水平对接收的信息进行处理,并将其工作状态转换成信息输出形成反馈信息。反馈回来的信息经过两个通道分别向控制者和执行者输出,控制者和执行者分别根据反馈信息以及控制目标的要求对信息进行调整,对系统的输入和再输出施加影响,从而形成控制、操作、反馈、调整与再控制、再操作、再反馈、再调整的内部循环信息传递系统。

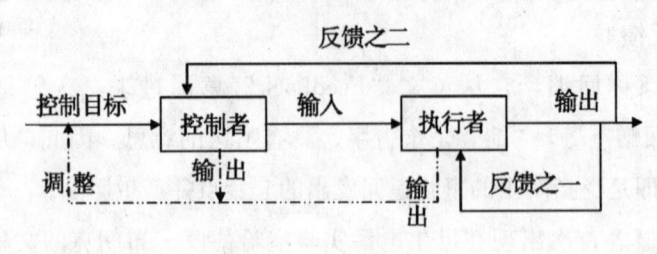

图 10—1 反馈模式图

通过上述分析,反馈控制原理发生作用必须遵循以下三点:第一,反馈存在于特定系统之中,不能脱离系统笼统地谈反馈;第二,反馈是一种特殊信息,它的流向与系统主信息的流向相反,即由输出回到输入;第三,反馈的作用是对整个系统产生影响,其目标是使系统得到优化。

(二)教学反馈

20 世纪中期,随着系统论、信息论和控制论的相继问世,"三论"科学对教育学产生了显著的影响,国内外许多研究者和实践者开始应用"三论"的观点和方法指导教育研究和实践,其中一个突出表现就是反馈控制原理的引进与应用。在系统论、信息论和控制论的指导下,研究者把课堂教学看做是一个由教师、学生、教学内容、教学环境等要素构成的系统,教学过程即教师与学生对教学信息的相互传递与反馈实现,而反馈则是实现对教学过程调节控制的重要手段。它主要表现为,在课堂教学中,教师需要通过教学反馈把知识信息的输出转变为输入,从而及时了解自己的教学情况以及学生的学情,并据此调整教学内容和教学手段,以保持课堂教学稳定,确保教学目标的实现。另一方面,学生也将通过教师的反馈信息了解自己的学习情况,并对自己的学习活动进行自我调整。可以说,在整个课堂教学系统中,教学反馈是影响教学系统运行的重要因素,它活跃于教学主体信息交流之间,存在于教学过程各个环节上,是优化课堂教学,实现教学相长的重要手段和策略。

在教学领域，学者从不同的角度对教学反馈进行了界定。第一，认为教学反馈是构成教学系统的一个重要的要素。例如李秉德认为"教学活动的反馈是师生双方主要围绕着课程和方法而表现出来的。除了包括测验与考试等的教学评价外，教师对学生课外特别是课堂上表现的观察，也是捕捉反馈信息的一条重要的渠道"[①]。第二，将教学反馈看做是一种教学方法。例如刘显国在《反馈教学论》一书中认为反馈教学法是"运用系统论、信息论、控制论'三论'原理建立的新教法，是师生双方在融洽、合作的气氛中，由教师引导（控制）学生进行系统的、创造性的学习，以应用知识和发展能力为目标，突出教与学之间信息交流和信息反馈的及时性，提高课堂教学质量的一种新颖科学的，集各种教学法的优点于一体的综合教学法"，"其特点是把学习结果返回教师和学生中，从而调整教与学"。[②] 第三，将教学反馈看做是一种单向的信息传递。这一观点根据其信息指向主体的不同又可以分为两种。首先，认为教学反馈是指向教师的，是"学生对教师所教授的内容、方法、教学态度及教学效果等方面的客观反映，是对教师教学工作的一种评价"[③]。其次，认为教学反馈应该指向学生。例如 Ramaprasad 认为反馈是学生实际表现与其学习目标、教师的教学目标、学校等机构的教育目标或标准等之间的一种比较信息，这种信息能使学生对特定知识和技能加深理解，能反映学生的实际表现与各目标或标准之间的差距，最终引导各要素努力缩小这一差距。[④] 美国学者布莱克（Paul Black）和威廉姆（Dylan William）认为教学反馈可以指任何提供给学习者的与其任务表现相关的信息。[⑤] 第四，把教学反馈作为问题解决过程。例如唐文恒认为："一个完整的反馈过程，必须包含三个

---

① 李秉德著：《教学论》，人民教育出版社，1991年，第14页。
② 刘显国著：《反馈教学论》，辽宁人民出版社，1998年，第1页。
③ 黄启新：《教学反馈之我见》，载《教育艺术》2003年第6期。
④ Ramaptased, A. *On the Definition of Feedback*. *Behavioral Science*, 1983, 28, 4—13.
⑤ Paul Black, Dylan Wiliam. *Assessment and Classroom Learning*. *Assessment in Education: Priniples, Policy& Practice*, 1998, 5 (1), 7—74.

要素，即预测目标、反馈信息、调节矫正。所以反馈在本质上应是解决问题，也就是说在教学反馈过程中，既要让反馈对象知道'对'对在什么地方，'错'错在什么地方，又要提供相应的措施帮助他们改进教与学，提高教学质量。"[1] 第五，将教学反馈看作是一种双向的信息交流。例如，认为教学反馈"亦称教学信息反馈，实质上是教师和学生双向互动的信息交换的动态过程。其中传递的信息，经过对方处理后产生的效果再输送回来，并对教学信息的再输出发生影响"，"指教师和学生在教学过程中输出的信息，经过对方处理后产生的效果再输送回来，并对教学信息的再发出发生影响的过程"。[2]

以上有关教学反馈的定义都是在反馈原理的指导下，从不同方面对课堂教学反馈的一种思考。其中，教学反馈的主体是教师和学生，教学反馈呈现的是即时的课堂教学现状以及学生学习情况的信息，教学反馈的最终目标是优化调节教与学行为，从而实现教学目标，优化课堂教学。

当前，在课程改革理念的指导下，课堂教学反馈有了其更深层次的内涵和要求。首先，课堂教学必须突破教师输出信息，学生输入信息的单向信息传递局面，强调师生多向的动态信息传递与相互反馈。这就要求教师重视教学反馈，把教学反馈贯穿于教学过程的各个环节，为真正实现教师和学生的有效互动提供保障。其次，课堂教学必须打破其教学的封闭性，强调其开放性与生成性。鼓励学生大胆表达自己的思想、情感和经验，从而实现课堂信息资源的不断增长。要求教师广泛吸纳和灵活运用教学过程中各种有价值的反馈信息，使其成为生成性教学资源，从而实现课堂教学的生成。因此，在课程改革理念的指导下，课堂教学反馈是教师在课堂教学过程中，对各种教学要素相互作用而生成的信息资源进行及时捕捉，有效分析和利用，并且通过反馈优化教与学的行为，实现对课堂教学的动态调控，完成教学目标，实现教学相长的一种有效教学策略。

---

[1] 唐文恒：《走出反馈矫正的误区 全面提高教学质量》，载《卫生职业教育》2000年第9期。

[2] 吴喜莲：《教学反馈：内涵、特性和策略》，载《读与写（下旬）》2011年第8期。

二、教学反馈的功能

在教学过程中,教师充分利用反馈控制原理,调整教学过程,对教学目标的达成,优化课堂教学具有重要的意义。教学反馈的诊断功能、调控功能和激励功能表明,教学反馈是提高教学质量的保证,教师不重视反馈,其课堂教学就会脱离学生的实际,无法真正发挥教学反馈应有的作用。

(一) 诊断功能

课堂教学反馈的诊断功能是指反馈信息对教学过程中教与学的效果、矛盾和问题作出判断的功效和能力。教学反馈的诊断功能是其他功能的基础。课堂教学反馈的诊断功能表现在两个方面。第一,教师通过学生的反馈,了解教学效果,评定教学目标的完成情况;发现自己教学所存在的问题,并诊断其原因;判断并预测教学发展的趋势,为进一步改进教学方法,调整教学计划和内容等做准备,以提高课堂教学的效果。另外,教师利用观察、提问、测验等手段,搜集学生的信息,诊断学生在知识掌握上和能力发展上的不足,了解学生学习过程中的疑点、难点,从而为教师进一步调整教学提供信息。例如教师在课堂教学过程中,常常通过提问"听懂了没有"来判断新课的讲授情况,如果学生还没有掌握,没有听懂,教师会再讲一遍。第二,由于自身水平的局限性,学生不能自主地、准确地把握自己的学习情况,而教师及时向学生提供反馈信息,能够帮助学生诊断自己的学习情况。学生可以根据教师的反馈,诊断自己的学习效果,检测自己的学习效率和学习态度,了解自己的学习情况以及与目标的差距,从而做到"心中有数"。如果学生根本不知道自己究竟错在哪里或者对在哪里,不知道自己的现状与学习目标之间的差距及逐渐缩小差距的方式,仅仅依靠努力未必能够获得成功。

【案例 10—1】《鸟的天堂》教学片断[①]

某教师执教《鸟的天堂》一课时,提出了一个问题:"作者为什么两次提

---

① 资料来源于 http://www.xtcxx.com/Article/Article.asp? nid=15568。

到地上很湿?"有的学生说因为是河边,所以很湿。有的学生说因为地湿,人们想看榕树就不好走近。教师觉得学生没有理解文意,于是让大家再讨论地湿与鸟的天堂有什么关系。有的学生说这里两次写地湿是说这地方很不好走,人们不能上去,所以就没有人打扰鸟。有的学生说作者还提到了大概涨潮时河水会冲上岸来,说明退潮后会留下很多可供鸟吃的食物,加上这棵茂密的榕树,所以引来许多鸟。还有的学生说鸟多了鸟粪可以供植物生长用。随后,教师综合了从学生那里得到的反馈信息,小结道:"正因为如此,才形成了得天独厚的自然条件,使很多鸟在这里栖息、繁殖,使这里成为鸟的天堂。"

形象地说,教学反馈,就像一面可以帮助教师"明得失"的"镜子",教师通过它可以诊断教学中存在的不足和问题,从而及时调整自己的教学,或放缓教学节奏,或改变教学方法,或扩充教学内容等等。上述案例中,教师利用提问:"作者为什么两次提到地上很湿?"来诊断学生对文章的理解掌握情况。当教师通过学生的反馈信息发现学生并没有理解文意,这一环节教学目标没有实现时,及时对自己的教学做了调整,改变教学进程,增加时间并且指导学生通过讨论对文章进行进一步解读。教师这种做法不仅能够确保教学目标的实现,而且能够加深学生的理解,为接下来的教学打好基础。

(二)调控功能

没有反馈就没有控制,这是控制论的思想精髓。课堂教学反馈的调控功能是教学反馈对教学系统中偏离教学目标的教学与学习行为进行调节和控制的功效和能力。课堂教学中的各种反馈信息是教师和学生调节教与学行为的依据。这种功能主要表现在两个方面,第一,教师通过对课堂教学中各种反馈信息的诊断结果,及时修订自己的教学设计,调整教学内容,调节信息输出的节奏和进程,决定下一步的教学策略,完善教学指导,从而有效地调控教学过程,使得课堂教学保持良好的运行状态。第二,教师通过教学反馈指导学生对自己的学习进行诊断和调控。学生在学习过程中,通过来自教师以及同伴的反馈信息,诊断自己的学习状况,发现和矫正错误点;根据教师的反馈指导变换思维方式,改变学习策略,改进学习方法,从而实现自我调控。

综上所述，在课堂教学过程中，有效的教学反馈可以帮助教师和学生积极自发地修正自己的教学行为和学习行为，从而优化自己的行为，提高教学效果。有效的教学反馈帮助教师实现对动态生成的课堂有效调控。因为教学主体可以通过不断的信息反馈，一次一次地修正教学行为，使一切教的活动和学的活动都紧紧围绕教学目标的实现而进行。

因此，教师在课堂教学中应充分发挥其主导作用，随时捕捉教学过程中的各种反馈信息，并加以分析和利用，据此针对自己的课堂教学，调整自己的教学行为。正如马克思·范梅南论述的一样，"不论我课备得多么好，或者我对课的内容多么富有激情，可课堂上相互作用的情境就是这样，我必须时刻意识到孩子是怎样的感受。聆听反馈中转瞬即逝的信息，然后根据这些信息做出教学的调节"[1]。因此，教师在授课的同时，应采用多样化的方式和手段，通过观察、提问和练习等，收集反馈信息，对自己的教学作必要的调节、补充和完善；在与学生对话的过程中，向学生提供具有针对性的反馈信息，或矫正，或强化，或进一步启发，从而帮助学生调节自己的学习行为；在课后，教师应通过与学生日常的交流、作业和试卷的评定分析等方式，收集学生的反馈信息，对自己的课堂教学进行反思，并且根据学生的知识掌握情况，对后续的教学计划、教学内容、教学方法等作出必要的调整。

【案例10—2】《扁鹊治病》教学片断

某教师在执教《扁鹊治病》一文时，多数学生认为作者对蔡桓公讳疾忌医的做法持不支持的态度，并且对扁鹊持赞赏态度。在教师准备进行结课的时候，一学生却举手提出了自己的意见。

生1：我跟大家想法不一样，我认为扁鹊不该跑到秦国去。因为救死扶伤是医生的天职。即使不能挽回蔡桓公的命，总可以延长蔡桓公的寿命吧！生命无价！

---

[1] 马克思·范梅南著，李树英译：《教育机智——教育智慧的意蕴》，教育科学出版社，2001年，第149页。

（该生发言后，学生都把手举得更高，有的甚至站了起来，或离开座位，有的则和旁边的同学私语起来，似乎在小声讨论扁鹊的对与错。）

师：同学们，扁鹊应该怎么办呢？请你们有秩序地发表自己的见解，并说明理由。

生2：扁鹊应该跑到秦国去，不然他不但不能救回蔡桓公，说不定还会搭上自己的小命。

生3：虽然蔡桓公开始不听扁鹊的劝告，但现在他已知道错了，肯定会配合治疗，说不定会治好呢！

生4：蔡桓公的病已深入骨髓，就像现在的癌症，肯定是不能救活了。

随后，教师趁热打铁，让学生在课后把自己的想法写下来，写话题目就叫《假若我是扁鹊……》。

上述课例中教学事件的处理，显示了教师的教学机智。学生的发言实际上是教师在设计教学时所没有想到的，遇到类似教学情况时，有的教师会因为答案与其预期不同而给一个模糊的评论，同时强化正确答案而将其排除，并且把学生拉回到自己预先设计的教学轨道上。但是，本课例中教师则把学生的反馈信息用在新的教学点，并以此反馈为核心，调整教学方案和步骤。教师对学生的这种积极反馈不仅对学生的学习积极性有着激励作用，而且通过课上的讨论和课后的作文练习更能帮助学生加深对文中人物形象的理解和感悟。在课堂教学过程中，学生的反馈信息可以变成一种生成性资源，有智慧的教师能够准确地捕捉和把握这些资源，及时调节自己的教学方法和教学进度，甚至整节课的教学安排。例如，在课堂教学中，教师可以根据学生的回答和质疑，改变教学计划，调整教学进程；根据学生的反应情况，控制教学节奏。当学习内容较为简单，学生表现轻松，并且反馈迅速时，则加快教学进度，或增加教学难度；当学习内容较难，学生表现吃力时，则要放缓教学节奏，并且根据学生的反馈情况，通过回顾基础知识，改变教学方法，增加具有支架性的教学内容等手段，重新组织课堂教学。

（三）激励功能

所谓激励功能，是指课堂教学反馈信息对教师的教与学生的学的行为的强化和促进作用，能够激发教师和学生的内在动力，增加他们的积极性和创造性。心理学家发现，反馈可以作为一种诱因，能够激发教师与学生双方新的动机。具体来说，一方面，教师通过从学生那里获得积极的反馈信息，例如学生积极地配合教师的课堂教学，用心听讲，发言积极，能够正确回答问题等，获得积极的教学体验，从而激发教师的教学热情和积极性，常常表现为教师"越教越有劲"；另一方面，教师在课堂教学中及时捕捉学生的反馈信息，并且对学生进行积极的反馈评价，让学生在学习过程中看到自己的成绩，伴随而来的是学习信息和引起学生积极的情绪体验，增强学生的学习信心和兴趣，有利于激发学生在学习中保持持续的注意力和积极性，表现为"越学越有劲"。当然，并不是只有肯定的表扬性的反馈，才具有激励功能。有时候，恰当的错误矫正反馈更能激发学生的学习动机，提高学习效果。

【案例10—3】

低年级课堂教学中，每做一道习题，学生都渴望从教师那里获得赞赏的反馈。在一般情况下，教师非常及时地把评价的信息反馈给学生，如向做对的小朋友笑一笑，拍拍手、点点头或者拉拉小耳朵等等，调节了心情，活跃了课堂气氛。有时肯定的评价由学习主动积极的、或学习稍有进步的小朋友来表达，暗示了只要主动学同样可以得到老师和同学的表扬。又如选择题出示后，让学生举手用手指1、2、3、4表示所选择的正确答案，老师能确切了解全班正误的实际比例。有时为提高趣味性，把1、2、3、4改用四种彩色圆牌，学生出示圆牌更使老师一目了然。有时为了减少学生之间信息的相互干扰，让学生在举牌或伸手指时，埋下头，老师走到做对习题的学生身边，在耳旁轻轻地说："你真棒！"学生的感觉如涌暖流。老师走到做错的学生身边，在耳旁轻轻地说："你能再想一想吗？"提醒其纠正，如果该学生确有困难的，师生面对面地交流，减轻了学生学习的心理负担，也提高了争取下一个好成绩的信心。①

上述案例呈现的是低年级数学课堂教学过程中教师利用多样化的反馈手段和方式实现教学反馈的激励功能。首先，教师通过多样化的反馈方式对学生进行肯定的评价，有利于引发学生积极的情感体验，增强学生的学习兴趣和积极性；其次，通过对学生的错误进行"机智"的反馈，使得学生不气馁，增强学习的信心。同时，教师机智的多样化反馈方式，能够有效吸引学生的注意力，提高学生课堂教学的参与度，从而反过来激发教师的教学热情和积极性。

第二节 课堂教学反馈的基本策略

课堂教学反馈是一种教学策略，更能体现教学的艺术性。它是实现有效教学的重要一环，也是体现教师教学能力和教学机智的重要方面。随着基础教育课程改革的深入，以学生发展为本的教育理念逐渐被广大教师所接受并且在课堂教学实践中得到贯彻落实。现今的课堂中，教师从头讲到尾的教学局面已经得到了极大的改善，师生的对话交流增多，学生的自主学习、小组讨论、合作学习等活动也越来越多。在这种背景下，敏锐地观察学生，多渠道地收集学生的学习信息，及时把握处理这些信息，向学生提供有针对性的反馈，并在此基础上实现对整个课堂的优化调控成为影响教师有效教学的关键。正因如此，反馈被西方学者列为教师实施有效教学的关键性策略。②

因此，为了贯彻基础教育课程改革的理念，实现课堂教学的有效优化，教师必须转变观念，重视和强化课堂教学反馈功能，优化课堂教学反馈行为，

---

① 史久甫：《优化课堂教学反馈是指导学法的杠杆》，载《小学数学教师》2005 年第 1 期。

② 黄显涵，李子健：《建构有效教学的策略：反馈理论》，载《教育发展研究》2011 年第 4 期。

提高课堂教学反馈的实际效果。这就要求教师始终要有较强的反馈意识,时刻保持获取教学反馈信息的热情,从而在行动上积极创设良好的课堂教学氛围,采用多种形式诱导学生做出及时反馈,并及时对学生的反馈信息进行捕捉、分析和利用,逐步提高自己进行教学反馈的能力,优化教学反馈行为,从而把教与学有机统一在一个最佳的程序中,提高课堂教学效果。

一、树立生本意识,确保信息反馈通道的有效畅通

从本质上说,课堂教学反馈是发生在教学主体之间的信息的"输出——反馈——再输出——再反馈"循环往复螺旋上升的过程。其中,教学主体之间的交往强度决定着课堂教学反馈的效果,也影响着整个课堂教学的水平和质量。因此,要实现教师与学生的信息传递与反馈的动态平衡,使教与学同步,必须加强教师和学生的交流,保持信息反馈通道的有效畅通。而在现实课堂教学过程中,要提高教学主体之间的交往强度,实现教学反馈通道的畅通,需要教师在课堂教学中能够营造民主自由、和谐融洽的课堂氛围,确保学生参与课堂反馈的积极性;能够切实把学生当作课堂教学的主体,对学生的反馈信息进行有效地回应,促使学生能够把真实的信息源源不断地反馈给教师。

(一)营造良好的课堂氛围,确保学生参与课堂反馈的积极性

为学生创造和谐、融洽、愉悦的课堂教学氛围,让学生"敢"于反馈,是确保教学反馈信息通道有效畅通的前提。只有和谐、愉悦的课堂氛围才能让学生充分发挥主体作用,主动产生与教师以及同伴互动的欲望。在课堂学习中,有些学生由于恐惧、害羞、紧张等原因,常常不敢自由地表达自己的想法,使教师难以及时获得学生的反馈信息,教学反馈通道受堵。如何帮助学生克服不敢反馈的心理障碍呢?这就需要教师树立生本意识,把师生关系放在平等的位置上,创设良好的课堂教学氛围,降低学生在课堂上的紧张感和焦虑感,消除影响学生反馈的心理障碍,使学生的思维更愿意随着教师的讲解而运转,并且在学习过程中自然流露出真实的情感和自己的学习情况。

在这种氛围下，教师与学生之间才能真正实现有效的沟通和交往——教师尊重学生的思想、情感和行为，学生能够把自己真实的思想和情感反馈给教师。例如本书主编李森教授曾在美国伊利诺伊州一所学校对一位物理老师进行了为期两个月的跟踪听课。在听课这段时间，他发现该教师在每节课的最后，不论剩下多少时间都会向学生提问一句，"Any Comment?"（有什么评价？）然后学生就会根据自己的想法自由地发言。例如，"我觉得今天您课讲得很好"，"老师您今天的衣服很好看"，"我有一个问题……"等等。该教师的"Any Comment?"（有什么评价？）无疑是一种拉近师生之间的距离，有效获得学生反馈信息的"法宝"。相对于我们教师常用的"有什么问题吗？"该教师的提问方法更容易让学生敞开心扉，自由地表达自己的观点，从而帮助教师有效收集学生思想、情感和学习信息。

良好的课堂氛围需要教师和学生共同建构。首先，教师要与学生建立良好的师生关系，能够花时间和精力去和学生交流，这不但可以拉近教师与学生之间心理上和行动上的距离，使学生能够在教师面前真实地表达心声，而且有助于教师全面了解学生的个性特点、学习特点和心理特征等，从而有效地对学生进行反馈指导。其次，教师在课堂教学中，要发扬教学民主，建立新的课堂规则，改变那些有碍学生自由表达的陈规旧习，比如，不提问不准发言、答错了会受到批评指责等，鼓励学生积极表达自己的想法。教师要指导学生善于观察、思考和评价，鼓励学生各抒己见，大胆质疑问难，允许学生保留自己不同的观点，从而使学生在课堂上能够真正"敢"反馈。第三，教师要经常与学生交流教学和学习的心得体会，唤起学生的交往意识和反馈意识，鼓励学生积极主动地向教师反馈自己的学习情况和学习感受。总之，只有在教师和学生的共同经营下，使课堂成为师生之间和生生之间情感交流、信息汇聚、经验交汇、教学相长的平台，才能真正实现教学反馈信息通道的畅通，从而保障课堂教学反馈功能的有效发挥。

（二）对学生进行有效回应，确保反馈通道畅通的持续性

当前师生信息反馈通道不畅的一个重要因素即是教师过于强调自己的权

威，强调教学信息传递的单向性和流畅性，期望课堂教学能够按照自己预设的教学计划流畅地进行。在这种情况下，教师总是希望听到和自己之前的预设所符合的声音，当教学中出现"不一样的声音"时，教师常常予以忽视或者采取措施将学生的思维重新纳入预设的教学轨道中，缺少对学生反馈信息的有效思考和回应，更不会依据学生的反馈信息对自己的教学进行调整。教师的这种教学思维，不仅打击了学生参与课堂教学反馈的积极性，而且不利于师生教学反馈通道的持续畅通。

【案例10-4】《乡愁》教学片断①

有位教师上《乡愁》一课时，设计了一个提问导语，目的是让学生说出课题来。于是他叫起一个学生，启发道："如果有个人到了一个遥远的地方，时间一长，他开始想念自己的亲人，这叫做什么？"

学生答道："乡情。"

"可能是我问得不对，也可能是你理解有误，好，我换个角度再问：这个人待在外乡的时间相当长，长夜里他只要看见月亮就会想起自己的家乡，这叫做什么？"教师又问道。

"月是故乡明。"

"不该这样回答。"教师有点急了。

"举头望明月，低头思故乡。"学生回答的语气显然不太自信了。他抬头一看，教师已是满脸阴云，连忙换了答案："月亮走我也走。"

"我只要求你用两个字回答。而且不能带'月'字。"教师继续启发道。

"深情。"学生嗫嚅道。

好在此时下面有学生接口："叫做'乡愁'"，教师才如释重负。

【案例10-5】《风筝》教学片断②

学习放风筝的一段话：

---

① 蔡伟：《新理念：为何难以走进语文课堂——从两则案例谈起》，载《语文建设》2003年第5期。

② 蔡楠荣主编：《课堂教学掌控艺术》，教育科学出版社，2006年，第29页。

一个人用手托着，另一个人牵着线，站在远远的地方，说声"放"，那线一紧一送，风筝就凌空飞起，渐渐高过树梢了。

师：请同学们读一读这句话，想想该怎么表演。

生：（读）

生：（表演一个小朋友拿着风筝，另一个小朋友牵着线放）

师：评价一下他们的表演。

生：老师，风筝没有凌空飞起。

师：那是因为我们这里不是操场。

生：课文说是托着风筝，而他们却拿着风筝，这里演得不对。

师：那为什么要托着，而不是拿着呢？

生：因为我们很爱风筝。

师：很好，真会思考。那你知道"凌空飞起"是什么意思吗？

上述的两个案例中，教师过于强调课堂教学的预设和计划性，完全忽视了对学生信息的反馈，教师的提问目的只在把学生拉进自己的教学设计思维中。第一则案例中，当学生回答出"乡情"之后，教师的做法与其说是反馈引导，不如说是"催促"学生答出自己预设的答案。这种"催促"严重打击了学生的自信，不利于师生信息反馈通道的畅通。如果教师善于利用学生的反馈信息，对该学生的答案进行"深加工"，使学生的回答信息成为课堂教学的生成点——或促使学生由"乡情"思考"乡愁"，或通过关于思乡情怀的诗词知识的补充引发学生对"乡愁"的深层次感悟等等，这不仅能够实现师生在课堂上的有效对话，而且有利于课堂教学反馈通道的持续畅通。第二则案例中，学生在第一次回答中就已经指出风筝没有"凌空飞起"，可是教师当时的教学思维全都固定在"托"字的理解上，没有及时回应学生的疑问，而在讲解完"托"字之后，教师又重新提及"凌空飞起"的意思。教师这种教学方式完全只顾自己的"表演"，机械地强调学生配合自己的教学，而缺少对学生的及时回应以及对教学计划的有效调整，不利于课堂教学的生成和教学效果的提高。

为确保教学反馈通道的持续畅通，教师在课堂教学过程中不能够不作为，更不能把自己局限于自己的教学设计中，而忽略学生的理解。教师应切实把学生当做课堂教学的主体，仔细倾听学生的回答，有效察觉学生的各种反馈信息，能够及时发现和肯定学生的设想，回应学生的提问和质疑，并且根据学生反馈，或调整学生的关注点，或扩展学习内容，或启发学生思考，以此促进学生深入思考。教师要放弃自己心中最想要的那个声音，不局限学生的思路，善于聆听，及时回应，使学生变得愿意发言，并且有更好的表现。另外，教师在课前的教学计划中，对于教学的预设要保留一定的弹性，使教师和学生在课堂教学过程中有更大的发挥空间，确保教学反馈功能的有效实现。

二、强化反馈意识，确保学生反馈信息的有效收集

要实现有效教学，教师不但要准确地向学生传递信息，还要及时捕捉学生在课堂教学过程中反馈回来的信息。可以说，全面准确地收集学生的反馈信息，是教师实现课堂教学反馈的重要保证。要实现全面有效的信息收集，要求教师必须提高反馈意识，要充分调动自己的一切因素，使教学反馈贯穿于课堂教学过程的始终，使之成为一个"有意为之"的常态环节；要求教师不断提高对有价值信息资源的敏感性和判断力，有效捕捉教学反馈信息；要求教师要开发和利用多种反馈手段，多角度地全面收集学生反馈信息。

（一）确保教学反馈贯穿于教学的始终，实现对反馈信息的全面收集

在现实课堂教学中，一些教师常常仅凭过去的经验或主观愿望去把握教学进程，或者把反馈与教学分开，认为反馈应该在教学之后，通过自习辅导课、家庭作业以及考试测验进行。于是，我们常常看到一些"热热闹闹"的课堂，教师一会儿让学生合作讨论，一会儿又开始竞赛学习，整个教学就像赶进度一样，被教师安排得满满的，丝毫不顾及对学生学习情况的收集。教师的这种认识和做法割裂了反馈与教学的内在联系，虽然反馈在逻辑上排在教学之后，但实际上反馈应该贯穿于整个教学过程中，从而帮助教师及时发现问题、调控教学。一旦反馈与有效的教学相结合，它们将极大地促进教师

的教学。反之,如果教师在课堂教学过程中忽略学生的反馈意见,不注意观察学生的行为和反应,导致许多信息的流失,不仅使得许多精彩的生成性资源流失,而且使得课堂教学由于缺少学生一方的参与而变得低效。此时,即使再优秀的教学设计,也无法达到理想的教学效果。

【案例10—6】《守株待兔》课堂实录[①]

当笔者进入教室时发现,教室环境整洁,学生情绪比较活跃,也有因陌生人介入的那种好奇和节制感。学生共有28人。教室内的桌椅摆成以6~7人为圆的小组形式,看来是按"参与式"小组合作学习的课堂教学形式进行了布置。

教学过程分为四个阶段:

第一阶段为识字写字、读课文等基础知识掌握的环节。在这个过程中,教师一直站在讲台上讲,有时转过身在黑板上写字,学生用不同的坐姿聆听老师的讲解。

第二阶段为分组讨论环节。《守株待兔》讲了一件什么事?那个种田者的想法对吗?为什么?学生分成月亮组、太阳组、星星组、彩云组进行讨论,太阳组里一位男同学表现很积极,几乎是控制和支配了整个小组的活动。月亮组里的一位女同学充当记录员,她一会儿看看书,一会儿写一写,似乎很着急,而旁边其他同学则若无其事地东张西望。老师只是站在讲台上,或在行道里走走,等待着学生讨论的结果,并没有参与某一个小组的意识和行动。因为没有参与,所以并不了解每一小组的信息,只能等待小组的汇报。

第三阶段是分组汇报讨论结果环节。除了月亮组的那位女同学基本上回答了教师所提的三个问题,其他小组的发言者都在照着课本读。

第四阶段是活动扮演环节。老师在做了总结之后,几乎是将准备好的教案内容读给了学生。让小组长组织各小组来扮演"守株待兔"的故事。这一环节才是课堂里最活跃、最有效的阶段,许多同学正是在积极参与这一活动

---

① 王鉴著:《课堂研究概论》,人民教育出版社,2007年,284—285页。

扮演的故事中理解了《守株待兔》故事的真谛的。

本案例的第二阶段——分组讨论环节是课程改革之后课堂教学的一个"亮点"、"重点"环节。但是，许多教师却纷纷反映这一教学环节很难掌控，而学生的学习效果也不令人满意。通过课堂实录我们发现，在小组讨论环节中，"教师只是站在讲台上，或在行道里走走，等待着学生讨论的结果，并没有参与某一个小组的意识和行动。因为没有参与，所以并不了解每一小组的信息，只能等待小组的汇报"。教师的"不作为"，是导致这些环节教学效果不理想的一个重要原因。因此，为了更好地实现对教与学的动态管理，提高反馈意识，把教学反馈贯穿于课堂教学过程的始终，成为一个"有意为之"的重要课堂教学环节。在教学准备阶段，应结合以往教学中得到的反馈信息进行计划教学，预测教学中的重难点，并制定相应的对策。在新知识学习探索阶段，教师要鼓励学生参与课堂交流，收集学生的信息，及时准确了解学生的知识理解水平、思维过程和心理状态，并根据学生的反馈调整自己的教学。

（二）提高教学反馈的敏感性，实现对反馈信息资源的有效捕捉

教师要有较强的敏感性，能够根据教学情况和学生的反应，在课堂教学众多的信息源中，发现教学所需要的、有价值的信息资源。在课堂教学中，有许多反馈信息具有瞬时性，稍纵即逝。学生学习过程中一句疑问、一个创新、一个动作、一个表情等等无论是以言语还是以行为、情绪的方式表达，都可能成为有效的反馈资源。这就要求教师对反馈信息具有敏感性，调动自己的一切因素，做到"心要平、眼要明、耳要灵、口要利、腿要勤"[1]，敏锐地察觉到有效的反馈信息，发现学生的兴趣点和动情点，察觉学生的疑难点和模糊点，捕捉到知识教学的扩充点和生长点。正如叶澜教授说："学生在课堂活动中的学习状态，包括他们的兴趣，积极性，注意力，学习方法与思维

---

[1] 赵全生：《课堂上捕捉反馈信息的艺术》，载《中小学教师培训（小学版）》1996年第2期。

方式，合作能力与质量，发表的意见、建议、观点，提出的问题与争论乃至错误的回答，等等，无论是以言语还是以行为、情绪方式的表达，都是教学过程中的动态生成性资源。"[1] 教师有效地捕捉和把握这些有价值的信息，并且及时地进行回应反馈，把这些稍纵即逝的反馈信息转变成新的教学资源，有利于课堂教学的有效生成。

【案例10—7】《用字母表示数》教学片断[2]

教学《用字母表示数》一课时，我让学生写一写围不同个数的三角形需要小棒的根数，比比谁写得多。在写的过程中有学生小声嘀咕："写不完啊！"一石激起千层浪，赞同声此起彼伏。我心中顿时一喜，觉得这是一个契机，于是马上说："是啊！写不完，但是你能想办法写全吗？"这一提问在学生"心求通而未通，口欲言而未能"之时，给学生指明了探索的方向，开启了思维的闸门，从而引出了用字母表示数。当学生提出用字母a表示三角形的个数时，我紧接着问："那么小棒的根数怎样表示呢？"有学生说用字母b表示，此时武断的否定只能抑制学生的思维。我顺势提问："b和a之间有什么联系呢？"学生很快发现b是a的3倍，自然而然地引出了含有字母的式子——$a \times 3 = b$。

上述教学过程，教师对学生的反馈信息敏锐地关注提取，灵活地应变处理，很好地启发了学生的思维。正如苏霍姆林斯基所说："教育的技巧并不在于能预见到课的所有细节，而在于根据当时的具体情况，巧妙地在学生不知不觉之中做出相应的变动。"[3] 因此，教师在教学中要具有敏感性与判断力，能够及时捕捉到学生反馈信息中有利于优化课堂教学的闪光点、生长点、转

---

[1] 叶澜：《重建课堂教学过程观——"新基础教育"课堂教学改革的理论与实践探究之二》，载《教育研究》2002年第10期。

[2] 张建：《优化教学反馈，铸就高效课堂》，载《小学教学参考（数学）》2011年第12期。

[3] ［苏］苏霍姆林斯基著，杜殿坤译：《给教师的一百条建议》，教育科学出版社，1984年，第222页。

折点、知识扩展点，进而开发、引申、利用这些资源，从而实现课堂教学的生成和优化。

（三）开发和利用多种反馈手段，实现对反馈信息的多渠道收集

为了确保学习反馈信息收集的全面性和准确性，教师应开发和利用多种反馈手段，确保让每个学生都能成为反馈的信息源。一般来说，反馈渠道越广，反馈信息的获取量就越大，准确性越高。因此，教师在充分利用常规的反馈手段时，例如课堂观察、提问、巡视辅导、课堂练习、测验等，也要针对课堂教学的新要求创造性地开发和利用多样化的反馈渠道。例如，在课堂教学过程中，教师可以创造性地让学生举手用手指1、2、3、4表示选择题的正确答案，或者为提高趣味性，把1、2、3、4改用四种彩色圆牌，学生出示圆牌更使老师一目了然等等；再如，教师在课后可以通过设立"反馈箱"、"留言板"，或者利用网络"在线聊天"或者"留言"、"博客"等收集学生的反馈信息。

另外，随着科学技术的发展，诸如计算机系统或其他通讯工具在课堂教学中的应用，丰富了教学反馈方式，为帮助实现教师与学生在课堂教学中持续的、及时的互动反馈提供了有效的技术支持。例如，互动反馈信息技术在课堂教学中的应用。互动反馈信息技术（又称互动反馈系统，Interactive Response System，简称IRS），是在传统多媒体教室环境下，通过增加经济的IRS设备，让教室中的每个学生都拥有一个属于他自己的移动计算设备。它是对多媒体环境的一种发展。学生可以根据教师设计的问题及答案进行电子表态，教师则可以看到表态的正确比例。[1] 互动反馈技术具有即时评价、调差、统计和记录的功能，它能够帮助教师及时全面地获得学生的学习反馈信息，及时调整教学进程，优化课堂教学。

---

[1] 严超，《互动反馈系统（IRS）在教学中的应用与研究》，上海师范大学2008年硕士学位论文，第13页。

【案例 10—8】有趣的"信息反馈牌"[1]

推开教室的门，笔者的眼前不由一亮：同学们的座位和传统的坐法截然不同，六人一组相对而坐，整个教室被整齐地分为六个区域。这是一堂常规数学课，王老师正在给同学们上《船有触礁的危险吗》一课。随着大屏幕打出提示，同学们开始了自主学习。他们有的若有所思，有的奋笔疾书，还有的热烈讨论。笔者仔细观察，又发现了一个有趣的现象：每个学生的桌子上都有一个三色显示牌，在学习的过程中，同学们凡是有问题的都亮红牌，做完的都亮绿牌，正在做的都亮黄牌。趁学生讨论的时候，笔者悄悄问学生：用这个三色牌有什么优点？同学们告诉笔者——第一，这样很方便，我们做完题了，就翻绿牌，不会的时候就翻红牌，老师就能看到了；第二，就是避免了不好意思举手的尴尬。"真是个好办法！"笔者心里暗自为学校的良苦用心而喝彩！

该案例展示的是熊川武教授在"自然分材教学"中利用的一个教学反馈辅助手段。在课堂上，每名学生桌子上都有一个信息反馈牌——三色显示牌：在课堂教学过程中，特别是学生自主学习和小组合作学习阶段，同学们凡是有问题都亮红牌，做完的都亮绿牌，正在做的都亮黄牌。这样，教师在课堂巡视指导过程中，不必学生举手示意，主动到展示"红色"显示牌的同学面前进行指导。当前，小组合作学习、学生自主学习在课堂教学中占有越来越重要的地位，但是教师缺乏有效的、有针对性的指导成为阻碍小组合作、学生自主学习环节学习效率提高的重要因素。信息反馈牌的设立作为帮助教师了解小组合作、学生学习进展情况的反馈手段，为教师在这些环节中全面收集学生的学习信息，进行有针对性的反馈提供了有益的经验。

三、树立反思意识，确保后续教学设计的有效优化

教师的教学工作是一项长期性、持续性的工作，教学反馈亦然，绝非一

---

[1] 于金秋，王亮：《"自然分材"让生命闪光——山东省青岛崂山三中"自然分材教学"解读》，载《中国教育报》2011年8月9日。

项应急策略。教师在课堂教学中常常会出现新的情况和问题，需要及时进行课后反思，对学生的反馈信息以及自己课堂上的反馈行为进行记录、归纳和分析，寻找自己教学设计的不足之处，并且反思调节措施和改进策略。教师积累的反馈资料，既可以作为下一节课的矫正内容，又可以成为后续教学设计的重要参考资料。若能长期坚持，注意积累和整理，有利于教师后续课堂教学的有效优化。

【案例10-9】《声波的产生和传播》教学片断[①]

在《声波的产生和传播》的导入阶段，为了让学生主动提问、主动猜想，在第一次教学设计时，我专门设计了视频课件（播放大自然中的声音），让学生边看边听。可是问题出现了，课堂实践的结果是：学生被画面俘虏了，注意力根本就没集中在声音部分，大多数学生提出的问题并没有达到我预先的设想，偏离了声音的产生与传播的这一主题，也就是说新奇的声画场景产生了负面效果，使学生参与教学活动低效或无效。针对学生的这种反馈情况，我进行了改进，将视频改为音频，使学生的注意力全部放在了"听"上，很好地引起了学生的好奇心和兴趣，又不会使他们的注意力发生偏移。

【案例10-10】《水的压力》教学设计[②]

	课堂反应	评价分析	反馈调整
学习任务一	学生用一只手套上塑料袋放到水桶里，体会感受。学生的感受不明显，只感受到：塑料袋马上贴在手上，水冷冷的等。	根据学生的年龄特点，用这种方式感受水的压力，学生感觉不明显。	在学习材料中加入两块垫板，再放入保鲜袋中，让学生把手放在两块垫板之间，就会非常明显地感受到垫板的挤压，从而体会到水的压力。

[①] 姚祖兰：《有效教学反馈举隅》，载《现代教学》2012年第6期。
[②] 陈宇卿、徐承博、戈一萍主编：《为了学习者的学而教：小学学科学习设计的实践研究》，上海人民出版社，2010年，第146-147页。

学习任务二	将橡皮膜慢慢放到水缸的深处,观察液柱的变化情况。学生只停留在观察实验现象的基础上,不能规范、有效地将实验现象记录下来。	发现学生对于实验的规范记录方法还不了解。	介绍液柱变化情况的记录方法,观察塑料瓶三个位置液柱的变化情况,并做记录。
学习任务三	观测同一位置不同方向上的液柱变化情况并做好记录。在实验结束后,学生不能理解水的压力大小与水的多少无关这一知识点。	教师缺乏方法的指导,在实验前没有了解学生,在实验的过程中也没有给学生直观感受水的多少的不同机会。	为学生提供2个和原来形状、大小不一样的塑料瓶,明显3个瓶子的水的多少是不一样的,测3个瓶子瓶底的水的压力大小,并且为了保持水面的一致,在同一水平面上划几个缝隙,便于超出水平面的水自动溢出,这样3个瓶子的水平面始终在同一位置上,学生通过亲手实验能非常清楚理解"水的压力大小与水的多少无关"这一知识点。

没有一劳永逸的教学设计。因此,教师的教学需要不断改进、提高和优化。教师只有根据学生的反馈信息一遍一遍地修正已有的设计,使之越来越适合学生,才能提高课堂教学的适切性,确保教学效果。上述的两个案例中,教师充分利用第一次课堂教学中学生的反馈信息,反思教学设计与实施中的缺点,并且对自己的教学做出合理的调整和改进,比如将视频改成音频,为实验增加了垫板,调整了瓶子的数量、大小和形状,重新设计学习活动等,有利于后续课堂教学效率的提高和效果的优化,从而帮助教师真正实现有效教学。

主要参考文献

(一) 著作

[1] 北京大学哲学系外国哲学史教研室编:《十八世纪末—十九世纪初德国哲学》,商务印书馆,1960年。

[2] 龙冠海著:《社会科学大辞典》,台湾商务印书馆,1973年。

[3] 联合国教科文组织国际教育发展委员会编著,华东师范大学外国教育研究室译:《学会生存》,上海译文出版社,1979年。

[4] 辞海编辑委员会:《辞海》,上海辞书出版社,1979年。

[5] 《论语》,文致出版社,1980年。

[6] [苏] 苏霍姆林斯基著,杜殿坤译:《给教师的一百条建议》,教育科学出版社,1984年。

[7] 苏国勋著:《理性化及其限制》,上海人民出版社,1988年。

[8] [苏] 柯普宁著,王天厚等译:《科学的认识论基础和逻辑基础》,华东师范大学出版社,1989年。

[9] [美] J. W. 李著,夏忠华译:《时间管理的艺术》,世界图书出版公司,1989年。

[10] [德] 赫尔巴特著,李其龙译:《普通教育学》,人民教育出版社,1989年。

[11] 张人杰主编:《国外教育社会学基本文选》,华东师范大学出版社,1989年。

[12] 顾明远主编:《教育大辞典》(第一卷),上海教育出版社,1990年。

[13] [德] 雅斯贝尔斯著,邹进译:《什么是教育》,三联书店,1991年。

[14] 瞿葆奎主编:《教育学文集:教师》,人民教育出版社,1991年。

[15] 《孟子·离娄上》,中华书局,1991年。

[16] 李秉德著:《教学论》,人民教育出版社,1991年。

[17] 苏东水著:《管理心理学(修订版)》,复旦大学出版社,1992年。

[18] 詹栋梁著:《现代教育哲学》,台湾五南图书出版公司,1993年。

[19] 胡洁莹著:《我要放松:实用身心松弛法》,香港明窗出版社,1993年。

[20] 杨心德主编：《中学课堂教学管理心理》，杭州大学出版社，1993年。
[21] 中国社会科学院语言研究所词典编辑室：《现代汉语词典》，商务印书馆，1994年。
[22] 中国社会科学院语言研究所词典编辑室编：《现代汉语词典》（修订本），商务印书馆，1996年。
[23] 熊川武著：《学校管理心理学》，华东师范大学出版社，1996年。
[24] 田慧生著：《教学环境论》，江西教育出版社，1996年。
[25] 经济合作与发展组织编著，杨宏进、薛澜译：《以知识为基础的经济》，机械工业出版社，1997年。
[26] 宋林飞著：《西方社会学理论》，南京大学出版社，1997年。
[27] 崔国良主编：《张伯苓教育论著选》，人民教育出版社，1997年。
[28] 刘显国著：《反馈教学论》，辽宁人民出版社，1998年。
[29] 《朗文当代高级英语词典》，商务印书馆，1998年。
[30] 熊川武著：《反思性教学》，华东师范大学出版社，1999年。
[31] 施良方、崔允漷主编：《教学理论：课堂教学的原理、策略与研究》，华东师范大学出版社，1999年。
[32] 卢家楣著：《情感教学心理学》，上海教育出版社，2000年。
[33] 范国睿著：《教育生态学》，人民教育出版社，2000年。
[34] 贾春增主编：《西方社会学史（修订本）》，中国人民大学出版社，2000年。
[35] 王晓春著：《寻找素质教育的感觉：一位教育科研工作者与中小学教师的对话》，地质出版社，2000年。
[36] 辞海编辑委员会：《辞海》（1999年版缩印本），上海辞书出版社，2000年。
[37] 冯契主编：《哲学大辞典》，上海辞书出版社，2001年。
[38] [美] 约翰·杜威著，王承绪译：《民主主义与教育》，人民教育出版社，2001年。
[39] [加] 马克思·范梅南著，李树英译：《教育机智——教育智慧的意蕴》，教育科学出版社，2001年。
[40] 江光荣著：《班级社会生态环境研究》，华中师范大学出版社，2002年。
[41] 黄崴著：《教育管理学：概念与原理》，广东高等教育出版社，2002年。
[42] 蒙培元著：《情感与理性》，中国社会科学出版社，2002年。
[43] [美] 时代生活图书荷兰责任有限公司主编，孙红玫等译：《情感的力量》，中国青年

出版社，2002年。

[44] 卢家楣著：《情感教学心理学原理的实践应用》，上海教育出版社，2002年。

[45] 杨杰编著：《时间管理》，中国纺织出版社，2003年。

[46] 郑杭生主编：《社会学概论新修》，中国人民大学出版社，2003年。

[47] 张世英主编：《新黑格尔主义论著选辑》，商务印书馆，2003年。

[48] [美] 罗伯特·J·马扎诺等著，张新立译：《有效课堂——提高学生成绩的实用策略》，中国轻工业出版社，2003年。

[49] 林崇德等主编：《心理学大辞典》，上海教育出版社，2003年。

[50] 林崇德、杨治良、黄希庭主编：《心理学大辞典》，上海教育出版社，2004年。

[51] 朱帅编著：《如何进行时间管理》，北京大学出版社，2004年。

[52] 胡明根主编：《影响教师的100个经典教育案例》，中国传媒大学出版社，2004年。

[53] 李森著：《现代教学论纲要》，人民教育出版社，2005年。

[54] 熊川武等著：《理解教育论》，教育科学出版社，2005年。

[55] 冯观富著：《情绪心理学》，台湾心理出版社股份有限公司，2005年。

[56] [美] Wiggins Grant 著，国家基础教学课程改革"促进教师发展和学生成长的评价研究"项目组译：《教育性评价》，中国轻工业出版社，2005年。

[57] 李建芹著：《现代教师心理素质及其培养》，黑龙江人民出版社，2006年。

[58] 刘晓明主编：《关注教师的心理成长》，东北师范大学出版社，2006年。

[59] 涂涛、瞿堃、刘革平主编：《教育技术应用教程》，重庆出版社，2006年。

[60] [英] 史蒂芬·霍金著，许明贤、吴忠超译：《时间简史》，湖南科学技术出版社，2006年。

[61] [苏] 苏霍姆林斯基著，蔡汀译：《怎样培养真正的人》，教育科学出版社，2006年。

[62] 蔡楠荣主编：《课堂教学掌控艺术》，教育科学出版社，2006年。

[63] [美] Ronald de Sousa 著，马竞松译：《情感的理趣》，台湾五南图书出版股份有限公司，2006年。

[64] [德] 黑格尔著，杨祖陶译：《精神哲学》，人民出版社，2006年。

[65] 王鉴著：《课堂研究概论》，人民教育出版社，2007年。

[66] 邓友超著：《教师实践智慧及其养成》，教育科学出版社，2007年。

[67] [美] 特纳等著，孙俊才等译：《情感社会学》，上海人民出版社，2007年。

[68] [德] 韦伯著, 康乐等译:《新教伦理与资本主义精神》, 广西师范大学出版社, 2007年.

[69] [美] 阿吉里斯著, 郭旭力、鲜红霞译:《个性与组织》, 中国人民大学出版社, 2007年.

[70] [美] 特纳等著, 孙俊才等译:《情感社会学》, 上海人民出版社, 2007年.

[71] 李来宏著:《时间管理知识全集》, 金城出版社, 2007年.

[72] 魏书生主编:《如何做最好的教师: 影响教师一生的中外教育经典感言》, 南京大学出版社, 2009年.

[73] [德] 多丽丝·沃尔夫等著, 滕奕丹译:《自我情绪控制ABC》, 广东教育出版社, 2007年.

[74] 俞国良等著:《现代教师心理健康教育》, 教育科学出版社, 2008年.

[75] [美] 威廉·威伦等著, 李森、王纬虹主译:《有效教学决策》, 教育科学出版社, 2009年.

[76] [美] Peter W. Airasian著, 徐士强等译:《课堂评估——理论与实践》, 华东师范大学出版社, 2008年.

[77] [美] 詹姆斯·格鲁尼格等著, 卫五名译:《卓越公共关系与传播管理》, 北京大学出版社, 2008年.

[78] 熊川武主编:《教学通论》, 人民教育出版社, 2010年.

[79] 李森、张家军、王天平著:《有效教学新论》, 广东教育出版社, 2010年.

[80] 陈宇卿、徐承博、戈一萍主编:《为了学习者的学而教: 小学学科学习设计的实践研究》, 上海人民出版社, 2010年.

[81] [美] P. A. Schutz等著, 赵鑫等译:《教育的感情世界》, 华东师范大学出版社, 2010年.

[82] 王晓春著:《课堂管理, 会者不难》, 中国轻工业出版社, 2010年.

[83] [美] 斯科特、戴维斯著, 高俊山译:《组织理论: 理性、自然与开放系统的视角》, 中国人民大学出版社, 2011年.

[84] 李森、王牧华、张家军著:《课堂生态论: 和谐与创造》, 人民教育出版社, 2011年.

[85] 李森主编:《现代教学论》, 人民教育出版社, 2011年.

[86] (美) H. S. 贝克尔著, 张默雪译:《局外人: 越轨社会学之研究》, 南京大学出版社,

2011 年。

[87] 洪镇涛主编：《三国志》，上海大学出版社，2011 年。

[88] 中国社会科学院语言研究所词典编辑室编：《现代汉语词典（第六版）》，商务印书馆，2012 年。

（二）论文

[1] 沈晓阳：《规律·趋势·人的活动》，载《哲学研究》1989 年第 6 期。

[2] 江时学：《边缘化理论述评》，载《中国社会科学》1992 年第 10 期。

[3] 田慧生：《再论教学环境论》，载《西北师大学报》1993 年第 5 期。

[4] 田慧生：《教学环境论》，载《教育研究》1995 年第 6 期。

[5] 郝保文：《教学质量概念及生成模式初探》，载《内蒙古师范大学学报（哲学社会科学版）》1995 年第 4 期。

[6] 冯建华：《小比大好，还是大比小好》，载《教育研究与实验》1995 年第 4 期。

[7] 陈瑞坤、徐永生：《要培养良好的课堂时间控制能力》，载《许昌师专学报（社会科学版）》1996 年第 2 期。

[8] 赵全生：《课堂上捕捉反馈信息的艺术》，载《中小学教师培训（小学版）》1996 年第 2 期。

[9] 陈新仁：《关于话语研究的几点思考》，载《福建外语》1996 年第 4 期。

[10] 刘泽民：《从汉语看汉民族的传统时间观》，载《兰州大学学报（社会科学版）》1996 年第 1 期。

[11] 蓝乙琳：《老师您不可不知！教师的"情绪管理"》，载《研习资讯》1997 年第 8 期。

[12] 郭道胜、袁致伟：《黄金分割规律与课堂教学时间的分配》，载《教学与管理》1997 年第 5 期。

[13] 朱家存：《论学校在学生个体社会化中的作用》，载《教育科学研究》1997 年第 1 期。

[14] 张崇善：《素质教育与课堂教学改革》，载《教育理论与实践》1998 年第 6 期。

[15] 白益民：《课堂教学的时间变量及其控制策略研究》，载《沧州师范专科学校学报》1999 年第 3 期。

[16] 谢利民：《创造民主和谐的良好课堂教学环境》，载《现代中小学教育》2000 年第 11 期。

[17] 唐文恒：《走出反馈矫正的误区　全面提高教学质量》，载《卫生职业教育》，2000年第9期。

[18] 黄香媛：《对课堂教学反馈策略的再认识》，载《丽水师范专科学校学报》2001年第8期。

[19] 王重鸣、严进：《团体问题解决的知识结构转换研究》，载《心理科学》2001年第1期。

[20] 阳红：《运用课堂纪律管理技能，提高师范生的课堂教学质量》，载《贵阳师专学报（社会科学版）》2001年第4期。

[21] 王仁甫：《45分钟价值曲线》，载《中国教育报》2002年9月19日，第8版。

[22] 叶澜：《重建课堂教学过程观——"新基础教育"课堂教学改革的理论与实践探究之二》，载《教育研究》2002年第10期。

[23] 吴青山：《知识管理与学校效能》，载《知识管理与教育革新发展研讨会论文集》（上册），2002年。

[24] 陈向东等：《博客文化与现代教育技术》，载《电化教育研究》2003年第3期。

[25] 黄启新：《教学反馈之我见》，载《教育艺术》2003年第6期。

[26] 蔡伟：《新理念：为何难以走进语文课堂——从两则案例谈起》，载《语文建设》2003年第5期。

[27] 李森：《论课堂教学话语系统及转换》，载《当代教育科学》2003年第2期。

[28] 毛霞、陈健：《以学生为主体交互式学习方法的初探》，载《经济师》2003年第8期。

[29] 郝敏惠：《网络化多媒体远程教学模式的理论研究》，载《山西广播电视大学学报》2004年第5期。

[30] 宋秋前：《教学时间的结构化多维分类研究》，载《浙江海洋学院学报（人文科学版）》2004年第2期。

[31] 周林刚：《论社会排斥》，载《社会》2004年第6期。

[32] 潘文彬：《莫让语文迷失了自我——基于新课程理念下语文教育的几点思考》，载《中小学教师培训》2004年第4期。

[33] 孔维清、李华震：《阅读教学中实现"生本对话"的探索》，载《江苏省教育学会2005年小学语文优秀论文集》，2005年。

[34] 凌宇、凌云：《浅析教师的情绪管理》，载《教书育人》2005年第12期。

[35] 桂荣，陈义成，程正则：《利用多媒体教学激发学生学习物理的兴趣》，载《高等函授学报（自然科学版）》2005年第1期。

[36] 余建华、张登国：《国外"边缘人"研究略论》，载《哈尔滨工业大学学报》2006年第5期。

[37] 史久甫：《优化课堂教学反馈是指导学法的杠杆》，载《小学数学教师》2005年第1期。

[38] 贾玉婷：《时间与管理》，载《湖北成人教育学院学报》2006年第5期。

[39] 潘苏东、崔世民、倪新冬：《中学物理课堂教学时间分配情况的调查研究》，载《物理教师》2006年第1期。

[40] 郝怀芳：《语文交互式教学的理论及应用》，山东师范大学2007年硕士学位论文。

[41] 杨武杰：《"边缘生"的教育和培养》，载《史教资料》2007年第6期。

[42] 蒋国珍：《有效的远程教学传播：过程、模式与原理》，载《中国电化教育》2007年第3期。

[43] 景洪春：《共享知识、优化教学——学校知识管理的特点和实践》，载《基础教育课程》2007年第7期。

[44] 刘迪：《初中化学课堂教学时间利用情况的调查与分析》，东北师范大学2008年硕士学位论文。

[45] 高金锋、李森：《构建和谐的课堂教学环境》，载《思想理论教育》，2008年第22期。

[46] 赵鑫：《感情激励：教师管理中的"隐形力量"》，载《中小学校长》2008年第9期。

[47] 杨晓玲：《游戏中学习 游戏中提升》，载《新课程研究（基础教育）》2008年第4期。

[48] 严超：《互动反馈系统（IRS）在教学中的应用与研究》，上海师范大学2008年硕士学位论文。

[49] 王喜成：《高中化学必修模块课堂教学时间使用状况的个案研究》，东北师范大学2009年硕士学位论文。

[50] 谢利娟：《试论课堂教学环境的内涵、结构及建设策略》，载《当代教育与文化》2009年第6期。

[51] 王敏：《让语文课激荡激情》，载《中学教学参考》2009年第13期。

[52] 欧清华：《社会排斥与边缘学生群体的道德致弱》，载《嘉应学院学报（哲学社会科

学版)》2009 年第 2 期。

[53] 彭豪祥：《有效教学反馈的主要特征》，载《中国教育学刊》2009 年第 4 期。

[54] 赵鑫：《教师感情修养研究》，华东师范大学 2010 年博士学位论文。

[55] 李妍红：《现代教学媒体与传统教学媒体选择原则之异同》，载《中国农业教育》2010 年第 3 期。

[56] 吴乐乐：《探究课堂教学时间分配的结构模型》，载《内蒙古师范大学学报（教育科学版）》2010 年第 4 期。

[57] 张黎呐：《美国边缘人理论流变》，载《天中学刊》2010 年第 4 期。

[58] 李德林、徐继存：《试论教学制度的性质》，载《课程·教材·教法》2010 年第 6 期。

[59] 赵凌媛：《浅析课堂教学时间的优化管理》，载《学园》2010 年第 1 期。

[60] 孙洪波：《优化课堂时间管理，提高课堂教学实效——论高中语文课堂时间管理的方法和策略》，载《中国校外教育》2011 年第 9 期。

[61] 李亚楠：《边缘学生的形成》，山东建筑大学 2011 年硕士学位论文。

[62] 于金秋，王亮：《"自然分材"让生命闪光——山东省青岛崂山三中"自然分材教学"解读》，载《中国教育报》2011 年 8 月 9 日。

[63] 黄显涵、李子健：《建构有效教学的策略：反馈理论》，载《教育发展研究》2011 年第 4 期。

[64] 张建：《优化教学反馈，铸就高效课堂》，载《小学教学参考（数学）》2011 年第 12 期。

[65] 吴喜莲：《教学反馈：内涵、特性和策略》，载《读与写（下旬）》2011 年第 8 期。

[66] 赵萍：《创设愉快和谐的课堂环境》，载《现代教学》2011 年第 3 期。

[67] 赵雯菁：《小学数学师生互动策略探析》，载《教育艺术》2012 年第 5 期。

[68] 陈忠明：《浅谈综合活动实践中学生创新能力的培养》，载《中国科教创新导刊》2012 年第 3 期。

[69] 吕洪波、郑金洲：《中小学课堂教学变革的基本认识》，载《教育研究》2012 年第 4 期。

[70] 何向庭：《论数学课堂教学信息反馈与控制》，载《中华少年》2012 年第 12 期。

[71] 姚祖兰：《有效教学反馈举隅》，载《现代教学》2012 年第 6 期。

[72] 赵鑫：《论教师的感情修养》，载《教育学术月刊》2012 年第 4 期。

(三) 外文文献

[1] Bangert-Drowns, R. L., Kulik, C. C., Kulik, J. A. &Morgan, M. T. The Instructional Effect of Feedback in Test-Like Events. Review of Educational Research, 1991.

[2] Black Paul, Dylan Wiliam, Assessment and Classroom Learning. Assessment in Education: Priniples, Policy& Practice, 1998.

[3] Brown, Gillian & Yule, George. Discourse Analysis. Cambridge: Cambridge University Press, 1983.

[4] Eisenberg, N. &Moore, B. Emotional Regulation and Development. Motivation and Emotion, 1997.

[5] Golby, M. Teachers' Emotion: An Illustrated Discussion. Cambridge Journal of Education, 1996.

[6] Goldberg, Milton M. A Qualification of the Marginal Man Theory. American Sociological Review, 1941.

[7] Harris, B. Supporting the Emotional Work of School Leaders. London: Paul Chapman Publishing, 2007.

[8] Hochschild, A. The Managed Heart: Commercialization of Human Feeling. Los Angeles: University of California Press, 1983.

[9] Howard, P. J. The Owner's Manual for the Brain. Austin, TX: Bard Press, 2000.

[10] Kant, I. On Education. Churtoe, A. (Trans.). Briston: Thoemmes, 1992.

[11] Leonardo, Zeus. Ideology, Discourse, and School Reform. London: Praeger Publishers, 2003.

[12] Nijhof, W. Knowledge Management and Knowledge Dissemination. In Academy of Human Resource Development (AHRD) Conference Proceedings, 1999.

[13] OECD. Knowledge Management in the Learning Society. Paris: author, 2000.

[14] Ramaptased, A. On the Definition of Feedback. Behavioral Science, 1983.

[15] Saha, L. & Dworkin, A. International Handbook of Research on Teachers and Teaching. Springer Science. 2009.

[16] Salovey, P. &Mayer, J. Emotional Intelligence. Imagination, Cognition, and Personality, 1990.

[17] Sharp, P. Nurtruing Emotional Literacy. David Fulton Publishers, 2001.

[18] Silver, H. Social Exclusion: Rhetoric, Reality, Responses. Geneva: International Institute for Labour Studies, 1995.

[19] Underwood, M. Top Ten Pressing Questions about the Development of Emotion Regulation. Motivation and Emotion, 1997.

[20] Walden, T. et al. Emotion Regulation. Motivation and Emotion, 1997.

[21] Weare, K. Developing the Emotionally Literate School. Paul Chapman Publishing, 2004.

[22] Zembylas, M. Teaching with Emotion: A Postmodern Enactment. Information Age Publishing, 2005.